금강학술총서 19

남북조 시대의 불교사상

이 책은 2007년 한국정부(교육과학기술부)의 재원에 의하여 한국연구재단의
지원을 받아서 간행된 출판물입니다. (NRF-2007-361-AM0046)

금/강/학/술/총/서/ 19
금강대학교 불교문화연구소

남북조 시대의 불교사상

런민(人民)대학 불교와종교학이론연구소
도요(東洋)대학 동양학 연구소
금강(金剛)대학교 불교문화연구소
(공편)

민족사

간행사

    이 책은 중국 런민대학(人民大學)과 일본 도요대학(東洋大學) 그리고 금강대학교 불교문화연구소가 2012년부터 10년간 한국 · 중국 · 일본 삼국三國에서 순차적으로 개최하기로 한 공동 국제불교학술대회의 두 번째 성과물입니다. 삼국 공동 국제불교학술대회는 인도에서 발생한 불교가 서역 여러 나라와 해로를 거쳐 동아시아로 수용되기까지 역사, 문화, 사상, 사회 등 여러 방면의 상호적 영향과 교류의 결과에 관하여 삼국의 3개 대학이 공동으로 연구하고 그 결과를 공유하기 위해 개최하는 학술대회입니다. 앞으로도 이러한 작업을 지속적으로 진행하여 연구결과를 축적해나갈 예정입니다.

    지난해 나온 공동 국제불교학술대회의 성과물인 『동아시아에 있어서 불성 · 여래장 사상의 수용과 변용』은 '지론사상의 형성과 변용'을 시작으로 2008년부터 삼국에서 연관된 주제로 연구를 해오던 끝에, 동아시아에 있어서 불성 · 여래장 사상만을 집중적으로 조명한 심도있는 첫 번째 결실이었습니다. 이것은 일본에서는 논평문과 논평에 대한 필자의 코멘트까지 함께 편집되는 논문집 형식으로, 중국에서는 논평문까지 포함된 책으로, 한국에서는 논평문이 논문에 반영되어 수정된 논문 형식의 책으로, 삼국에서 각각의 언어로 동시에 간행되는 뜻 깊은 결실이었습니다.

    이번에 발간되는 책은 '남북조 시대의 불교사상'이라는 주제로 2013년 6월 중국 런민대학에서 두 번째로 개최하였던 학술대회의 결과를 엮은 성과물입니다. 불교가 중국에 처음 전래된 한말로부터 위진魏晉을 지나 남북조 시대까지 중국사회는 격동과 혼란의 시기였고, 그런 상황에서 수용된 이국의 종교인 불교는 중국 사회의 여러 요인들과 결합하면서 변용되는 과정을 겪었다고 보입니다. 이 책에는 그러한 남북조 시대의 불교사상에 관한 소중한 여러 연구 성과들이 반영되어 있습니다. 그리고 그 동안 학계에서 연구가 거의 없었던 『십지론의소十地論義疏』나 『대반열반경집해大般涅槃經集解』와 같은 이 시기의 중요 문헌을 분석하여 사상적 특징을 찾아내고, 남북조 시기 사회문화적 상황을 반영한 신앙과 사상을 재고하기도 하였습니다.

　오랜 연구 끝에 훌륭한 업적물을 내주신 삼국의 발표자, 그 글에 최선을 다해 논평해 주신 논평자들과 이 학술대회에 끊임없이 관심을 보여주신 관련 학자들에게 지면을 통해서나마 깊이 감사드립니다.

　본 학술대회는 주제에 적합한 문헌연구에 기반하면서 역사문화적 요소를 고려한 연구 성과에 대해서 앞으로도 관심을 기울일 예정입니다. 하나의 사상은 역사, 문화, 사회의 여러 요소와 결합된 가운데에서 자신의 모습을 드러내기 때문입니다. 이러한 작업을 통하여 시대와 사회의 변화에 부응하여 기능해 온 다양한 불교사상의 단면들을 조명해 볼 수 있을 것입니다.

　삼국의 이러한 공동 학술연구 활동은 불교학 연구의 발전은 물론 국제적인 불교학술 교류의 증대에도 크게 기여하리라 생각합니다. 앞으로도 이 연구 모임이 지속적으로 이어져 10년 이후에도 훌륭한 성과가 계속될 수 있기를 기원합니다.

2014년 5월
금강대학교 불교문화연구소 인문한국(HK)연구센터 소장 권탄준

서문

중국불교사상사에서 남북조 시대 불교사상의 위치

이 책은 제목에서도 상기할 수 있는 것처럼, 남북조 시대 불교의 사상적 전개 양상을 주제로 다루고 있다. 남북조 시대에 선행하는 위진魏晉 시대의 불교는 수용受容이라는 관점에서 파악하는 것이 일반적이다. 이와 달리, 남북조 시대에는 불교가 사회 각층에 흡수되면서 정치와 경제는 물론 문화와 예술에 이르기까지 다양한 방면에 영향을 미치게 된다.

남북조 시대의 불교가 사회의 여러 방면에 영향을 미쳤다는 것은, 역으로 이 시기에 중국인들의 불교에 대한 이해가 그만큼 심화되었다는 의미이기도 하다. 이 시기 중국인들의 불교사상에 대한 이해는 크게 두 가지 측면에 의해 진전되었다고 볼 수 있을 것이다.

첫째는 번경삼장翻經三藏들의 활동과 그 영향에 의한 것이다. 구마라집鳩摩羅什을 필두로 담무참曇無讖 · 보리유지菩提流支 · 진제眞諦 등 이 시대를 대표하는 번경삼장들의 역경활동은 특정의 사상조류를 중심으로 불교를 이해하는 길을 터놓는 역할을 하였다. 삼론三論 · 열반涅槃 · 성실成實 · 지론地論 · 섭론攝論 등 이 시대에 형성되었던 사상조류들은 이들 번경삼장에 의한 역경활동의 직간접적인 산물이다.

둘째는 이들 번경삼장에 의해 번역된 한역불전에 대한 중국인들의 본격적인 연구에 의한 것이다. 중국인들의 한역불전에 대한 연구는 때로는 번경삼장의 영향 아래에서, 때로는 독자적으로 진행되었던 것으로 보인다. 번경삼장의 직접적인 영향 아래에서 시작된 연구라고 하더라도, 시간이 흐르면 점차 번경삼장의 영향에서 벗어나면서 독자적인 해석이 강화되는 경향을 보이는 경우가 적지 않았다. 때문에 앞서 언급한 사상조류들은 번경삼장의 직간접적인 활동의 산물이기도 했지만, 중국인들의 독자적인 해석의 결과물이기도 했다.

원전 본래의 의미를 보존하고 또 원전의 의미를 복원하려는 시도가 없었던 것은 아니었다. 하지만 이미 번역된 경론에 대한 연구는 원전과 한역불전을 비교하고 검토하는 방법보다는 한문불전 그 자체를 대상으로 하여 이루어지는 경향이 농후하였던 것으로 생각된다. 이러한 흐름은 인도불교사상과는 다른 관점의 해석을 누적시켰고, 잘 알려진 것처럼 종국적으로는 인도불교사상의 연장선상에 있기는 하지만 새로운 양상의 것이라고밖에 말할 수 없는 '중국불교사상'의 성립이라는 결과를 낳게 된다.

이처럼, 남북조 시대의 불교사상은 인도불교와는 다른 중국불교를 낳는 분기점으로서의 위치를 지닌다. 곧 중국불교를 향한 긴 여정의 출발점이 남북조의 불교인 것이다. 인도불교의 중국 이식이 가장 활발하게 이루어졌던 시대이면서, 그 이식의 결과 중국인들의 인도불교에 대한 이해가 구조화되었던 시대였다. 그리고 그 구조화를 바탕으로 '중국적 불교'를 성립시키게 되는 대부분의 독자적인 사유가 형성되고 성숙되어가던 시대의 불교사상, 그것이 '연구기'라고 일컬어지는 남북조 시대의 불교사상이다. 따라서 남북조 시대의 불교사상은 '중국'의 불교사상사라는 흐름에서 본다면 인도불교 연구의 시대인 동시에 독자적인 토대 형성의 시대라고 부를 수 있을 것이다.

남북조 시대 불교사상의 이해를 위한 하나의 밑그림

그러나 그러한 남북조의 불교사상이라고 하더라도, 그것을 단순히 독자적인 중국불교를 향한 출발점, 곧 인도불교로부터의 이탈이라고만 이해하는 것은 곤란하다. 독자적인 길을 걷는다는 것은, 역으로 인도불교에 대한 이해를 어느 정도 축적하지 않고서는 불가능한 일이기도 하기 때문이다.

그런 측면에서 본다면, 남북조 시대는 중국불교사상사에서 그 어느 시대보다도 인도불교에 대한 이해에 충실하려고 했던 시대이기도 했다는 사실이 종종 망각되는 것은 안타까운 현상이다. 곧 새롭게 이식移植되는 인도불교에 대한 충실한 이해를 위해 절치부심 노력했던 시대이면서도, 동시에 그 절치부심의 결과로 이른바 '창조적인 오해'와 '의도적인 오해'를 낳을 수밖에 없었던 시대라는 점에 남북조 시대 불교사상의 아이러니가 존재한다고 생각된다.

'창조적인 오해'들은 대부분 인도불교에 대한 종합적이고 체계적인 정보의 부재에서 발생한 것들이라고 생각된다. 남북조 시대 불교인들의 창조적인 오해에 대해 굳이 변명할 필요는 없겠지만, 그들은 가장 오래된 불교로부터 가장 최근에 이르기까지의 불교를 차곡차곡 받아들인 것이 아니었다. 오히려 가장 최근의 사상조류를 먼저 접하고 그 이전의 불교를 두서없이 받아들이는 상황이었기 때문에, 그들은 불교를 전반적으로 이해하기 위해서 다양한 시도를 행할 수밖에 없었을 것이다. 자신들이 가장 최근에 받아들인 불교사상, 곧 인도나 서역으로부터 온 번경삼장들에 의해 가장 최근에 이식된 불교사상을 중심으로 삼아 불교 전반을 이해하려는 시도는 오히려 당연한 것이었고, 또 충실한 태도였다고 할 수 있을 것이다. 그것이 충분할 정도로 한계를 가진 것이라는 점 역시 분명함에도 불구하고 말이다.

반면, '의도적인 오해' 역시 적지 않았다고 생각된다. 번경삼장들, 더 정확하게 말하면 인도와 서역으로부터 중국으로 왔던 전법승들은 중국이라는, 인도와는 전혀 다른 새로운 토양에서 적지 않은 장애에 부닥쳤고 또 예상할 수밖에 없었을 것이다. 남북조 시대에 활동했던 중국 지식인들에 의한 격렬한 불교 비판과 이에 대응한 논쟁이 비일비재하게 행해졌고, 때로 광범위하고 폭력적인 방법으로 이루어졌던 폐불 사태도 그들이 당면했던 현실이었다. 그 장애물을 넘기 위한 다양한 방법들이 인도와 서역에서 온 전법승들과 중국의 불교인들에 의해 고안되었다. 중국 사회의 반응을 고려하여 번역어를 선택한다거나, 사상적으로 특정한 측면을 강조한다거나, 때로는 비불교적인 관점도 불교를 옹호하고 선전하는 일에 채택되었던 것으로 보인다.

이와 같은 '창조적인 오해'와 '의도적인 오해'들은 우리가 남북조 불교사상을 가늠하려 할 때 충분히 고려되어야 할 사안들 중의 한 부분이라고 생각된다. 충분할 정도로 미지未知의 대상이었던 불교에 대한 충실한 이해를 위한 '수용受容'의 노력과 전혀 이질적인 사회적 토양에 정착하기 위한 '변용變容'의 노력이 맞물려서 나타나는 것이 남북조 시대의 불교사상이기도 하기 때문이다.

본서 편집의 경위

중국 런민(人民)대학의 불교와종교학이론연구소佛教与宗教學理論研究所, 일본 도요(東洋)대학의 인도철학과 및 동양학연구소東洋學研究所, 한국 금강대학교 불교문화연구소 인문한국(HK)연구센터의 삼국 3개 대학의 연구소는 '불교의 중국화'를 주제로 10년간의 공동연구프로젝트를 진행하고 있다. 삼국 3개 대학은 매년 공동연구 진행의 성과를 공유하는 학술대회를 진행하고 있는데, 본서 '남북조 시대의 불교사상'은 삼국 3개 대학이 공동으로 주최하고 중국 런민(人

民)대학이 주관하여 2013년 6월 21~23일에 개최하였던 제2회 한국·중국·일본 국제불교학술대회의 성과물을 묶은 것이다. 제1회 한국·중국·일본 국제불교학술대회의 성과물로 2013년 4월과 5월에 삼국에서 각각 한국어와 중국어, 일본어로 출간하였던 『동아시아에 있어서 불성·여래장 사상의 수용과 변용』(금강학술총서 11권)에 이은 두 번째의 성과물이 되는 것이다.

제2회 한국·중국·일본 국제불교학술대회는 베이징(北京)의 런민(人民)대학에서 개최되었다. 제1회 대회와 마찬가지로 한·중·일어의 3개 국어로 발표가 진행되었으며, 발표와 논평 및 답변에 이르기까지 모두 번역과 통역이 제공되었다. 발표와 토론 등으로 직접 참여한 학자와 참관을 위해 삼국에서 모인 학자까지 50여 명에 이르는 전문 학자들이 공동연구의 성과를 공유하였다. 이틀간의 학술대회에서는 한국 금강대학교의 총장 정병조 교수의 기조강연 「남북조 시대 불교 연구의 전망과 과제」를 포함하여 아래와 같이 모두 9편의 논문이 발표되고 지정토론을 진행하였다.

1. 김천학(金天鶴, 金剛大學校 佛敎文化硏究所), 토론자: 왕송(王頌, 中國 北京大學)
   −법상法上『십지론의소十地論義疏』「가분加分」석釋의 삼종진三種盡에 대해서

2. 오쿠노 미츠요시(奧野 光賢, 日本 駒澤大学), 토론자: 성카이(聖凱, 中國 淸華大學)−길장吉藏 교학敎學과 진제眞諦 삼장

3. 칸노 히로시(菅野博史, 日本 創価大学), 토론자: 쉬원밍(徐文明, 中國 北京師范大學)−광택사 법운의 법화경관(光宅寺法雲の法華経観)

4. 장쉬에송(張雪松, 中國 人民大學), 토론자: 이케다 마사노리(池田 將則, 한국 금강대학교)−"군주가 곧 현재의 여래"의 숨은 뜻 해명("國主即是當今如來"論)

5. 구라모토 히사노리(倉本尚德, 日本 東洋大學), 토론자: 李翎(中國 國家博物館)−용문 북조수당 조상명문에 보이는 정토신앙의 변용(龍門北朝隋唐造像銘

に見る淨土信仰の變容)

6. 하유진(한국 금강대학교), 토론자: 劉成有(中國 中央民族大學)

　—『대반열반경집해大般涅槃經集解』를 통해 본 열반사涅槃師의 불성의佛性義

7. 오카모토 잇페이(岡本一平, 日本 東洋大學), 토론자: 조우지(周齊, 中國 社會科學院
世界宗教研究所)—정영사 혜원의 삼불성과 이종성(淨影寺慧遠の三佛性と二種性)

8. 김성철(한국 금강대학교), 토론자: 저우구이화(周貴華, 中國 社會科學院 哲學研究
所)—종성무위론의 기원에 관한 한 고찰—『보성론』과 『불성론』의 'gotra'의 번
역 용례를 중심으로—

9. 쉬엔팡(宣方, 中國 人民大學), 토론자: 석길암(한국 금강대학교)

　—거울 속의 꽃—구나발마전 재검토(鏡中花—求那跋摩傳 再考)

　이상의 연구 성과는 제1회 한국 · 중국 · 일본 국제불교학술대회 성과물 간
행의 전례에 따라 각기 중국어판과 일본어판 그리고 한국어판으로 간행하기
로 하였다. 역시 전례에 따라 중국어판과 일본어판은 발표문을 수정하지 않고
논평문과 논평문에 대한 답변을 함께 수록하며, 한국어판은 논평문과 논평에
대한 답변은 게재하지 않고 발표문을 최종 수정한 원고를 게재한다. 따라서
한국어판인 본서에 실린 원고들은 학술대회 후 각 저자들의 수정을 거쳐 최종
적으로 완성된 것을 모아 편집한 것임을 밝혀 둔다.

목차의 배열과 내용에 대하여

　다음으로 본서의 목차 배열과 내용에 대하여 간략히 소개한다. 우선 본서
는 기조강연을 포함하여 학술대회에서 발표되었던 논문들을 모두 4장으로 나

누어 다시 배열하였다.

　우선 제1장 「남북조 시대 불교 연구를 바라보는 눈」은 기조강연을 별도의 장으로 설정한 것이다. 정병조 총장님은 「남북조 시대 불교 연구의 전망과 과제」라는 제목을 붙이고 있는데, 일본과 중국 그리고 한국의 남북조 시대 불교 연구에 대한 최근 동향을 비판적으로 검토한 후, 연구자들의 시야 확장을 위한 몇 가지 제안을 제시하고 있다. 먼저 최근의 연구 동향으로 일본 교토 대학의 '북조후반기불교사상사' 및 '진제삼장과 그의 시대'에 대한 공동 연구, 중국의 장외불전문헌藏外佛典文獻 간행사업, 금강대학교의 지론종 연구 및 장외문헌藏外文獻 간행 사업 및 삼국 3개 대학의 공동연구프로젝트를 소개하고 있다. 그런 연후에 문헌학적 연구에 있어서 삼국 간의 연구협력 강화, 사회사상적 접근의 필요성, 인도와 서역 그리고 동남아를 아우르는 지리적 시야의 확장, 문화사 연구와 사상사 연구의 융합 필요성을 제안하고 있다.

　제2장 「남북조 시대 불교사상의 저변低邊」에는 남북조 시대 불교사상의 경향을 결정하는 저변의 흐름을 보여주는 논고들을 모아 보았다. 쉬엔팡(宣方) 선생의 「거울 속의 꽃─구나발마전 재검토」는 『고승전』 「구나발마전」을 집중적으로 검토한 것이다. 초기 자바 불교권의 성격과 아시아 지역 불교문화권 간의 상호작용에 대한 이해를 염두에 두고, 구나발마의 출신과 수학, 중국에서의 활동양상, 그리고 자바에서의 활동을 검토한 후 세 지역 불교문화권 간의 상호작용에 대하여 구나발마의 행적을 중심으로 조명하고 있다. 이 논고를 통해 남북조 시대 초기 전법승들의 활동 궤적은 물론 서로 다른 불교 문화권에 대하여 전법승 곧 번경삼장들이 어떠한 입장을 취했는지를 확인할 수 있을 것이다. 장쉬에송(張雪松) 선생의 「'군주가 곧 현재의 여래'의 숨은 뜻 해명」은 중국 불교 나아가 동아시아불교의 특징을 결정하는 요소 중의 하나인 국가불교의 성격에 대하여 검토한 것이다. 불교사상의 중국화를 추동하는 요인 중의 하나

로서 '국가불교'가 어떠한 의도를 가진 것인지 그리고 불교사상의 중국화에 어떠한 영향을 미칠 것인지에 대한 원경의 묘사가 될 것이다. 구라모토 히사노리(倉本尚德) 선생의 「용문 북조수당 조상명문에 보이는 정토신앙의 변용」은 용문석굴의 북조수당 시기의 정토신앙 관련 조상명문을 집중 검토한 것으로, 북조로부터 당에 이르는 기간 동안 생천신앙 및 정토왕생 신앙이 어떻게 변화했는지를 보여준다. 신앙은 사상의 계기이면서 사상의 결과이기도 하다는 점에서, 이 논문은 남북조 시대 불교사상 변용양상을 그 저변인 신앙의 변화양상으로부터 유추하게 하는 또 다른 원경의 묘사일 것이다.

제3장 「남북조 시대의 교학 연구, 중국적 불교해석의 원형」에는 남북조 시대 교학 연구의 전형을 보여주는 논고들을 모았다. 칸노 히로시(菅野博史) 선생의 「광택사 법운의 법화경관」은 성실론사인 광택사 법운의 『법화경』 해석의 특징을 검토한 것이다. 특히 분과의 고안, 오시교판의 채용, 일승사상의 강조 등 후대 중국불교 주석가들의 법화경 해석의 특징이 남북조 시대 성실사들의 법화경 해석에서 비롯됨을 잘 보여준다. 이 논고에서 남북조 시대 중국인에 의한 한역불전 연구의 한 전형을 볼 수 있을 것이다. 김천학 선생의 「법상法上『십지론의소十地論義疏』 「가분加分」석釋의 삼종진三種盡에 대해서」는 『십지경론』의 삼종진三種盡 중에서 '장障'에 대한 해석의 특징을 검토하고, 그것에 의거하여 여타 지론종 문헌과의 영향 관계를 살핀 것이다. 이 논고를 통해서 인도적 해석양상의 특징과 그것의 중국적 해석에 나타나는 변용의 양상을 확인할 수 있을 것이다.

제4장 「불성佛性과 종성種性, 중국적 사유의 형성」에는 남북조 시대에 불성佛性과 종성種性 개념을 중국불교인들이 어떻게 수용하고 변용하여 이해하였는가를 주제로 일련의 논고들을 모았다. 하유진 선생의 「『대반열반경집해大般涅槃經集解』를 통해 본 열반사涅槃師의 불성의佛性義」는 『대반열반경집해』를 통해

서 남조 열반사들의 불성 및 열반사상에 대한 이해의 변화양상을 검토한 것이다. 이 논고를 통해서 불성사상과 중국 전통사상의 '신神' 개념의 교섭 등 불교사상과 중국사상의 초기 교섭 양상의 일단을 이해할 수 있을 것이다. 김성철 선생의 「종성무위론의 기원에 관한 한 고찰-『보성론』과 『불성론』의 'gotra'의 번역 용례를 중심으로-」는 현존 산스크리트본에서는 보이지 않는 종성무위론이 동아시아 여래장 사상 전통에서 등장하는 배경을 탐색한 것이다. 특히 종성무위론 등장의 한 배경으로 『불성론』 독자의 3종 불성론에 주목하고 있다. 이 논고를 통해서 인도불교와 중국불교 사이의 간극을 확인할 수 있을 것이다. 오카모토 잇페이(岡本一平) 선생의 「정영사 혜원의 삼불성과 이종성」은 혜원의 삼불성설 창안에 대하여 그 필연성을 인도의 여래장 사상 형성단계로 소급하여 그 필연성을 『보성론』에서 탐색한 것이다. 이 논고는 인도불교와 남북조 시대의 중국불교사상이 한편으로는 각기 다른 갈래길에 서있으면서도 또 다른 한편으로는 동일한 사상적 지형도를 그리는 모습을 보여줄 것이다. 오쿠노 미츠요시(奧野 光賢) 선생의 「길장吉藏 교학敎學과 진제眞諦 삼장」은 남북조 시대에 인도 혹은 서역으로부터 번경삼장이 도래하였을 때, 새롭게 이식되는 사상조류를 중국의 불교인들이 어떻게 수용해가는가를 보여주는 논고이다. 특히 이 논고를 통해서 이전에 이식되어 변용되어온 불교사상의 흐름을 계승하고 있는 중국 불교인이 새로운 사상 조류의 등장에 대응하여 보여주는 사상적 반응의 한 사례를 확인할 수 있을 것이다.

끝맺으며

본서가 만들어지기까지 많은 분들이 힘을 보태주었다.

제2회 한국 · 중국 · 일본 국제불교학술대회의 성과물을 묶은 본서 간행의 공은 누구보다도 먼저 1년여의 시간을 들여 옥고를 준비해주신 발표자들께 돌려야 할 것이다. 그리고 학술대회가 무사히 치러지고, 삼국 3개 대학 연구자들의 연구 성과를 공유하는 과정에는 발표문을 3개 국어로 번역하느라 애써주신 분들 그리고 학술대회 현장에서 공들여 통역해주신 분들의 노고가 크게 도움이 되었다. 그 분들에게 지면으로나마 다시 한번 감사를 드린다.

책이 간행되는 과정에서는 동아시아팀장이면서 삼국대회 준비의 실무책임자 역할을 담당하고 있는 최은영 선생님, 그리고 편집간사의 역할을 맡아 이리저리 뛰어다니신 박영길 선생님, 그리고 저마다 전공 분야의 원고를 맡아 번역문 교정에 참여해주신 연구소 선생님들이 도움을 아끼지 않았다.

그리고 무엇보다도 불교문화연구소에 대한 애정을 숨기지 않고 늘 격려를 아끼지 않으시는 정병조 총장님과 격무에도 불구하고 사소한 데까지도 정성과 애정으로 연구소의 버팀목 역할을 해주시는 권탄준 소장님, 그리고 학문에 대한 열정을 쉬지 않고 매진하는 연구소 동료들에게 깊은 감사의 말씀을 드린다.

마지막으로 벌써 코앞에 다가온 세 번째 학술대회에서도 훌륭한 연구 성과를 마주치리라는 기대감과 설렘을 챙겨 담는다.

2014년 5월 12일
한국어판 편집자를 대표하여 석길암

차례

제1장 남북조 시대 불교 연구를 바라보는 눈

제2장 남북조 시대 불교 사상의 저변低邊

제3장 남북조 시대의 교학 연구, 중국적 불교해석의 원형

제4장 불성佛性과 종성種性, 중국적 사유의 형성

제1장
남북조 시대 불교 연구를
바라보는 눈

•

남북조 시대 불교 연구의 전망과 과제

정병조(鄭柄朝)

남북조 시대 불교 연구의 전망과 과제

정병조(鄭柄朝)

1. 서언

중국의 런민대학人民大學과 일본의 도요대학東洋大學 그리고 한국의 금강대
학교金剛大學敎가 10개년 계획 아래 공동으로 진행하고 있는 불교의 동아시아
적 수용과 변용에 대한 연구는 해당 분야뿐만 아니라 불교학 연구에 있어서
심화와 도약을 기약하기 위한 것이다. 지난해에 그 첫 번째 연구와 토론을 위
한 학술회의가 한국에서 개최되었는데, 주제는 "동아시아에 있어서 불성 · 여
래장 사상의 수용과 변용"이었다. 런민대학에서 주관하는 금년 학술회의의 주
제는 '남북조 시대의 불교사상'이다. 10년간 진행되는 대주제의 성격상 앞으로
도 논의의 대부분은 남북조 시대를 중심으로 수隋 · 당唐 시대의 불교와 7, 8세
기 동아시아 불교사상의 추이를 아울러 조망하는 형태로 진행될 것으로 예상
된다. 기조강연이라는 성격에 맞추어 본 글에서는 해당 분야에서 다루어지는
개별적인 주제에 대한 접근보다는 남북조 시대를 중심으로 이루어지는 불교

의 수용과 변용이라는 문제에 접근하는 시각들에 대해서 보다 거시적인 안목을 중심으로 언급하고자 한다. 비록 이 분야의 충실한 전공자는 아니지만, 본 대학 불교문화연구소에서 진행하는 프로젝트를 지켜보면서 느꼈던 점들을 반영하고자 한다.

남북조 시대 불교의 연구에 있어서 고전이라고 일컬어질 만한 연구 성과는 손에 꼽을 정도이다. 湯用形의 『漢魏兩晉南北朝佛敎史』(1938)와 E. Zürcher의 *The Buddhist Conquest of China*(1959)는 단연 선구적인 저작이면서 동시에 이 방면 연구에 초석의 역할을 하는 방대한 저작이다. 그 다음으로 케네츠 첸 Kenneth Ch'en의 *The Chinese Transformation of Buddhism*(1973)이 그 뒤를 잇고 있다고 생각한다. 1980년대 이후에는 일본학계와 중국학계의 연구 성과를 망라하여 정리한 가마다 시게오(鎌田茂雄)의 『中國佛敎史』 시리즈 또한 빼놓을 수 없는 성과이다.

이들 연구 성과들은 해당 분야 연구자들에게는 고전이자 연구의 출발점이기도 하다. 그러나 불전佛典이 방대한 것과 마찬가지로 중국 역시 사상적인 관점이나 문화적 특수성 등에 있어서 한마디로 요약하기 어려운 중첩성과 다양성이 있는 것이 사실이다. 물론 지리적 광막함도 포함시켜서 논의해야 한다. 중국, 특히 남북조 시대의 중국은 한족漢族은 물론이거니와 서북방을 비롯한 사방의 이민족들 역시 중국 역사와 문화의 중요한 주역으로 등장한다. 중국 역대의 왕조들이 한족漢族 중심이었던 것과 대비되는 특징이다. 그만큼 다양한 문화와 사상이 혼재할 수밖에 없었고, 그런 다양성에 중국의 방대한 지리적 특수성이 덧대어진다. 다양한 문화와 사상, 이질적인 민족들이 개입한 만큼 그 삶의 양상과 문화의 궤적 또한 복합적일 수밖에 없었다. 그리고 그러한 중층성重層性 속에 가장 뚜렷하게 부각된 두 가지 문화적 줄기가 바로 중국 고유의 문화와 불교로 대표되는 인도문화였다. 중국 전통문화와 불교로 대표되는 인도문화가 여러 민족과 문화 그리고 광막한 지리적 환경을 배경으로 삼아 부침을 거듭했던 시대였기 때문에, 남북조 시대에 한정해서 말한다면 중국 전통문화도 불교문화도 하나의 일관된 체계로 이해하는 것은 불가능하다고 말하지 않을 수 없다. 곧 다양한 가능성을 염두에 둘 때만이 접근이 가능한 시대가 남북조 시대이며, 또한 남북조 시대의 불교사상이라 하지 않을 수 없을 것이다. 이 같은 점을 염두에 두고서 최근 2~30년 이래의 주목할 만한 연구 동향들을 간략하게 언급하고, 그것을 바탕으로 몇 가지 제안을 가하고자 한다.

2. 남북조 시대 불교 연구에 있어서 최근의 주목할 만한 동향

본 장에서 다룬 것은 3개 대학의 공동연구가 진행된 일종의 계기들을 나름대로 언급한 것이다. 참고로 말해둔다면, 본 대학의 불교문화연구소 연구자들이 주목하고 있는 선행 연구들이다. 동시에 이 연구들은 주목의 대상일 뿐만 아니라, 거기에서 도출되는 연구 성과들 자체가 앞으로 3개 대학의 공동연구가 어떻게 나아가야 할지를 보여주는 선행 사례이면서 앞으로의 연구 방향에 대한 지침이 될 수도 있다. 논자의 제안을 설명하기 위해서 먼저 이들 연구들의 특징을 간단히 정리하고자 한다.

1) 일본 교토대학의 '북조후반기北朝後半期 불교사상사' 및 '진제 삼장眞諦三藏과 그의 시대'에 대한 공동연구

이 두 연구는 모두 일본 교토대학 인문과학연구소에서 주관하여 진행된 것이다. 두 연구 모두 남북조 시대의 후반기를 대상으로 한다는 특징이 있다. 다만 전자는 북조를 테마로 하고 있고, 후자는 남조 후반기의 진제 삼장眞諦三藏과 그의 주변에 대한 연구이다. 연구 성과는 각각 아라마키 노리토시(荒牧典俊) 편『北朝隋唐 中國佛敎思想史』(法藏館, 2000)와 후나야마 도오루(般山徹) 편『眞諦三藏硏究論集』(京都大學人文科學硏究所, 2012)으로 간행된 바 있다.

전자는「序章 北朝後半期佛敎思想史序說」과「第一章 南朝佛敎思想から 北朝佛敎思想へ」를 중심으로 하는데, 주로 지론사상地論思想의 문제를 다루고 있다. 그리고 그 주변의 문제로서 북조불교 시대의 석굴사원石窟寺院과 중국 전통사상의 문제 그리고 남북조 후반기 불교사상의 전제로서『성실론成實論』의 문제를, 전후의 문제로서 수당隋唐 불교사상佛敎思想의 문제를 시야에 두고 있다.

후자는 동 시대 남조에서 활동했던 역경삼장譯經三藏 진제眞諦와 그의 텍스트 및 사상에 이르기까지 집중적으로 연구조사를 시행한 결과물이다. 이른바 진제를 중심으로 하는 섭론학攝論學의 문제가 주요 테마가 된다고 할 수 있다.

두 연구는 모두 일본의 해당 분야 주요 연구자들이 참여한 결과물로, 기본적인 출발점에 있어서는 돈황 출토 사본들의 역할이 적지 않게 기여했다고 생각한다. 물론 후자의 경우에는 돈황 사본 외에도 현존하는 진제 번역 경론들과의 비교 문제 역시 주요하게 작용했을 것이라 짐작한다. 전체적으로 본다면, 양자 모두 돈황 출토 사본들을 대상으로 하는 문헌학적 접근과 사상사적 접근을 전제로 그 주변을 아울러 가는 양상의 연구가 진행된 것으로 보인다. 불전 번역 태도를 토대로 하는 문헌학적 접근과 중국 석굴사원에서 보이는 토착 사상과의 융합 등을 다룸으로써 종래의 연구보다 진일보했다는 평가를 받을 만하다. 다만 그 사상의 흐름이 수·당 시대로 전개되는 과정에 대한 논구가 부족하다는 느낌을 갖는다.

2) 중국의 장외불전문헌藏外佛典文獻 간행 사업

이 사업은 중국 전국 고적古籍 정리 출판사업의 일환으로 팡구앙창(方廣錩) 선생이 주도적으로 이끌고 있는 사업이다. 돈황 출토 불교문헌 등을 교감(校勘)하고 관련 연구논문들을 함께 수록하여 런민대학 출판부에서 현재 15집(輯)을 넘어 계속해서 간행하고 있는 중이다.

그 분류를 살펴보면 범문梵文 전적의 신역新譯, 한역장문불전漢譯藏文佛典, 남전불전南傳佛典, 일전유주佚典遺珠(일실되었다가 새롭게 발굴된 불전), 불전이본佛典異本, 돈황선적敦煌禪籍, 불교참의佛教懺儀, 삼장론소三藏論疏, 삼계교자료三階教資料, 아타력교전적阿吒力教典籍(운남 지역의 유가밀종 전적), 돈황경록敦煌經錄, 서하일전西夏佚典, 석각자료石刻資料, 의위경疑僞經 등과 관련 연구논문을 수록하고 있다. 상당히 광범위한 분야와 시대를 망라하고 있는데, 이 중에 많은 부분은 돈황유진敦煌遺珍이다. 그리고 잘 알려져 있는 것처럼, 돈황유진은 남북조와 수·당 시대 불교의 신자료들을 대량 포함하고 있다.

다만 이 사업은 시대적으로나 사상적 범주로도 광범위하기 때문에 집중적으로 활용하기에는 쉽지 않다. 그렇다고 해도 남북조와 수·당의 불교를 연구하기 위한 문헌학적 토대를 제공하는 중요한 사업의 하나라는 점은 간과할 수 없다.

이 외에도 80년대 이후 중국 각지에서 돈황학에 대한 연구가 광범위하게 진행되고 있는 것으로 알고 있다. 돈황학 특히 돈황보장敦煌寶藏에 대한 연구는 필연적으로 남북조 시대 불교의 연구에 새로운 관점을 제공하는 기반으로 작용할 수밖에 없을 것으로 기대된다. 그 동안의 돈황 문서 연구는 신 자료 발굴이라는 안목에서 진행되어 왔지만, 앞으로는 내용 분석을 통한 객관적 이해가 더욱 필요하리라고 생각한다. 특히 초기의 돈황 문서 연구가 선종禪宗 관련 문서에 집중되었으나, 이후부터 여러 종파들에 대한 연구가 병행되고 있는 점은 고무적이라고 생각한다.

3) 금강대학교의 지론종地論宗 연구와 장외문헌藏外文獻 간행 사업

금강대학교 불교문화연구소는 2007년부터 인문한국(HK) 연구 프로젝트의 일환으로 불교의 중국적(혹은 東亞細亞的) 변용에 대한 연구 프로젝트를 진행하고 있다. 이 연구 프로젝트는 주로 인도 대승불교 전적이 중국에 수용되는 과정에서 일어나는 번역과 수용 그리고 변용의 문제를 대상으로 한다. 당연히 수용과 변용의 과정을 이해하기 위한 다양한 접근 방법을 고려할 수밖에 없는데, 그 주된 방법론 중의 하나가 문헌학적 접근이었다.

그러나 동일한 불전에 대한 범본(梵本, 혹은 藏本)과 한문본 간의 단순한 비교만으로는 중국에서의 수용과 변용 과정에 대한 접근에 한계가 존재할 수밖에 없었다. 이 때문에 인도 대승불교와 수·당 시대 중국적 종파불교의 사이에 중요한 접점으로서 존재하는 남북조 시대 불교사상 연구에 집중하게 되었다. 그 첫 번째 연구의 성과물이 바로 『지론사상의 형성과 변용』(금강대학교 불교문화연구소, 2010)과 『藏外地論宗文獻集成』(同, 2011)이다. 앞으로 『藏外地論宗文獻集成 續集』과 『藏外攝論宗文獻集成』을 차례로 간행할 예정으로 있다.

이 사업 역시 기본적으로는 돈황 출토 문헌을 바탕으로 남북조 후반기의 불교사상사를 새롭게 접근하는 데 초점이 있다고 생각한다. 지론종은 여타의 불교학파들에 비해 관심이 많지 않았던 분야인 만큼 이와 같은 연구를 통해 불교학파들의 객관적 집성이 이루어질 수 있다고 보고 있다.

4) 런민대학 · 도요대학 · 금강대학 '불교의 동아시아적 변용變容'에 대한 연구

마지막으로 소개하는 것은 지금 이 자리에서 진행되고 있는 학술회의이다. 기본적으로는 10년간 진행될 학술회의이지만, 그 안에는 관련 전문 연구자의 교환과 해당 주제에 대한 연구 성과의 한 · 중 · 일 3국의 공유라는 전제가 포함되어 있다. 3개 대학을 중심으로 하기는 하지만, 각 국의 관련 전문 연구자들이 연구 성과를 공유하는 장이 되는 셈이다. 일찍이 중국불교협회 회장을 지냈던 故 조박초 회장은 한 · 중 · 일 3국의 관계를 '불교의 황금 연대'라는 말로 표현한 적이 있다. 동아시아의 세 나라는 불교라는 공통분모를 역사적으로 간직하고 있다. 따라서 기존의 우호 선린적 단계를 벗어나서 이 자리에서 시도하고 있는 '학술적 연찬'은 삼국의 미래지향적 발전을 위해 시의적절한 시도라고 볼 수 있다.

이 기획에는 '불교의 동아시아적 변용'이라는 대주제하에 다시 10개의 소주제로 나누어서 관련 연구 성과들을 망라하고 공유하려는 의도가 포함되어 있다고 생각한다. 중요한 점은 관련 연구 성과를 공유하면서 각 국의 전문 연구자들이 가지고 있는 심화와 시야에 있어서의 한계 역시 어느 정도는 보완될 것이라는 기대이다. 이미 인지하고 있는 것처럼, 지난해에는 한국에서 '동아시아에서 불성佛性 · 여래장如來藏 사상의 수용과 변용'을 주제로 한 성과의 공유가 이루어졌고, 올해 이 자리에서는 '남북조 시대의 불교사상'에 대한 연구탐색이 이루어지고 있다.

3. 시야 확장을 위한 몇 가지 관점의 제안

앞에서 논자의 관심 범주에 따라 남북조 시대 불교의 연구에 관한 몇 가지 주목할 만한 최근의 동향들을 언급하였다. 이들 연구의 가장 큰 특징은 극히 일부분을 제외한다면 대부분 불교문헌과 불교사상사 연구를 중심으로 하고 있는 점일 것이다. 불교가 단순한 교의敎義의 체계 곧 사상의 체계라고 한다면 이러한 연구들은 대단히 유효할 수 있다. 그러나 주지하고 있다시피 불교, 특히 남북조 시대의 불교는 종교현상이며, 문화현상이며, 사회현상이다. 다시 말해서 사상, 신앙, 경제, 정치, 민족에 이르기까지 다양한 현상을 포함하고 있는 복합적인 문화현상인 것이다. 그리고 거기에는 다시 불전어佛典語로서 범어梵語와 호어胡語 그리고 문어체 한문과 구어체 한문 등의 다양한 언어 문제와, 불교 전파의 경로에 있는 서역과 동남아라고 하는 지역불교의 문제까지 해결해야 할 적지 않은 문제들이 개입되어 있음을 간과해서는 안 된다. 특히 왕실이나 교단의 주요한 업적보다 민중의 가슴을 흐르는 보편적 불교사상 등에 대해서도 폭넓은 이해가 필요하다. 지배층의 불교 수용처럼 세련되지는 못했지만 일상적이고 현세이익적인 그들의 불교관을 섭렵하는 데 노력해야 한다. 철학적인 관점에서 말한다면 고매한 이상을 품고 있던 상류층의 불교인들이 열등한 대중들의 불교관을 고양시키기 위해 '어떠한' 노력을 감행했는지도 역시 연구의 대상이 되어야 한다.

다음에는 이 점을 감안하면서 3국의 3개 대학이 앞으로 연구를 성공적으로 진행하기 위해서 관심의 폭을 좀더 넓혀 주었으면 하는 논자의 기대를 언급하고자 한다.

1) 문헌학적 연구에 있어서 협력의 강화

남북조 불교 연구에 있어서 가장 기초적인 자료는 아무래도 1차 기록자료라고 할 수 있을 것이다. 특히 돈황보장에 속하는 불전 관련 자료들은 극히 일부를 제외하고는 대부분 접근이 가능한 상태이다. 그 외에도 석각자료石刻資料를 포함한 적지 않은 기록자료들이 수집되고 또 공개되어 있는 상태이다. 어떻게 보면 풍부한 자료라고 말할 수 있을 정도이다. 풍부하다고 한 것은, 공개되어 있는 부분에 대해서조차 기초적인 연구가 이루어지지 않은 상태의 자료가 아직은 훨씬 더 많다는 의미에서이다. 또 공개되어 있는 자료라고 해도 연구자들의 접근이 그리 많지 않다는 의미를 포함한다. 이 같은 상황은 점차 개선되고 있는 중이기는 하지만 그래도 여건이 빠르게 성숙될 것으로는 보이지 않는다. 결국 여건을 개선할 수 있는 새로운 형태의 협력 작업이 필요하다는 뜻이다.

금강대학교 불교문화연구소에서 간행한『地論思想의 形成과 變容』과『藏外地論宗文獻集成』은 우리가 모색할 수 있는 좀더 새로운 형태의 개선된 결과물이다. 이 2종의 결과물은 중국과 일본 그리고 한국의 연구자들이 함께 참여한 것이다. 전자는 지론종 사상에 대한 최근의 연구 동향과 사상적 탐색들을 담고 있는데, 지론종 연구 관련 문헌과 자료, 그리고 사상적 탐색들을 위한 출발점으로 활용될 수 있도록 기획된 것이다. 한국어와 일본어로 동시에 간행되었다. 후자는 돈황 출토 문헌 중에서 지론종 관련 사본들만을 집성한 것으로, 각각의 텍스트에 대한 한국어 · 중국어 · 일본어 해제가 포함되어 있다. 한중일 나아가서 그 외 국가의 지론종 연구자들이 좀더 쉽게 접근할 수 있는 보다 진전된 형태의 자료집이라고 할 수 있다.

예를 들어서 팡구양창(方廣錩) 선생이 주편主編하고 있는『藏外佛典文獻』의 경우에도, 3국의 관련 연구자들의 협력 작업에 의해 주제별로 그리고 좀더 접근이 용이하고 유의미한 형태로의 재편집이 가능할 것이다. 그리고 3국의 협력 작업이 아닌 경우라고 해도, 주제별 접근의 용이성을 높이는 것은 관련 연구의 심화와 성숙에 대단히 크게 기여할 수 있을 것이라 기대된다.

2) 사회사상사적 연구의 융합 필요성

보편적으로 말한다면, 역사학자와 철학자 그리고 종교학자의 시각 사이에는 대단히 큰 거리감이 존재한다. 특히 남북조 시대처럼 사회적으로, 사상적으로, 그리고 신앙사적으로도 대단히 혼란스러운 시대라면 더욱 그럴 수밖에 없다.

그러나 아쉽게도 거의 모든 남북조 시대 불교의 관련 연구자들을 살펴보면, 대부분의 관심은 불교내전佛敎內典에 치중되어 있는 상황이라고 할 수밖에 없다. 문헌 연구는 필수적이지만, 그것이 불교 연구의 전부가 되어서는 안 된다. 요즈음의 학술적 트렌드처럼 융복합적 연구 시스템이 필요한 부분이다. 오히려 남북조 시대 전체를 조망하는 넓은 시야 안에서 불교에 접근해야 한다는 측면에서는, 작금의 연구자들은 서언序言에서 소개한 몇몇 연구자들에 비하면 훨씬 나은 여건임에도 불구하고 오히려 좁은 시야를 보여준다고 할 수 있을 것이다.

적어도 동아시아 사회에서 불교는, 인도불교와는 달리, 사회체제 안의 존재였음을 기억할 필요가 있을 것이다. 중국불교의 정착에 있어서 가장 큰 애로점은 불교의 출세간적 풍모 때문이었다. 따라서 중국불교는 충효적 특성, 호국 호법적 사상, 그리고 자립적 노동관 등을 내세우기에 이른다. 이와 같은 토착화 노력은 불교 도입 초기부터 진행되었으나, 남북조 시대에 이르러 완성된 것으로 이해할 수 있다. 남북조 시대는 불교교단사의 입장에서도 인도불교로부터 중국불교로의 이행기에 속한다. 그리고 그러한 외적인 규제는 사상의 변동에도 역시 일정한 영향을 미칠 수밖에 없다고 생각한다. 그리고 동시에 불교의 상부 엘리트층을 포함하여 토대를 구성하는 광범위한 민중층의 신앙형태의 변천 역시 사회변동과 불가분의 관계에 있었다. 어떻게 보면 사회변동에 많은 영향을 미쳤을 것으로 생각되는 당시 민중층의 신앙 형태는 아직도 제대로 조명되지 않은 상태라고 할 수 있을 것이다.

2007년에 E. Zürcher의 *The Buddhist Conquest of China* 제3판이 간행될 때 덧붙인 해제에서 Stephen F. Teiser는, 1998년 이사룡李四龍과 배용裵勇의 중국어 완역본이 간행된 이후 중국학계의 남북조 시대 연구, 특히 방법론적 접근에 있어서 유의미한 변화가 보인다고 지적하고 있다. 이것은 단편적이긴 하지만 중요한 점을 시사한다. 곧 남북조 시대의 불교사상을 연구함에 있어서 심학心學 이른바 사상적 연구에 오랫동안 침잠되었던 것에 대한 역반응이라 생각되기 때문이다. 다시 말해서 신앙집단 혹은 사원집단 나아가서 불교사상을 수용하고 재생산해 내었던 불교교단에 대한 사회사상사적 접근이 이 시대 불교사상의 수용과 변용에 대한 연구에 충분히 활용되어야 함을 지적하고 싶다.

상영기尚永琪의 『3-6世紀佛教传播背景下的北方社会群体研究』(2008)나 하방요何方耀의 『晋唐时期南海求法高僧群体研究』(2008) 등 최근 중국에서 간행된 일련의 연구 성과들은 남북조 불교 연구에 있어 사회사상사적 관점을 도입한 새로운 접근사례가 될 것이다. 그리고 그러한 연구 성과들은 기존의 사상사적 연구에 보완해야 할 중요한 단서들을 제공해줄 수도 있을 것이다.

3) 지리적 시야에 있어서 심화와 확장: 인도 그리고 서역과 인도차이나 반도

다음에 말하고 싶은 것은 지리적 시야의 문제이다. 지리적 시야라고 했지만, 그 안에는 환경과 민족 그리고 문화의 문제가 포함되어 있다. 남북조 시대의 불교를 논하는 우리의 관점을 간단히 그리고 소박하게 말하자면, 우리는 강남과 강북의 차이에만 지나치게 집착하고 있는 것이 아닌가 생각된다. 남북조 시대의 불교는, 좁게는 중국을 중심으로 한 동아시아의 문제이지만, 넓게는 불교의 출발지인 인도로부터 중국 지역에 도달하기까지의 다양한 지리적 배경을 필연적으로 전제해야 하는 어떤 것이라고 생각한다.

우선 인도를 예로 들 수 있을 것인데, 혜초慧超의『왕오천축국전往五天竺國傳』에서 말하는 '천축'은 현대인들이 생각하는 인도와 파키스탄이라는 지리적 범주를 훨씬 뛰어넘는 것이다. 흔히 실크로드의 연변으로 이해되었던 월지국月支國(오늘날의 우즈베키스탄 및 카자흐스탄)은 물론이고 바미얀과 카이바르 협곡 일대(아프가니스탄)를 포함하는 광대한 지역을 염두에 두어야 한다. 9세기 초에 활동했던 인물의 지리적 시야를 기준으로 할 때, 남북조 시대 불교인들의 지리적 시야 역시 그리 크게 차이 나지는 않았을 가능성이 크다고 생각한다. 또 오늘날의 인도와 파키스탄이라는 범주로 혹은 불교인도라는 범위로 축소한다고 하더라도, 그 안에 존재했던 인문지리적 다양성은 '단일한 몇 개의 불교전통'으로는 설명하기 불가능할 것이다. 그럼에도 불구하고 우리는 출발점으로서의 인도불교를 지나치게 단순화시키는 경향이 있다. 사상적으로나 문화적으로도 그렇다. 단정적으로 '이렇다'고 확정할 수 있는 것이 오히려 극소수에 불과하다고 보아야 한다.

다음으로 남북조 시대 불교의 수용 경로로서 육로와 해로의 두 가지가 있다. 육로는 흔히 이야기하는 서역이, 그리고 해로는 동남아시아가 지리적 시야에 포착될 수 있다. 남북조 시대의 이 두 지역에 대한 정보는 중국 측의 기록을 배제한다면 그리 많지 않다. 실은 중국 측의 기록 역시 많은 편은 아니다. 그럼에도 불구하고 이 두 지역의 불교를 고려하지 않은 상태에서 남북조 시대 불교의 수용과 변용 문제를 인도의 그것과 단순 대비시키는 것은 위험 천만한 접근이라고 생각한다. 당시 두 지역의 불교가 지니고 있었을 정체성의 많은 부분이 모호한 채로 남겨져 있다고 하더라도, 적어도 남북조의 불교 혹은 동아시아의 불교 수용을 탐색하는 연구자는 이들 지역의 불교를 염두에 두고 있어야만 한다.

인도불교의 경우 우리는 많은 텍스트를 가지고 있다. 특히 사상과 문화를 한정해서 말한다면 인도불교에 대한 대부분의 지리적 정보는 한역된 정보라고 할 수 있을 것이다. 문화사상적 지리 정보와 관련해서 한역된 텍스트를 다룰 때 주의해야 할 점은, 한역 텍스트의 다양한 이본異本 사이에 존재하는 층위와 텍스트에 내포된 사상적 층위의 역추적을 통해서 인도불교에 있어서 문화사상적 상황을 먼저 검토한 이후에 수용과 변용의 문제를 다루어야 한다는 점이다.

이것이 인도불교를 지나치게 단순화시킨 상태에서 남북조 불교의 변용을 이야기할 때 야기될 수 있는 오류를 최소화할 수 있는 하나의 방법론일 것이다. 사실 많은 경우에 번역된 텍스트인 한역 불전은 언어의 이질성에서 비롯되는 오역誤譯의 문제를 내포할 수밖에 없지만, 동시에 오역이라고 이야기되는 문제들의 상당수가 사실은 이미 인도불교에 내재하고 있었던 시대와 지리에 따른 문화사상적 층위의 문제에서 비롯된 것이라는 점을 간과해서는 안 된다.

특히 서역과 동남아시아 지역의 불교에 대한 정보는 많지 않은 유적 혹은 유물과 구법승 혹은 천축과 서역으로부터의 내화승來華僧과 관련해서 언급되는 지극히 단편적인 기록정보만을 얻을 수 있을 뿐이다. 그러나 이들 지역의 불교는 남북조 불교 혹은 지리적으로 중국불교의 전 단계로서의 역할을 말할 때는 인도불교 못지않은 중요성을 지닌다. 불전 해석의 특정한 사례나 혹은 불교의 문화적 변용의 특정한 요소들은 이들 지역의 불교와 관련이 있기 때문이다. 특히 남북조 불교 더 좁혀서 북조의 불교는 서역 불교와 불가분의 관계에 있다. 이것은 사회사적으로도 사상사적으로도 남북조 불교의 이해에 서역 불교의 이해가 매우 중요하다는 것을 의미한다. 또 이것이 다음의 문화사 연구 성과의 활용 필요성을 제안하는 이유이기도 하다.

4) 문헌·사상 연구와 종교·문화사 연구의 융합

마지막은 종교·문화사적 접근의 필요성에 대한 것이다. 불교의 사상적 구조는 일조일석一朝一夕의 결과물이 아니다. 그것은 광범위한 하부구조의 지지를 요구한다. 그리고 광범위한 하부구조에 의해 지지된 상부구조는 다시 그것을 상징과 의례로 형상화한다고 논자는 생각한다. 불교라는 종교현상 혹은 사상현상이 상부구조에 해당한다면, 최하층의 민중으로부터 최상층의 사회지배층에 이르는 신앙 현상은 그것을 지지하고 지탱하는 하부구조에 해당할 것이다. 그리고 상징과 의례는 많은 경우 그 결과물에 해당할 수 있다.

그래서 남북조 시대에 사회적으로 지리적으로 다양한 계층에서 이루어진 신앙의 양상들에 대한 이해는, 남북조의 불교사상을 이해하는 데 중요한 기준점으로 작용할 수 있다. 그것은 때로는 곧장 상징과 의례로서 구체화되어 나타나기도 하지만, 많은 경우 상부구조를 변화시키는 영향력으로 작용한다. 그리고 신앙의 다양한 양상들과 사상의 양상들은 필연적으로 상징과 의례로서 구체화의 과정을 거치게 된다. 따라서 그 시기에 열렸던 국가적 행사로서의 호국적 성격의 법회, 또 민중들을 계도啓導하려는 목적이 분명해 보이는 다양한 법회의식 등에 대한 세부적인 논의가 필요하다. 다행히 신앙의 양상들에 대한 구체적이고 다양한 정보들이 돈황보장을 통해 이전보다 훨씬 더 우리에게 많이 알려져 있는 상태이다.

또한 기록자료 외에 남북조 불교에 접근할 수 있는 또 다른 1차 자료로서 남북조 시대의 불교유적과 유물들이 존재한다. 특히 서역으로부터 중국 북방 전역에 걸쳐서 다양한 남북조 시대의 불교석굴이 존재하고, 그 불교석굴들은 사상과 신앙의 양상들을 상징화시키고 구체화시킨 다양한 사례들을 직접적으로 보여준다. 이 외에도 적지 않은 남북조 시대의 불교유물들과 석각자료들이 존재한다. 이 부분에 대한 연구들은 다행히도 불교미술사와 문화사 분야에서 상당한 정도로 진척되어 있는 상태이다. 다만 한국의 경우에는 이들 불상이나 불탑, 석굴들이 한국 내의 불교 문화에 끼친 영향에 관해서만 논구되고 있을 뿐이다. 물론 당시의 불교교류를 염두에 둘 때, 그와 같은 시각은 정당할 수 있다. 그러나 교류라는 것은 일방적 수용이 아니라 호환적 관점에서 이해되어야 한다. 따라서 동아시아의 불교 질서라는 관점에서 재논의할 필요가 있다고 본다. 아직도 이들 분야와 사상사 사이에는 적지 않은 거리가 존재하는 것이 사실이다. 따라서 남북조 불교의 연구에 있어서 이들 분야의 연구 성과를 좀 더 다양하게 채용할 수 있는 방안들이 적극적으로 검토될 필요성이 있다고 생각한다. 그리고 그것이 남북조 불교사상을 이해하는 또 다른 접근 통로를 제공해줄 것이라고 기대된다.

4. 결어

 이상으로 남북조 시대의 불교사상 연구에 있어서 몇 가지 보완했으면 하는 관점에 대해서 의견을 제시하였다. 여기에서 제기한 몇 가지 관점들은 사실 이미 많은 연구자들이 활용하고 있는 관점이라고 생각한다. 그러나 전문화되고 세분화되는 현대 연구자들로서는 체감하고 있으면서도 개인적 연구로서는 쉽지 않은 접근방법이라고 할 것이다. 다행히도 3국의 3개 대학이 각각의 연구 프로젝트를 수행하면서 동시에 협력할 수 있는 통로를 개척한 드문 기회를 접하게 되었다. 다양한 분야의 전문 연구자들이 협력 프로젝트를 진행할 수 있는 기회를 통해서, 가능하다면 적절하게 분업과 협업이 이루어졌으면 하는 기대감을 갖게 되었다.

 남북조 시대의 불교를 사상사적으로 종합해 보면, 불교 토착화의 전기가 마련된 시기였다고 말할 수 있다. 라이샤워 등 서구학자들의 명쾌한 지적처럼 중국과 불교라는 거대한 세력은 도저히 융화될 수 없는 것처럼 보인다. 그러나 중국불교는 초기의 반발을 억누르고 서서히 중국 사회에 뿌리내리게 된다. 혹자는 이것을 불교의 중국적 변용이라고 보기도 하지만, 그렇다고 해서 중국불교가 불교의 본질을 훼손 했다고 말하는 것은 무리이다. 표의문자인 한문으로의 불전 번역 과정에서 겪는 변용, 중화사상의 토대 위에 불교를 수용하려는 민족성, 전통적인 충효사상에 위반하는 듯이 보이는 불교적 수행정신에 대한 긍정적 수용 태도 등이 어우러진 변용이라고 보아야 한다.

 또 하나 주목해야 할 점은 당시의 불교사상가들이 품었을 불교 특성화에 대한 관심이다. 중국의 민족종교라고 볼 수 있는 유교, 도교 등과 각축을 벌이던 불교로서는 불교가 이단이라는 시비에 대한 반론, 그리고 불교의 종교성을 강조하려는 특성화 전략 등이 중요한 관심사일 수 있었다. 그러나 남북조 시대 불교의 토착화가 이루어진 결정적 계기는 북조 불교의 이른바 '왕즉불王卽佛' 사상이었다고 보여진다. 제왕에게는 출세간의 권위가 더해졌으며, 불교의 입장에서는 절대권력자를 든든한 외호자로 갖게 됨으로써 불교 발전의 토대를 이루게 된다. 남북조 후기에서 수나라 건국 초기 사이에 중국에 유학했던 원광(531~630)은 이 북조 불교의 직접적 영향을 받은 인물이다. 그는 589년 즉 후량後梁이 멸망한 이듬해에 중국 유학을 떠나 600년 수 문제文帝 때에 신라로 귀국한다. 그가 진흥왕眞興王을 도와 화랑이라는 무사집단을 창설하고 삼국 통일의 기반을 닦은 것도 같은 사상적 맥락이었다고 본다. 진흥왕은 전륜성왕轉輪聖王의 이상을 펼치려던 군주였고, 그 기반에는 원광의 조력이 컸으리라고 보여진다.

끝으로 덧붙일 점은 동일한 대주제를 10년의 장기적인 일정표에 따라 공동 연구를 진행하는 것이라면, 각각의 대학, 더 나아가 각 국의 연구 프로젝트에 중복되어 있는 부분을 상호 활용하고 공유하여 기대를 뛰어넘는 연구 성과를 내놓는 장이 되기를 바란다.

제2장
남북조 시대 불교사상의 저변低邊

•

거울 속의 꽃(鏡中花) 『구나발마전求那跋摩傳』 재검토

쉬엔팡 (宣方)

'군주가 곧 현재의 여래(國主卽是當今如來)'의 숨은 뜻 해명

장쉬에송 (張雪松)

용문 북조 수당 조상명문에 보이는 정토신앙의 변용

구라모토 히사노리 (倉本尙德)

거울 속의 꽃(鏡中花)
『구나발마전求那跋摩傳』 재검토

쉬엔팡(宣方)

구나발마는 불교사에서 저명한 삼장법사三藏法師로서 학문과 수양이 매우 깊고 계율을 엄격히 지켰으며 선禪 수행을 통해 이미 성과聖果를 증득하였다. 그의 영향력은 3대 불교문화권을 넘나들었기 때문에, 그의 전기에 대한 제 연구는 불교가 문화를 뛰어넘어 전파된 것을 이해하는 데, 특히 여전히 명확하지 않은 초기 자바불교사를 이해하는 데 매우 큰 도움이 될 것이다.

자바불교 연구의 큰 어려움은 문자기록의 부족과 관계가 있다. 이러한 이유 때문에 한문 전적 속 관련 자료들은 연구자들에게 두루 중시되었다. 하지만 매우 단편적인 기록이라 해도 기존 연구의 관점을 벗어나지 못한다면 미처 포착하지 못한 중요한 사실을 재발견하기는 매우 어려울 것이다. 따라서 한문 전적 중 자바불교와 관계 있는 자료에 대하여 재검토할 경우, 기존 연구에서 불명확한 맥락을 더 명료하게 밝히기 위해서는 자료 수집의 범위를 최대한 확대하는 것(역대 승전僧傳과 경록經錄을 중심으로 한 대장경 자료에 대한 전면적 조사와 정사正史와 역대 문인의 기록, 소설 등의 자료에 대한 재분석을 포함한다) 외에 더 중요한 것은 새로운 시각에서 이러한 자료들을 이해하는 것일 것이다.

예를 들면, 기존의 여러 연구들은 모두 양(梁)의『출삼장기집出三藏記集』,『고승전高僧傳』등의 기록에 근거하고 있다. 이러한 자료에 따르면, 구나발마(求那跋摩, Guṇavarman)는 일찍이 4세기 말에서 5세기 초까지 사바闍婆, 다시 말해 자바[1]에 머물며 그 지역 조정과 재야로부터 깊은 존경을 받았으며 "온 나라 사람들이 계를 받았다(一國皆從受戒)"[2]라고 전해진다. 이를 통해 구나발마가 당시 자바불교에 큰 영향을 끼쳤음을 판단할 수 있다. 그러나 구나발마가 전한 불교의 가르침과 수행이 궁극적으로 어떠한 특징을 가지고 있는지, 그것이 자바불교에 어떠한 영향을 끼쳤는지, 당시 중앙아시아와 동남아시아의 몇몇 큰 불교문화권 간 교류의 맥락에서 그 의의를 어떻게 이해할 것인지 등의 문제들은 기존 연구에서 깊이 있게 탐구되지 못했던 것들이다.

의심할 바 없이 이러한 문제는 초기 자바불교의 성격과 자바와 아시아 지역 불교문화권 간의 상호작용을 이해하는 데 있어 매우 중요하다. 본 논문은 5세기 서북인도 불교 연구에 대한 학계의 성과를 종합하고,『고승전 · 구나발마전』을 더욱 심도 있게 연구하고, 아울러 기타 문헌의 관련 기록과의 상호 검증을 통해 위에서 말한 문제들에 대한 시험적인 답을 도출할 수 있음을 증명하

---

1 사바闍婆가 자바인지 여부에 관해서는 다소 논쟁이 있다. 뽈 뻴리오(Paul Pelliot)와 엠마뉘엘 에두아르 샤반(Emmanuel-èdouard Chavannes) 등은 사바가 곧 자바라고 보고 있다.(Pelliot, "Deux Itineraires de Chine en Inde a 1a fin du VIIIe siecle", *Bulletin de l'Ecole Française de Extreme Orient*, IV. p. 225f., 271 f.; Chavannes, "Gunavarman", *T'oung Pao*, Serie Ⅱ, Vol. Ⅴ, p. 193 참조). Coomaraswamy는 사바는 실리불서(室利佛逝, Srivijaya)라고 여긴다.(*History of Indian and Indonesian Art*, New York 1965, p. 198 참조), Rosen, "Gunavarman: A Comparative Analysis of the Biographies found in the Chinese Tripitaka", *Bulletin of Tibetology*, Vol. X, No.1, f24, p.40에서 재인용. 최근의 동남아사에 대한 저작에서는 대개 사바를 자바로 보고 있다.

2 〔梁〕慧皎 撰, 湯用彤 校注:『高僧傳 求那跋摩傳』, 中華書局, 1992年, p.106.

려고 노력할 것이다.

구나발마가 학습하고 전파한 불법이 궁극적으로 어떤 부파에 속하며 어떤 특징을 가지고 있는지에 대해서는 승전에는 직접적으로 언급되어 있지 않다. 다만 구나발마가 계빈罽賓 출신이고 계빈이 설일체유부說一切有部의 본거지이기 때문에 지금까지 학계에서는 구나발마를 유부有部의 승려로 간주하였다.[3] 그러나 이 문제는 좀더 검토할 여지가 있다. 구나발마가 소속된 부파와 그가 전파한 불법의 성격과 관련하여 세 가지 단서에 주목할 필요가 있다. 첫째는 구나발마가 번역하고 소개한 경전이고, 둘째는 그가 시흥始興에 있을 때의 모습이며, 셋째는 그가 갈고 닦은 선법禪法이다.

구나발마가 송宋의 수도에 도착 후 번역한 모든 경전은 율전이 주를 이루었으며 대부분 법장부法藏部의『사분율四分律』계통에 속한다.[4] 율전을 전문적으로 탐구하는 율사가 아니라면, 설령 율의律儀를 잘 아는 지율자持律者라도 대개는 자신이 속한 부파의 율전만을 알고 있을 뿐이다. 구나발마의 학풍은 선禪 수행에 치중하고 있었고 번역한 율전은『사분율』계통이었다는 점에서 그는 법장부와 매우 깊은 관계가 있음을 알 수 있으며, 아마도 법장부 승려일

---

3 이것은 동남아 문화역사교과서의 공통된 의견이라 할 수 있다. 靑山亨:『東南アジア古典文化論·初期王權』, http://www.tufs.ac.jp/blog/ts/g/aoyama/seaclc-20100513.pdf; John Miksic의 근작 The Buddhist-Hindu Divide in Premodern Southeast Asia(Nalanda-Sriwijaya Centre Working Paper No.1(March 2010), http://nsc.iseas.edu.sg/documents/working_papers/nscwps001.pdf, p.17) 역시 구나발마를 유부 승려로 보고 있다.

4 2003년 일본 금강사金剛寺에서 발견된『우바새오계법優婆塞五戒法』은 예외로 한다. 이것은 5세기 중기 사본으로 그 내용은『십송율十誦律』계통에 속한다. 다만 落合俊典의 연구에서 밝혀졌듯이 이것은 필사자의 실수로 인해 야기된 일이다. 본래는 구나발마가 번역한『우바새오계의경優婆塞五戒威儀經』을 필사하려 했지만 부주의하여『십송율』의 내용을 필사하고 말았다. 落合俊典,『日本の古寫經と中國佛教文獻──天野山金剛寺藏平安後期寫「優婆塞五戒法」の成立と流傳を巡って』,『漢字と文化』特集號, 京都京都大學人文研究所, 2004年, pp.10~11 참조.

가능성이 매우 높다.

또 그는 "기원사祇洹寺에서 『법화法華』와 『십지十地』를 강의하였고(於(祇洹)寺 開講法華及十地)", 기원사 혜의慧義의 청으로 "『보살선계菩薩善戒』를 번역하였는 데(出菩薩善戒)" 이들은 모두 대승경론으로 구나발마의 학풍이 대승과 소승을 모두 겸하고 있음을 알 수 있다. 또한 『보살선계경』은 『유가사지론瑜伽師地論』 본지분本地分 · 보살지菩薩地와 내용이 비슷하고, 『화엄경華嚴經』 계통의 『십지 경』이 초기 유식학파와 매우 깊은 연원이 있으므로(유식학파의 창시자 세친世親은 일찍이 『십지경론十地經論』을 지었다), 구나발마가 유식학파 계통의 사상에 대해 낯 설지 않았음을 유추해 볼 수 있다.

구나발마가 번역하고 소개한 불전은 자신의 출신지와 초기 수학 이력과도 매우 밀접한 관련이 있다. 승전의 기록에 따르면, 구나발마는 계빈의 왕족으 로 "20세에 출가하여 계를 받았고, 9부에 모두 밝았으며, 4아함에 두루 정통하 였다. 백여만 자의 경전을 암송하였고, 율품에도 통달하였으며, 선의 정수를 깊이 깨달았기 때문에 당시 삼장법사로 불리웠다(至年二十出家受戒, 洞明九部, 博曉四舍, 誦經百餘萬言, 深達律品, 妙入禪要, 時號曰三藏法師)"[5]라고 전해진다. 그 는 계빈 지역의 불교 경전과 실제 선 수행 전통에 대하여 넓고 깊게 이해하고 있었다. 양 『고승전』에서 계빈이 지칭하는 범위는 대략 간다라(Gandhara)와 그 주변 지역이다.[6] 유가행파 전설에서 창시자로 추앙되는 미륵보살彌勒菩薩은

5 『고승전 · 구나발마전』, 위의 책 湯用彤校本, p.105.

6 한문 전적 중의 '계빈'이 정확히 지칭하는 곳이 어디인지는 오늘날 여전히 학계에서 의견이 분분한 논제이다. 에노모토 후미오(榎本文雄)는 불교사상의 번역과 중국 찬술서 중의 이 단 어의 상이한 용법을 구분하였다. 번역에서 계빈은 가습미라(迦濕彌羅, 오늘날의 카시미르) 이고, 중국 찬술서 특히 『출삼장기집』과 『고승전』에서 '계빈'은 간다라와 그 주변 지역을 지 칭한다. 이 견해는 불교학자 사이에 널리 받아들여지므로 본 논문에서는 이 견해를 따랐다. Enomoto Fumio(榎本文雄), "A Note on Kashmir as referred to in Chinese Literature: Ji-bin," *A Study of the Nilamata: Aspect of Hinduism in Ancient Kashmir* (ed. Ikari Yasuke(井狩彌介), Kyoto:

이 지역과 매우 밀접한 관계가 있다.[7] 유가행파 성립 시기의 핵심 인물인 무착無著과 세친 형제 모두 간다라 경내의 푸르사푸라Purusapura에서 출생하였다. 구나발마는 선 수행에 치중한 유가행자이기 때문에 이 지역에서 발생하였던 유가행파 사상에 대해 잘 알고 있었던 것은 지극히 자연스러운 일이다.

『고승전』에서는 또 구나발마가 시흥始興의 영취산사靈鷲山寺에 있을 때 "보월전寶月殿의 북쪽 벽에 직접 나운상羅雲像과 정광불定光佛에게 유동보살儒童菩薩이 머리카락을 펼치는 모습을 그렸는데, 그림이 완성된 후 매일 저녁 빛을 발하더니 오랜 시간이 지나고서야 그쳤다(於(寶月)殿北壁手自畫作羅雲像及定光儒童布髮之形, 像成之後, 每夕放光, 久之乃歇.)"라고 말하고 있다. 여기에서 '정광불에게 유동보살이 머리카락을 펼치는 모습(定光儒童布髮之形)'은 석가모니불이 전생에 유동보살이었을 때 정광불(연등불燃燈佛)에게 예경한 본생담本生譚 이야기를 가리킨다. 이 본생담 이야기는 간다라 서쪽 지방 나게라갈(那揭羅曷, Nagarahara)에서 발생하였는데 이 지역 역시 위진남북조 시기 중국불교계가 알고 있던 계빈의 범위에 속한다.[8] 또한 이 본생담 이야기는 간다라 불교의 조상造像 예술에서 매우 널리 유행했으며, 가장 주요한 본생담 조상의 소재 중 하나였다.[9] 아울러 이러한 유형의 정광불 조상은 간다라 불상 예술 가운데 가장

Institute for Research in Humanities, Kyoto University, 1994), p. 357~365 참조. 또 중고(中古) 시기에 (특히 『고승전』에 기록된) 중국 구법승의 계빈 지역 성지순례 경로와 활동 범위에 대해서는 다음을 참고하라. Shoshin Kuwayama(桑山正進), "Pilgrimage Route Changes and the Decline of Gandhara," *Gandharan Buddhism : Archaeology, Art, and Texts* (eds. Pia Brancaccio, Kurt A. Behrendt, University of British Columbia Press, 2006), p.107~134.

7 釋印順, 『說一切有部爲主的論書與論師之研究』 제12장 「罽賓瑜伽師的發展」, 특히 제3절 "大乘瑜伽師", 中華書局, 2009年, pp.536~544 참조.

8 주석 4에서 인용한 구와야마 쇼신(桑山正進)의 논문 참조.

9 유동포발이 정광불을 예경하는 주제가 간다라 불교 조상 가운데 가장 흔한 본생담 이야기이며 그 형상화 유형에 대한 간략한 소개에 대해서는 다음을 참고하라. Alexander Peter Bell,

전형적인 불보살이 빛을 발하는 유형이다.[10] 따라서 구나발마가 이 이야기에 대하여 잘 알고 있었던 것은 결코 이상한 일이 아니다.

　주목해야 할 점은 이 본생담이 법장부와 매우 밀접한 관계가 있다는 것이다. 비록 그것이 각 부파의 공통된 전설이었지만 다수의 부파들은 그것을 특별히 중시하지는 않았으며 삼장三藏에 편입시키지도 않았다. 계빈 지역에서 가장 우세했던 설일체유부는 이 전설을 중시하지 않았으며,[11] 오직 법장부만이 이것을 특별히 중시하여『사분율四分律』에 대폭 수록하였다.[12] 정광불 수기授記 전설에 대하여 설일체유부는 이성적 태도에서 그 가치는 존중하였지만 그것을 성언량聖言量으로 삼지는 않았다. 반면 이 전설은 대중부大衆部와 상좌부上座部 분별설分別說 계통의 대승으로의 사상 발전에 있어서는 매우 중요하다. 왜냐하면 이것은 대중불교가 석존의 여러 겁劫 수행을 확고히 인정하는 중요한 교리적 기초이기 때문이다. 또한 연등불 수기 때 유동보살이 무생법인

Didactic narration: jataka iconography in Dunhuang with a catalogue of jataka representations in China, LIT Verlag Münster, 2000, p.37~38.

10 Giles Henry Rupert Tillotson, *Paradigms of Indian Architecture: Space and Time in Representation and Design*, Routledge, 1998, p.92 참조.

11 가령, 설일체유부의『아비달마대비바사론阿毘達磨大毘婆沙論』제182권에 따르면, "연등불의 본생담은 어떻게 이해해야 하는가?……답. 그것을 반드시 알아야 할 필요는 없다. 그것은 경·율·논에서 설한 것이 아니며 단지 전하는 설일 뿐이다. 여러 전에서 설하는 것은 때로는 그렇기도 하고 때로는 그렇지 않기도 하다."(然燈佛本事, 當云何通?……答: 此不必須通, 所以者何? 此非素怛纜·毗奈耶·阿毗達磨所說, 但是傳說, 諸傳所說, 或然不然.)"라고 되어 있다.(『大正藏』제27책, p.916.) 기타 설일체유부와 관계 있는 불전, 예컨대『중허마하제경衆許摩訶帝經』,『불설보요경佛說普曜經』등은 연등불 수기 사건을 편입시키지 않았다. 이는 유부가 당시 유행하는 연등불 수기 전설을 존중했지만 특별히 중시하지는 않았음을 보여준다. 釋印順,『原始佛敎聖典之集成』제5장 제4절(中華書局, 2009年, pp.297~298),『說一切有部爲主的論書與論師之硏究』제5장 제2절(中華書局, 2009年, pp.186~187) 등의 관련 논문 참조.

12 『四分律』제31권,『大正藏』제22책, pp.782~785 참조.

無生法忍을 증득했다는 이 사실을 확인해야만 보살이 유정有情을 이롭게 하기 위해 자유롭게 악취惡趣에 왕생하여 신통神通을 보여 널리 중생을 구제함에서 부터 수행의 각 단계에 이르기까지 비로소 그 이론적 근거가 있게 된다.[13] 구나발마가 특별히 중시한 '정광불에게 유동보살이 머리카락을 펼치는 모습' 역시 그가 분별설 계통의 법장부와 밀접한 관계가 있었음을 설득력 있게 방증하고 있다.

구나발마가 남긴 게송은 한문 불교문헌 중 선 수행 단계에 대한 상세한 진술로서 매우 귀중한 자료이며 이를 통해 구나발마의 선 수행 법문의 특징을 엿볼 수 있다. 분량 제한으로 그 속의 선학 사상을 자세히 분석할 수는 없지만, 선 수행이 부정관不淨觀에서 시작하여 백골관白骨觀으로 들어가 다시 사념처四念處를 닦고, 사선근위四善根位에 들어가 점진적으로 사제四諦를 관찰하여 과위를 증득하는 것은 분명 간다라 지역에서 보편적이었던 선 수행의 특징과 부합한다. 간다라 지역은 유가사瑜伽師들이 운집해 있던 선 수행으로 유명한 지역이며, 이 일대의 선 수행 전통은 실천에서 부정관과 수식관數息觀을 중시하여 "이감로문二甘露門"으로 존중하였다. 구나발마의 선 수행 역시 부정관에서 시작하는데 이는 바로 간다라 지역의 전통이다. 난暖 · 정頂 · 인忍 · 세제일법世第一法을 거쳐 4제 16행상四諦十六行相을 관찰함으로써 사제를 순차적으로 보는 것 역시 바로 간다라 지역의 주된 선 수행 방법이며, 이 점은 이 지역에서 가장 큰 영향력을 지녔던 설일체유부의 논서 속에서 거듭 증명할 수 있으며, 또 당시 신속하게 궐기하고 있던 유가행파가 강조한 것이기도 하다.[14]

---

13 이 연등불 수기 본생담의 중요성과 각 부파 간 이 불전 이야기에 대한 중시 정도의 차이와 관련하여 자세한 것은 釋印順,『初期大乘佛教之起源與開展』, 특히 제3장 제1절(中華書局, 2009年, pp.106~107), 제9장 제2절(같은 책, pp.501~502)의 관련 논술 참조.

14 釋印順,『說一切有部爲主的論書與論師之研究』제12장 제1,2절, 中華書局, 2009年, pp.517~536 참조.

그러나 구나발마의 학풍은 "스승의 자리를 물리치고 대중을 떠나 숲 속에 거주하며 곡물을 먹고 외로이 산과 들을 떠돌며 세상으로부터 은둔하는(辭師違衆, 林棲穀飮, 孤行山野, 遁跡人世)" 행적으로 볼 때 논의를 중시하는 아비달마 논사들과는 현저한 차이가 있으며, 여전히 선 수행에 치중하면서 인연에 따라 중생을 구제하는 유가사 전통이다.[15]

또 승전에서는 그가 주술에 정통했다는 특색을 형상화하고 있는데 그 점은 그가 속한 부파와도 관계 있으며, 또 당시 간다라 북부에서 급속히 발전 중이던 비밀유가행秘密瑜伽行과도 관계가 있다.[16] 진제眞諦와 현장玄奘의 공통된 전승에 따르면, 법장부가 독립적인 부파였던 이유는 그들 특유의 오장설五藏說에 있다고 한다. 만뜨라와 보살장菩薩藏을 각각 하나의 장藏으로 든 점은[17] 이 일파가 특별히 만뜨라 수행을 중시하였으며 동시에 이 부파가 불교의 밀교로의 발전과 매우 밀접한 관계가 있음을 말해준다. 특히 구나발마가 남긴 게송에 첫 부분에 '정례삼보頂禮三寶' 외에 '정계제상좌淨戒諸上座'께 정례하는 내용이 있는 점도 매우 주목할 만하다. 이것이 단순히 문자상의 의례일 뿐인지 아니면 후대 밀교가 발전하며 나타난 사반의四皈依와 모종의 정신적 공통점이

---

15 최근의 불교 연구 저작에서 어떤 연구자들은 인류학에서 당대 동남아 불교를 연구하면서 채용한 임거승(forest monk)의 개념을 통해 고대 인도와 중앙아시아 불교 전통의 유가사를 지칭하기도 하지만, 한문 문헌에 반영된 정황으로 볼 때 유가사의 생활환경은 물론 도시의 큰 승려 집단일 수도 있고 또 촌락의 작은 승려 집단일 수도 있으며 또 숲 속에서 삼삼오오 무리를 짓거나 홀로 거처하는 두타행자일 수도 있기 때문에 본 논문에서는 여전히 유가사라는 명칭을 사용한다.

16 당시 간다라 지역, 특히 그 북부의 급속한 밀교화에 관해서는 釋印順, 『說一切有部爲主的論書與論師之研究』 제12장 제4절, 中華書局, 2009年, pp.545~8 참조.

17 진제의 설은 징선澄禪의 『삼론현의검유록三論玄義檢幽錄』(『大正藏』 제70책, p.465)에 인용되어 있으며, 규기의 설은 『대승법원의림장大乘法苑義林章』 제2권(『大正藏』 제45책), p.271에 보인다.

있는지는 좀더 생각해야 할 여지가 있다.

또 구나발마는 "모든 논은 각각 주장이 상이하지만 수행의 이치는 둘이 없으며 편향된 주장에는 시비가 있지만 통달하게 되면 모순과 싸움이 없게 된다(諸論各異端, 修行理無二, 偏執有是非, 達者無違諍.)"라고 보아 좌선 관법의 실천을 통해 모든 학설을 회통하고 이견을 해소시킬 것을 강조하였는데 이 역시 선禪에서 교敎가 나왔기에 선으로써 교를 증득한다고 하는 유가사의 일관된 전통이다. 중국의 후세 불교사상가들도 이를 매우 중시하였는데 특히 천태종天台宗 조사祖師 지의智顗, 삼론종三論宗 조사 길장吉藏, 화엄종華嚴宗 조사 징관澄觀 등은 모두 이 게송을 인용하여 원융회통의 취지를 밝히고 있다.[18] 구나발마의 포용 정신은 이부승 수계二部僧受戒와 다른 중국 비구니 전승의 합법성을 인정한 점을 통해 인증받았다.[19]

이상의 논의를 종합해 보면 구나발마의 학풍은 선 수행의 실천 방면에서는 물론 5세기 초 간다라 지역 불교의 특징을 매우 뚜렷하게 가지고 있었으며, 또 이 지역의 주류였던 설일체유부처럼 논의를 중시하는 학풍과는 차이가 있고, 오히려 독립적이며 은둔적 수행에 치중했던 유가사의 옛 전통과도 부합했지만 만뜨라를 중시하는 법장부의 특징도 가지고 있었다. 더불어 당시 흥기 중이던 유가행파, 밀교화 등의 새로운 움직임에 호응하며, 좌선 관법의 실천의 회통을 중시한 점에서, 정도를 지키면서 창신을 추구하는 유가사들의 일관된 정신을 구현하고 있다.

만약 이러한 판단이 대체적으로 성립 가능하다면, 구나발마의 남행은 자바

---

18 智顗, 『法華玄義』 제1권(『大正藏』 제33책, p.691), 제8권(p.784); 吉藏, 『法華義疏』 제10권(『大正藏』 제34책, p.597); 吉藏, 『法華遊意』 제1권(『大正藏』 제34책, p.638); 吉藏, 『三論玄義』 제1권(『大正藏』 제45책, p.4); 澄觀, 『華嚴經隨疏演義鈔』 제8권(『大正藏』 제36책, p.61)

19 『고승전 · 구나발마전』, 위의 책 湯用彤校本, p.109 참조.

불교의 입장에서 볼 때 단지 대중불교의 만뜨라의 유행을 의미하는 것에 그치지 않는다. 마찬가지로 주목할 점은 간다라 지역 주류 선법의 남행과 서북 인도의 신흥 비밀유가행의 남행 가능성이다. 비록 이러한 가능성을 증명하기 위해서는 더 많은 증거가 필요하겠지만 이러한 가능성이 존재한다는 것만으로도 관심을 끌기에는 충분하다.

의미심장한 점은 보로부두르(Borobudur) 불교유적 속에 구현되어 있는 많은 중요 요소, 예를 들면 『화엄경』, 보살지, 선관 수습修習, 주술을 외우는 것, 본생담 이야기가 구나발마의 전기에 모두 등장한다는 것이다. 이것은 우리에게 하나의 가능성을 생각하게 한다. 즉, 보로부두르 불교유적 속에 구현되어 있는 여러 불교문화 요소들이 일찍이 불교 전래 초기에 이미 자바 지역에 존재하였을 가능성이다.

구나발마는 계빈에서 자바에 이르렀다가 다시 중국에 왔기 때문에 그의 행적은 상이한 세 곳의 불교문화권에 걸쳐 있었다. 한 가지 흥미로운 점은 그의 이미지가 지역에 따라 수시로 변한다는 것이다. 계빈에 있을 때의 승전의 묘사는 그의 신분("황실의 자손(帝室之胤)"), 재능과 덕("지혜가 높고 도량은 넓고 자애심이 깊고 덕과 선을 받들어 행하였으니 재능이 빛나고 덕이 중후하였다(機見俊達, 深有遠度, 仁愛泛博, 崇德務善, 才明德重)."), 원대했던 미래("13세가 되면 대국을 다스리며 남면하여 존귀한 자로 불릴 것이나 만약 세상의 영화를 좋아하지 않는다면 성자의 과위를 얻게 될 것이다(年三十當撫臨大國, 南面稱尊, 若不樂世榮, 當獲聖果).")를 부각시키고 있다. 그의 불교적 조예와 관련된 묘사는 "9부에 모두 밝았으며, 4아함에 두루 정통하였고, 백여만 자의 경전을 암송하였다. 율품에도 통달하였고, 선의 정수를 깊이 깨달았기 때문에 당시 삼장법사로 불리웠다(洞明九部, 博曉四含, 誦經百餘萬言. 深達律品, 妙入禪要, 時號曰三藏法師)"인데, 이것은 『고승전』에서 전의 주인공의 불교적 조예를 묘사하는 최고의 수사이다. 그의 행적에 관한 묘사 "스승의 자리를 물리치고 대중을 떠나 숲 속에 거주하며 곡식을 먹으며 홀로 산과 들을 다니며 인간세상에서 종적을 감추었다(辭師違眾, 林棲穀飲, 孤行山野, 遁跡人世)"로 보아 그는 세상으로부터 은닉하여 홀로 수행하는 유가사에 속한다. 자바 시기 구나발마의 주된 행적은 자비심을 일으켜 살생을 금하고, 주문을 외워 다친 자를 돕고, 특히 그의 기적같은 주술과 의술,[20] 이를 통해 널리 중생을 구제함이다.("중생 구제의 소식은 사방에 모두 퍼져서 이웃국가도 이 소식을 듣고 사신을 보내 요청하였다(導化之聲播於遐邇, 鄰國聞風, 皆遣使要請).") 중국에 있을 때 승전에 기록된 행적은 "신령함과 기이함이 무한한(靈異無方)" 신통력, "깨달음을 통해 명석하고 높은(開悟明達)" 견해, "신묘하게 자연스럽고 비할 바 없이 섬세하고 명석한(神府自然, 妙辯天絕)" 말솜씨를 부각시키고 있지만 고승전의 편집자가 가장 중시했던 것은 그의 불전 번역상의 공헌이기 때문에 그의 전기는 제1과科의 '역경譯經'류에 배치하였다.[21] 편찬자의 사건 취사선택에 있어 관점의 차이는

---

20 『고승전 · 구나발마전』에는 구나발마가 자바에서 주술로 국왕의 발에 난 상처를 두 번 치료한 사실을 다음과 같이 기록하고 있다. "왕이 화살을 맞아 발을 다치자 구나발마가 주수呪水를 만들어 그곳을 씻어 주었더니 이틀 밤이 지나자 나았다. 이에 왕이 그를 존중하고 믿음이 매우 독실하였다. "왕이 구나발마를 위해 정사精舍를 지을 때 몸소 재료를 들고 오다가 손발을 다쳤는데 구나발마가 또 주술을 통해 치료하자 잠시 후에 나았다.(王遇流矢傷脚, 跋摩爲呪水洗之, 信宿平復. 王後爲跋摩立精舍, 躬自引材, 傷王脚指, 跋摩又爲呪治, 有頃平復.)" 또 자비심을 일으켜 살생을 금한 것은 구나발마가 국왕이 적군을 물리쳤을 때 "자비심을 일으켜 살생할 생각은 일으키지 마십시오(起慈悲心, 勿興害念)"라고 권고한 일과 국왕이 그 권고로 인해 교화되어 신하들과 "원컨대 다스리는 땅 안에서 모든 살생을 없애고자 합니다(願盡所治內一切斷殺)", "원컨대 모든 국고의 재산을 가난하고 병든 이에게 베풀고자 합니다(願所有儲財賑給貧病)"라고 공약한 일 속에 구현되어 있다.

21 『고승전 · 구나발마전』은 전기 주인공이 중국에 있을 때의 신비로운 행적에 대해 묘사한 것이 상당히 많은데, 예컨대 종을 울릴 무렵 저절로 오고, 비에 맞아도 젖지 않고, 뻘밭을 걸어도 젖지 않고, 그림을 그리자 빛이 퍼져 나오고, 임종자에게 설법으로 위로하여 선한 과보를 얻게 하고, 호랑이를 굴복시키고, 선정에 들어 수일 동안 깨어나지 않으며 갑자기 백

차치하더라도 유가사에서 주술을 외우는 사람으로 다시 역경가로의 구나발마의 이미지 변화는 어쩌면 상이한 불교문화권의 상이한 분위기를 반영하고 있는지도 모른다.

후기

2010년 초, 위엔지엔(袁健) 선생님께서 나에게 보로부두르 혹은 자바불교에 대한 글을 청하셨다. 그 후 한문 전적 중 남아 있는 진귀한 자바불교 자료들을 조사하면서 그것이 마치 거울 속 꽃, 물속 달처럼 느껴졌다. 비록 눈앞에 분명히 있지만 명확하게 파악하기란 어려웠다. 나에게 자바에 대한 첫인상은 소년 시절 읽었던 한 권의 환상소설 『경화연鏡花緣』을 떠올리게 하였다. 또 중국의 화花씨 성은 원래 자바에서 유래되었다고 알려져 있고, 당의 법문사法門寺 사리가 수도에 들어갈 때 황실이 공양한 향료 역시 자바에서 온 공품貢品이었다. '거울 속의 꽃(鏡中花)'으로 제목을 삼은 것은 이러한 인연 때문이다. 아쉽게도 시간과 분량의 제한으로 한문 문헌 중 자바불교 자료를 전체적으로 검토하려는 계획이 부득이하게 축소 변경되어 결국 구나발마에 대한 재검토만을 간략히 적었다. 훗날 기회가 있다면 더 만족스러운 답변으로 보충하고자 한다.

사자로 변하고, 꽃을 딴 자리에 뿌리니 꽃 색깔이 더욱 선명해지고, 입적 시에 향기가 강렬히 퍼지고 어떤 사물이 하늘을 메우고, 다비 시에 오색의 불꽃이 일어나 하늘을 자욱하게 채웠다고 하는 것 등이다. 전의 주인공의 '開悟明達'와 '妙辯天絶'와 관련해서도 대량의 문자를 통해 생동감 있게 상술한 사례가 있다. 그와 대비적으로 역경과 관련해서는 묘사가 담백하고 꾸밈이 없어 다른 측면의 서술과 선명한 대조를 이룬다. 이는 물론 사건 분류와 제재상의 제약에 따른 것이겠지만 그 속에 구현되어 있는 편찬자 자신의 가치관과 그가 의지하고 있었던 소재 사이의 긴장 역시 사상사 연구자가 깊이 탐구할 만한 주제이다.

'군주가 곧 현재의 여래(國主即是當今如來)'의 숨은 뜻 해명

장쉬에송(張雪松)

중국의 전통적인 유불도 삼교는 현대 종교학에서 개신교를 그 전형적 특징을 지닌 것으로 보아 수립한 종교(Religion)의 정의와 상당히 다른데, 중국의 전통적 의미의 종교宗敎는 종지宗旨를 가진 교육, 교화이며 또 이 종지는 '성인聖人'에게서 유래한 것이다. 성인의 "신의 도리에 따라 가르침을 펼침(神道設敎)"이 중요한 문화 자원 및 권력이었음은 여심의 여지가 없으며, 그것과 정권의 관계가 중국의 고대에는 매우 미묘했다. 불교가 중국에 들어옴으로써 기존의 문화지식 엘리트인 유가 사대부와 별도로 승려 계층이 형성되었고, 더구나 불교 모델이 도교의 모델이 되어 도교가 제도화의 형태로 발전하고 완비될 수 있도록 자극하였다. 인도 브라흐만 계급의 지위는 왕권을 가진 끄샤뜨리아 계급보다 높았지만 중국의 중앙 왕권은 정치와 종교가 확연히 구분되어 "사문은 군주를 예경하지 않는(沙門不敬王者)" 상황이 만들어지는 것을 바라지 않았으며, 나아가 정교 일치의 구도 속에서 주도적 지위를 얻고자 힘썼다. '군주가 곧 현재의 여래'라는 생각은 이로부터 자연스럽게 생겨나서 통치자에게 큰 환영을 받았다.

'군주가 곧 현재의 여래'라는 생각은 위진현학魏晉玄學의 '명교名敎가 바로 자연自然'이라는 생각이 불교적으로 통속화된 버전이라고 할 수 있으며, 불교는 이를 통해 주류 관념이라는 '특별한 영예'를 누리게 되어 자기 생존과 발전에 도움을 얻게 되었지만 이것이 중국 고유의 전통문화, 특히 유교를 위협하였다는 점은 의심의 여지가 없다. '군주가 곧 현재의 여래'라는 생각은 주로 북조의 비非한족 통치 왕조에서 유행하였으며, 수·당 이후로는 여황제 무측천武則天 등 아주 특수한 상황을 제외한다면 한족 군주가 유사한 구호를 사용한 경우는 거의 없었다. 하지만 이 사실이 결코 '군주가 곧 현재의 여래'라는 생각이 중국 사상사 및 정치문화사에 '사상 창조'와 큰 영향을 일으키지 않았음을 의미하지는 않는다. 남북조 불교 교학의 발전은 중국인의 부처 관념에 우주론 및 본체론의 색깔을 입혀 주었으며, '군주가 곧 현재의 여래'라는 생각은 유가 고유의 맹자孟子의 이른바 "군주는 백성보다 중요하지 않다(君輕)"는 관념을 철저히 폐기시켰기 때문에 후대 중국인의 왕권 관념에 끼친 영향이 매우 깊다. 심지어 후대 중국의 '통치'가 '도통道統'을 압도하는 '정교 일치'의 상당 정도는 이러한 군주 권위의 기초 위에 세워졌다고도 말할 수 있을 것이다.

'군주가 곧 현재의 여래'의 사상적 연원과 후대의 영향 모두 중국의 고대 사상사 및 정교 관계와 관련된 매우 중요한 주제이며 본 논문은 바로 이 주제에 대한 초보적 탐색이니 부디 독자 여러분의 비판과 지적을 기대한다.

1. 노자화호설老子化胡說과 중국의 초기 부처 관념

중국에서는 진한秦漢 시대에 명군明君에게는 모두 제사帝師가 있다는 전통적 관념이 점차 형성되었으며 한대 이후로는 도기설道氣說이 점차 완비되고 유행하고 노자老子가 끊임없이 신격화됨에 따라 "잘 모르는 도사들이 노자가 대대로 국사였다고 잘못 전하여(無識道士妄傳老子代代爲國師)"[1] 역대 제왕의 스승은 모두 노자의 화신으로 인정하는 신앙이 나타나게 되었다.[2]

노자화호설 역시 이러한 배경 아래에서 생겨난 것이다. 불교의 중국 전래에 있어 전파 경로, 교의敎義, 서역西域 언어, 번역 등의 원인 때문에 부도浮屠, 석가釋迦, 여래如來, 불佛 등 상이한 번역어가 생겨났다.[3] 초기 중국인들은 항상 불과 부도(釋迦, 如來)를 두 사람으로 오인하였으며 도교도들 역시 도기설에 기초하여 부도와 불을 노자(혹은 윤희尹喜)의 상이한 시대 속 상이한 화신으로 보았다. '부도浮屠' 등 두 글자의 번역어가 앞서 있었고 '불佛' 한 글자 번역어가 뒤에 있었기 때문에 항상 '불'의 출현 시기가 '부도'보다 늦다고 보았으며 나아가 '불'은 동한 시대에야 겨우 출현한 것으로 보았다. 한 명제明帝가 꿈에 부처를 보고 영평永平 연간에 불법을 구했다는 전설은 당시의 호태자胡太子 성불에 대한 감응으로 여겨졌다.

중국불교에 깊은 영향을 끼친 한漢 명제가 꿈에 부처를 보고 영평 연간에 불법을 구했다는 전설은 노자화호설과 매우 밀접한 관계가 있다. 『소도론笑道論』에 인용된 『화호경化胡經』에 따르면, 여래와 불은 실은 두 사람이며 여래는 불멸 후 천 년 무렵, 즉 동한 영평 연간, 서쪽의 호태자가 득도하였기 때문에 천문에 이상異象이 나타났으며 한 명제가 꿈에 부처를 보고 사람을 보내 경을 구한다.[4] 남조 유송劉宋의 천사도天使道 도사 서씨徐氏가 편찬한 『삼천내해경三

---

1 『大正藏』 52, 118 上.
2 노자가 역대 제왕의 스승이라는 관념과 관련하여 해외 학계, 특히 프랑스 학자의 연구가 상당히 많으며 중국어권 학계에서 이에 대해 비교적 깊이 연구한 것은 劉屹, 『敬天與崇道: 中古經敎道敎形成的思想史背景』, 北京: 中華書局, 2005. 참조.
3 季羨林, 「再談"浮屠"與"佛"」, 『季羨林文集』 第七卷, 南昌: 江西敎育出版社, 1998 참조.
4 『大正藏』 52, 147 下.

天內解經』권상권上에서는 계빈국罽賓國의 '미가대인彌加大人'(석가, 노자의 화신)과 천축국天竺國의 '불'(윤희의 화신)을 엄격히 구별하는데 두 사람은 곧 노자와 그 제자의 화신이다.[5]

불교 내에서 널리 전승된 "한 명제가 꿈에 부처를 보았다"는 전설뿐만이 아니라 지금 학계에서 비교적 공인된 "이존이 경을 주었다(伊存授經)"는 전설 역시 화호설과 일정한 관계가 있다. 당 초기 법림法琳의『십유구잠편十喻九箴篇』에 따르면, 불타(태자 '부도浮圖') 탄생 전에 이미 '백발의 노인' 신인神人 '사율沙律'이 불교를 전파하였으며, 또한 애제哀帝 때 진경秦景이 월지月支(月氏)에 사신으로 간 것이지 월지가 사절 이존伊存을 파견하여 중국에 온 것이 아니다.[6] 즉 진경은 결코 중국이 아닌 월지에서 불타 본인(태자 부도)으로부터『부도경浮圖經』을 얻었으며, 따라서 한 명제가 꿈에 부처를 본 것도 얼마 전에 득도한 부도 태자와 그의 경교經教에 대한 감응에서 유래한 것이라고 하였다. 이 이후로 그 '백발의 노인' 신인이 점차 노자의 화신으로 전해졌으며 최초『서역전西域傳』에 기재된 이 전설은 서진西晉 시대에 도사 왕부王浮에 의해『화호경』으로 개작되었다.

이를 통해 도기설의 배경 아래 초기 중국인의 부처 관념은 오직 한 분 부처만이 있는 것이 아니라 한 무리(미가, 사율, 불, 부도 등 상이한 호칭을 지님)의 상이한 시대의 인물들이 있었으며, 그들 모두 '도道'(노자의 사도師徒)의 화신이며, 게다가 그 인물들이 맡은 것은 모두 제왕의 스승 역할이었지만 다만 그들은 '호왕胡王'의 제사에 불과했음을 알 수 있다. 다시 말해, '도'는 이하夷夏에 편재해 있기 때문에 화하華夏에서 역대 제사로 몸을 바꾸어 명군을 보좌할 뿐만 아니라

---

5 湯一介主編,『道書集成』第四冊, 北京: 九洲圖書出版社, 1999, 291 中−292 上 참조.
6 『大正藏』52, 185 中. 당 초기의 도선道宣 역시 이러한 관점을 지니고 있었다(『大正藏』52, 285 中).

서역에서도 부도, 불 등의 제사로 몸을 바꾸어 호왕을 보좌한다는 것이다. 『소도론』은 다음 『문시전文始傳』 구절을 인용한다. "노자는 삼황三皇 이래로 대대로 국사가 되어 오랑캐를 교화하였다(老子從三皇已來, 代代爲國師化胡)."[7] 당시 사람들은 화하와 이적夷狄 간에 차이가 있기 때문에 교법이 각기 다르다고 보았는데 『소도론』에 인용된 「노자서老子序」는 명시적으로는 도교를 해석하면서 내용적으로는 불교를 해석하며 이를 통해 불교의 교의와 의례를 '창조적'으로 설명한다.[8] 『소도론』의 기타 인용문을 보면 『문시전』, 『영보대계靈寶大戒』 등에도 모두 「노자서」와 매우 유사한 내용이 있으니 이것이 남북조 시대 매우 유행했던 관점이었음을 알 수 있다. 심지어 『소도론』에 인용된 「광설품廣說品」은 석가모니를 노자 아내의 화신이라고 말할 정도로 매우 특별한 도교를 표방하여 불교를 설하는 화호설 유형을 만들고 있다.

요컨대, 화하에서 현군성왕을 보좌하는 역대 제왕의 스승처럼 불타(부도, 석가)는 '도(노자의 사도)'의 서역에서의 (일군의) 화신, 즉 호왕을 교화하는 제왕의 스승으로 여겨졌다. 이적과 화하 간에는 차이가 있기 때문에 불교는 교의와 의례 방면에서 화하의 예교禮敎와는 차이가 있다는 것이다. 중국의 이러한 초기 부처 관념은 한대에 시작된 이래로 그 내용이 끊임없이 풍부해졌는데 남북조 시대까지도 여전히 때때로 도교도들에 의해 '이용'되었다.

인도불교에서 『아함경』 시대부터 하나의 부처에 하나의 전륜왕이라는 관념, 즉 한 분의 부처가 세상에 태어나는 동시에 '반드시 한 분의 전륜왕이 세상에 태어난다'는 관념이 있었는데, 대승불교에서 이러한 관념은 재차 한층 강화되었다.[9] 다만 불교의 중국 전래 후 특히 노자화호설은 중국 초기의 부처 관념에 의

---

7 『大正藏』 52, 144 下.

8 『大正藏』 52, 146 下.

9 康樂, 「天子與轉輪王: 中國中古"王權觀"演變的一些個案」, 林富士 主編, 『中國新史論:

미 있는 영향을 끼쳐 부처는 '법시法施', 전륜왕은 '재시財施'라는 본래의 역할 분담이 깨어지고 불타가 제왕의 스승으로서 왕권에 봉사하기 시작하였다.

2. 불타의 '교教'와 중원의 '왕王'권

앞서 말한 대로 중국의 초기 부처 관념은 부처를 세상 사람들을 교화할 수 있는 성인 또는 제사로 보았으며 그 교화 대상은 주로 호인胡人, 호왕이었다. 비록 천하의 지도至道는 하나이지만 호와 한漢 간에 차이가 있기 때문에 불교 역시 중원의 유교와 도교 이교二教와는 다르다는 것이다. 이러한 관념은 남북조 시기에 이적과 화하의 구별을 강조하는 사람들 사이에 널리 유행하여 불교에 공감하고 있었던 이들도 이 영향을 벗어날 수 없었다. 유송劉宋의 저명한 사족 겸 문학가 사령운謝靈運은 자신의 불교 명저『변종론辯宗論』에서 "석씨의 논에 따르면 성자의 길은 비록 멀더라도 배움을 쌓으면 능히 도달할 수 있으며 쌓고 쌓은 끝에 밝은 거울의 지혜가 생겨나서 마침내 장차 점차 깨달을 수 있지만, 공씨의 논에 따르면 성인의 길은 본래부터 오묘하지만 비록 안자顏子라 해도 거의 가깝게 갈 수 있을 뿐으로 무를 체득하여 두루 알아 하나의 표준으로 귀속된다(釋氏之論, 聖道雖遠, 積學能至, 累盡鑒生, 方應漸悟; 孔氏之論, 聖道旣妙, 雖顏殆庶, 體無鑑周, 理歸一極)"라고 주장한다.[10] 즉, 천하의 지극한 도는 하나이지만 이적과 화하 또는 석씨와 공씨의 교법은 같지 않아서 하나는 돈오를 하나는 점수를 추구한다는 것이다. 그런데 석씨와 공씨의 교법의 차이는 그 원인을 따진다면 역시 화하와 이적의 풍속이 다른 점에 있다고 말한다.

宗教史分冊』, 臺北: 聯經出版公司, 2010, p.202 참조.

10 『大正藏』52, 224 下-225 上.

"두 가르침이 같지 않은 것은 땅에 따라 사람들에 응한 것이니 교화하는 땅이 다르기 때문이다. 크게 보면, 거울로 삼는 것이 백성에 있다. 화인華人은 이치 (理)를 잘 깨닫지만 가르침(敎)을 잘 받아들이지는 못하기 때문에 거듭되는 배움을 버리고 그 하나의 표준을 보여주신 것이다. 이인夷人은 가르침은 잘 받아들이지만 이치는 잘 깨닫지 못하기 때문에 그 돈오를 버리고 그 점오를 보여주신 것이다(二敎不同者, 隨方應物, 所化地異也. 大而較之, 監在於民. 華人易於見理, 難於受敎, 故閉其累學而開其一極. 夷人易於受敎, 難於見理, 故閉其頓了, 而開其漸悟)."[11]

위진남북조 시대의 배경 아래에서 불교가 호인만을 교화할 수 있을 뿐이라고 말하는 것은 어느 정도 불교에 대한 부정적 인식을 함축하고 있다는 점은 의심의 여지가 없다. 사령운이 "신론도사新論道士(축도생竺道生)"의 불교와 유교의 절충에 찬성한 점은 사상사적으로 중요한 의미가 있으며 객관적으로 호와 한, 이와 한 간의 문화적 경계 짓기를 봉합하는 의의가 있어 불교의 중국 전파에 도움을 주었다. 사령운과 동시대에 중국불교사상사에는 또 다른 사상 경향, 즉 호와 한, 이와 한의 구별을 방외方外와 방내方內의 구별로 전환시키고자하는 경향이 있었으며 이러한 사상 경향이 동진東晉의 남조에서 전개되어 갈 때 또 사문은 군주를 예경해야 하는가 하는 당대의 정치 의례 문제와 함께 얽히게 되는데 이 절에서 이에 대해 간략히 설명하려 한다.

동진의 유명한 승단 지도자 도안道安은 신야新野에서 제자들이 갈 길을 나누면서 다음과 같이 말하였다.

지금 난세를 만나게 되었는데 군주에게 의지하지 않는다면 법사法事는 행할 수 없게 될 것이다(今遭凶年, 不依國主, 則法事難立).[12]

---

11 『大正藏』 52, 225 上.

12 梁 釋慧皎 撰, 湯用彤 校注, 『高僧傳』, 北京: 中華書局, 2004, p.178.

그 이치는 다음의 왕필王弼의 둔屯괘 해석과 묘하게 일치한다.

동란의 시절에는 약자는 스스로를 구제할 수 없어 반드시 강자에 의지해야 하니 백성이 그 군주를 생각하는 때이다(屯難之世, 弱者不能自濟, 必依於强, 民思其主之時也).[13]

도안의 '군주에게 의지하지 않는다면 법사法事는 행할 수 없게 될 것이다'라는 이 명언은 당시의 배경에 비추어 볼 때 아마도 일반적 원칙이 아니라 '동란의 시절', 단지 '난세(凶年)'에 한정해서 말한 것이리라. 도안의 주요 제자인 여산廬山 혜원慧遠은 아주 분명하게 "사문은 군주를 예경하지 않는다"는 주장을 하였다.

403년 환현桓玄은 사문을 사태沙汰시키면서 아울러 사문도 군주를 마땅히 극진히 예경해야 한다고 주장하였다. 환현이 사문도 군주를 마땅히 극진히 예경해야 한다고 주장한 이유는 천지의 큰 덕이 생함인데 군주는 만물을 통솔하여 돕고 길러 만물이 생장하도록 하기 때문이며 이 점에서 『노자老子』에서 왕을 천과 지와 병렬시켜 삼대三大로 보았다는 것이다. 그리고 "사문이 생을 거듭하여 생명을 이어가는 것(沙門之所以生生資存)"도 군주의 도움과 길러줌에 의지하고 있으며 이왕에 불교가 공경함을 근본으로 한다면 결국 군주를 예경하지 않을 수 없으며 "어찌 그 덕을 입고도 그 예를 저버리며 그 은혜를 입고도 그 공경함을 저버릴 수 있겠는가? 도리상 용납할 수 없는 것이며 인정상으로 자연스럽지 못한 것이다(豈有受其德而遺其禮, 沾其惠而廢其敬哉? 既理所不容, 亦情所不安)"라고 주장하였다.[14]

---

13 王弼,「周易略例」, 楼宇烈 校釋,『王弼集校釋』下册, 北京: 中華書局, 1980, p.618.
14 石峻等 編,『中國佛教思想資料選編』第一卷, 中華書局, 1981, p.103.

환현의 이러한 문제 제기는 상당한 이론적 깊이를 갖추고 있다. 그것은 위진현학이 오랜 세월 동안 발전한 후에 성취한 이론적 성과인 '명교가 곧 자연'이라는 기초 위에 서 있기 때문이다. "천과 지가 한데 합쳐 만물의 조화가 순조로우며 남과 여가 정을 통하여 만물이 생겨난다(天地氤氳, 萬物化醇, 男女媾精, 萬物化生)."(역전易傳·계사하繫辭下)라고 하는 '명교가 곧 자연'이라는 등식은 거의 그 시대 유가와 도가의 이론적 공동 인식이 되어 있었다. 공평하게 말하자면 '명교가 곧 자연'이라는 이 무의식적 전제를 반박하는 일은 당시에는 거의 불가능한 것이었으며 또 시대의 사상적 발전 과정에도 역행하는 것이었다. 일단 반드시 '명교가 곧 자연'을 인정하는 전제하에서라면 사문이 군주에게 예경해서는 안 됨을 설명하는 일은 매우 어려웠다.

여산 혜원이 『답환태위서答桓太尉書』에서 내놓은 대답은 다음과 같다.

> 불경이 밝히는 것은 모두 두 부문이 있으니, 첫째는 세속에 머물며 가르침을 펼치는 것이며 둘째는 출가하여 수도하는 것이다(佛經所明, 凡有兩科; 一者處俗弘教; 二者出家修道).

세상에 머물며 가르침을 펼치는 불교도의 경우 환현의 말이 더할 나위 없이 옳지만 군주가 비록 사문의 '몸'에 대해 길러준 공이 있다 하더라도 출가자는 몸을 보존하는 것을 추구하지 않으며 도리어 몸이 있음을 군더더기 재앙으로 생각하며 따라서 출가 사문의 몸을 길러주는 군주는 실제로는 거꾸로 폐를 끼치는 것이니 사문에게는 본디 군주를 예경해야 할 이유가 없다는 것이다. 이론상 혜원은 사문은 "종지를 추구함에 군주의 교화에 따름에 말미암지 않기에 오가는 물자를 중시하지 않으며, 근심을 없애려 함에 몸을 보존함에 말미암지 않기에 후생의 이로움을 귀하게 여기지 않는다(求宗不由於順化, 故不重運通

之資; 息患不由於存身, 故不貴厚生之益)"라고 주장했는데[15] 상당한 설득력을 지니고 있다. 혜원의 반박 속 사유의 결은 실제적으로 '명교가 곧 자연'이라는 전제를 인정하지만 불교는 비단 자연일 뿐만 아니라 자연을 초월하며 때문에 명교를 초월한다. 따라서 사문은 군주를 예경하지 않는 것이라고 이해할 수 있을 것이다. 혜원이 지은 『사문불경왕자론沙門不敬王者論』은 대체적으로 위에서 말한 사유의 결에 따라 체계적으로 서술하고 있다.

혜원은 "군주의 교화에 따르지 않으면서 종지를 추구한다"는 관점에 대한 체계적 해명을 통해 이론적으로 방내와 방외를 구별함으로써 중국인에게 자연의 교화 바깥의 신세계를 열어 보였으며 중국 학술사상이 새로운 경지로 올라서게 하였기 때문에 높이 평가할 만하다. 다만 현실적 측면에서 볼 때 "왕교王敎는 하나가 되지 않으면 안 되며 둘이 된다면 어지러워진다(王敎不得不一, 二之則亂)"라는 정치적 압력 역시 계속해서 불교도의 위 주장을 위협해 왔다.

남북조 시대를 통틀어 볼 때 사문이 군주를 예경해야 하는가 여부는 정치와 종교의 관계와 관련된 큰 문제였다. 사문이 군주를 예경해야 하는가 여부에 대한 배후의 심층적 이론 문제는 정교 분리냐 아니며 정교 일치냐의 문제였다. 만약 사문이 마땅히 군주를 예경하지 말아야 한다면 통치 체계와 종교 체계는 분리되어야 하며, 만약 사문이 마땅히 군주를 예경해야 한다면 통치 체계와 종교 체계는 일치해야 하고 불교 역시 왕의 교화에 귀속되어야 한다. 다만 종교 체계와 통치 체계가 일치된다 하더라도 반드시 사문이 군주를 예경해야 한다고 요구할 수 있는 것은 아니며 '일치'에도 어떤 측이 주도적이냐 하는 문제가 남아 있다. 아래에서 이 문제에 대해 깊이 있게 논의해 보겠다.

---

15 『中國佛敎思想資料選編』第一卷, p.99.

3. 남북조 시기 두 방향의 '정교 일치'

한대에 경학經學이 성행한 이래 『춘추春秋』의 '대일통大一統' 관념이 중국 사상계에 일찍이 깊이 각인되어 있었기에 비단 불교 발전을 강압적으로 억제하려는 정치 인물만이 '왕교는 하나가 되지 않으면 안 된다'라는 관념을 지녔던 것이 아니라 적지 않은 중국 불교도들 역시 부처에 대한 무한한 숭배에서 출발하여 이론상 거대한 신통력을 지닌 부처가 우주를 덮어 포괄하지 않음이 없음을 논증하려 힘썼다. 흔히 위진남북조 시대에 중국의 불교 교학이 반야학般若學에서 열반학涅槃學으로 전환을 거쳤다고 보는데,[16] 중국 불교도의 부처 관념은 끊임없이 풍부해지고 심화되어 불성佛性과 여래장如來藏은 점차 본체론本體論의 의미를 지니게 되었으며, 온 세상의 교주로서의 부처 관념도 마음 깊이 각인되기 시작하여 방내와 방외의 구분은 사실상 불필요하게 되었고 양자 모두 부처라는 단일한 본체의 기초 위에 서 있게 되었다. 이를 통해 종교 체계에서 출발한 정교 일치의 이론적 논증이 객관적으로 완성되었다.

종교 체계에서 출발한 정교 일치의 이론적 논증은 부처는 더 이상 앞서 두 절에서 논한 '종교 체계' 속 제왕의 스승 또는 방외의 출세간인만을 교화하는 성인일 뿐만 아니라 동시에 세간의 절대권력을 부여받게 되었다. 그렇다면 남는 문제는 누가 부처를 대표하여 부처의 대변인, 즉 이런 종류의 '정교 일치'의 담당자가 될 것인가인데, 이는 이론적 측면에서든 현실적 측면에서든 매우 중요한 문제임은 의심할 여지가 없다. 한편으론 불교를 믿는 이들은 끊임없이 이론적으로 그가 부처의 가업家業을 짊어져야 함을 논증하였는데, 남북조 초기 반야학은 '혜해慧解' 있는 사람이 붓다의 빛 속으로 들어갈 수 있음을

---

16 張風雷, 「從慧遠鳩摩羅什之爭看晉宋之際中國佛學思潮的轉向」, 『中國人民大學學報』, 2010年 3期.

논하였고, 남북조 중기에 이르러 열반학은 청정한 수계受戒로써 '일체삼보一切三寶', '자귀신중삼보自歸身中三寶'를 얻을 수 있다고 논했는데 모두 불교사상가, 덕 있는 비구를 부처와 동일시하는 이론적 경향을 지니고 있었다. 다른 한 편으론 강대한 왕권은 자연히 '정교 일치'의 담당자로서 자부하게 될 것이었고 '군주가 바로 현재의 여래'라는 단언이 즉시 뒤따라 갑자기 세상에 출현하게 되었다.

1) 반야학의 '광명보조光明普照'와 열반학의 '일체삼보'

구마라집鳩摩羅什은 후진後秦으로 와서 다량의 반야류 경전을 번역함으로써 중국의 4~5세기 반야학 연구를 절정으로 이끌었다. 진의 군주 요흥姚興과 안성후安成侯 요숭姚嵩은 『반야경』속 부처가 "대광명을 발하여 시방을 두루 비춘다(放大光明, 普照十方)"라는 문제에 대해 변론을 전개하였는데, 요숭은 "『반야경』에서 '만약 어떤 중생이 그 빛을 만나게 된다면 반드시 위없는 도를 얻게 될 것이며 또 신통력을 통해 삼악취의 중생들로 하여금 모두 천상에 태어나게 한다'라고 말했으니 이를 근거로 말한다면 광명과 신통력의 작용은 평등한 것 같다(『般若經』云: 若有衆生遇斯光者, 必得無上道. 又以神變, 令三惡衆生, 皆生天上. 以此而言, 至于光明神變之事, 似存平等)"라고 말하였다.[17] 요숭의 이해에 따르면 『반야경』의 소위 부처가 발한 대광명이 평등하게 모든 어리석은 중생을 비추며 중생은 불광의 비춤을 얻게 되어 모두 위없는 도과道果를 얻게 될 것이다. 하지만 요흥은 불광의 두루 비침을 얻는 자는 단지 장차 성불할 대보살일 뿐이며 어리석은 중생은 불광을 볼 수 없다고 보았다.[18] 『광홍명집廣弘明集』의 기록에

---

17 『大正藏』52, 229 中.

18 『大正藏』52, 228 下, 229 下.

따르면 진의 군주 요흥이 그 변론에서 승리를 거두었다고 한다.

얼마 지나지 않아 남조에서도 불광이 두루 비춤 여부에 관한 변론이 일어났다. 그 변론은 앞서 말한『변종론』과 직접 관계 있는데, 사령운의『변종론』의 관점에 따른다면, 붓다의 가르침은 점오漸悟며 점오의 불교도는 지극한 이치에 통달할 수 없는데, 따라서 불광의 두루 비침을 얻을지 여부와 불광의 비춤 속에 들어가게 되는 공덕이 있을지 여부가 논쟁의 쟁점이 되었다. "깨달음은 점오에 의해 도달할 수 없으며 믿음은 가르침을 통해 싹튼다(明非漸至, 信由教發)." 그렇게 해서 "가르침으로 인해 믿게 되면 날로 발전하는 결과는 있을 것이나 점오에 의해서는 깨달을 수 없으니 불광의 비춤 속에 들어갈 인연은 없을 것이다(由教而信, 則有日進之功. 非漸所明, 則無入照之分)"라고 말하였는데 이에 대해 세상 사람들의 의견이 분분하였다.[19] 이 논쟁은 결코 돈점 논쟁에 뒤따르는 소소한 문제가 아니었기 때문에 축도생은『답왕위군서答王衛軍書』에서『변종론』이 불러일으킨 각종 논쟁에 대해 오직 '불광의 비춤 속에 들어가게 되는 공덕(入照之功)'과 관련된 문제에 대해서만 회답했을 뿐이니 그 중요성을 잘 알 수 있을 것이다.[20]

도생은『답왕위군서』에서 조화의 경향을 보이며 '믿음'과 '지혜(知)'가 결코 대립적인 것이 아니라고 보았는데, 그 이유는 '믿음'은 '가르침'으로부터 온 것으로 따라서 '지혜'의 범주에 속하며 '맹목적 믿음(暗信)'의 문제는 존재하지 않기 때문이다. '믿음'이 기왕에 '가르침'으로부터 일어나며 '지혜'의 범주에 속한다면 따라서 '나날의 발전(日進)'의 결과가 있게 될 것이며 점교漸敎는 성립 가능하지만 그 점교는 비록 '완전한 무지(全昧)'는 아니더라도 어쨌든 지극한 이치는 통달하지 못한 것이기에 "불광의 비춤에 들어갈(入照)" 인연이 없다. 이

---

19 『大正藏』52, 227 上, 中.
20 『大正藏』52, 228 上.

점에서 보면 도생은 여전히 '지혜'의 중요성을 강조하고 있는 것이다. 『고승전高僧傳』에서 도생이 "항상 도에 들어가는 핵심은 지혜가 근본이 된다고 생각했다(常以入道之要, 慧解爲本)"라고 말하고 있는데,[21] 이 말은 '부처의 이치를 통달한 사람이라야만 비로소 진정으로 도에 들어갈 수 있으며 불광이 두루 비추는 대상도 바로 이런 류의 사람이지 어리석은 무리들이 아니다'라는 의미이다.

요승이 요흥의 『반야경』 속 불광은 보살만을 비춘다는 관점에 찬성한 것이 군주와 다투며 논쟁하기가 불편했던 까닭이었다 치더라도, 사람마다 모두 불성이 있다고 주장하는 도생 역시 같은 주장을 하고 있기 때문에 주의를 기울이지 않을 수 없다. 동진 남조 초기 반야학의 시대에는 부처가 광명을 크게 발한다 해도 어리석은 이까지 미칠 수는 없으며 오직 소수 엘리트만이 이 경지를 얻을 수 있을 것이라고 대다수 사람들은 보았다. 반야학에서 열반학으로 전환의 관건이 되는 인물인 도생조차도 이러한 관점을 지니고 있었기 때문에 이 관점은 당시로서는 상당한 대표성을 지니고 있었다고 보아야 할 것이다. 열반학이 남북조 시대에 심화 발전함에 따라 중국인의 부처관은 날로 풍부해지게 되는데, 양대梁代『열반경집해涅槃經集解』의 '일체삼보' 관념은 특별히 주목할 만하다.

『열반경』은 법신法身, 불성 등의 내용을 논하는 이 경의 탁월함을 부각시키기 위해 부처 열반 후에 만약 이 경을 듣지 않거나 듣고도 믿지 않으면 비록 삼보에 귀의하고 출가하여 수계하더라도 성불할 수 없다고 말한다. 여기에서 '일체삼보'의 문제가 도출되는데, 보량寶亮은 "일체 삼보란 하나의 부처의 본질이 지닌 세 가지 의미를 올바르게 밝힌 것이다.…… 옛날에는 삼보 각각 세 가지 본질로서 상이했지만 지금은 옛날의 법과 승을 끌어다가 불 위에 놓기 때

---

21 『高僧傳』, p.255.

문에 한 부처의 본질인 세 가지 삼보라고 말한다. 깨닫고 살핀다는 의미에서 불보라 하며, 본질은 정법이 아님이 없으며 뭇 공덕을 갖추고 있기 때문에 법보라 하며, 본질적으로 중생과 거리가 없으며 반드시 이치에 부합하기 때문에 승보라 부른다(一體三寶者, 正辨一佛體之三義也……昔說三寶三體各別, 今 牽昔日法之 與僧, 置於佛上, 故言一佛體之三寶. 以覺察之義, 爲佛寶; 體無非法, 具衆功德, 故稱法寶; 體無隔物, 必與理和, 號日僧寶也)"라고 말한다.[22] 이 말 이면의 의미는 청정구족계를 받은 비구승은 한 몸에 불·법·승 삼보를 얻어 부처의 대표가 될 수 있다는 것이므로 이는 이론상 승의 지위를 드높인 것이다. '일체삼보'에서 더 나아가 도출되는 것이 '신중삼보身中三寶'의 문제이며 이러한 경향은 갈수록 분명해져 보인다. 보량은 『열반경』의 "가섭이 '저는 지금 진실로 여래의 비밀스런 뜻을 알고 싶습니다'라고 말했다(迦葉白言: 我今實欲得知如來秘藏之義)"라는 구절을 해석하면서 "앞서 이미 설한 '참 나'가 곧 불성이다. 제 몸에 있기에 마땅히 스스로 제 몸 중의 삼보에 귀의하여 반드시 항상된 즐거움을 얻어야 할 것이다(已說我者, 卽是佛性. 自身有之, 便應自歸身中三寶, 必得常樂)"라고 설한다.[23] 양무제梁武帝는 일찍이 '백의승정白衣僧正'을 자임할 뜻이 있었으나 승려들의 저항에 부딪혀 뜻을 이루지 못했다. 양대 승려의 지위는 존귀하여 왕권도 마음대로 하기 어려웠다. '일체삼보'의 관념이 승려의 지위 상승에 적극적 의미 부여를 했음은 의심의 여지가 없으며, 수·당 교체기 석언종彦琮의 다음과 같은 말이 가장 선명하다.

지금 삼보가 한 몸이니 승려를 예경하기를 부처와 같이한다는 것은 불전 속에 다 들어 있으니 번거롭게 말할 필요가 없다(今三寶一體, 敬僧如佛, 備乎內典, 無俟

---

22 『大正藏』 37, 420 中.
23 『大正藏』 37, 455 上.

繁言).[24]

　수계 승려 자신이 삼보를 구족하고 있고 신도 역시 제 몸 안의 삼보에 귀의
할 수 있으며 심지어 제 몸 안의 미래삼보未來三寶에 귀의해야만 진정한 귀의
이다.[25] 보량은 전통적인 불·법·승 삼보에 귀의하는 것은 쉽게 마魔에게 미
혹되며 석가釋迦의 일체삼귀一體三歸 역시 마에게 미혹될 수 있기 때문에 만약
실수 없음을 보증하려면 오직 '미래 자신 일체삼보未來自身一體三寶'에만 귀의
해야 한다고 보았다. 아성我性이라는 것은 인성因性이며 불성佛性은 과성果性
이기 때문에 "불의와 아의는 의미는 같지만 이름만 다를 뿐이다(佛與我義, 義一
而名殊也)."[26] 이러한 논의는 상당 부분 훗날 선종禪宗의 분위기를 지니고 있지
만 불교도(승려, 귀의자)가 미래불이 되기 때문에 현세불의 대표로서 왕권을 강
조하는 통치 계급에 의해 인정되기는 어려웠으며, 얼마 후에 위의 관점을 극
단적으로 발전시킨 수·당의 '삼계교三階敎'는 세상 사람들 모두를 미래불로
보았고 보배普拜를 수행 방법으로 삼았기 때문에 결국 통치자들에게 이단시되
어 압살당하고 말았다. 그 교단의 부처 관념 중 '상식과 도를 벗어남'이 그 주
요 원인 중 하나였다.

2) 군주가 곧 현재의 여래

　통치자가 불교도가 부처의 대표가 되는 것을 용인하지 않는다고 해서 결코
통치 체계와 도통의 '정교 일치'에 반대했다고만 말할 수는 없는데, 위진남북

---

24 『大正藏』 52, 291 中.

25 『大正藏』 37, 456 中.

26 『大正藏』 37, 456 下.

조의 역대 통치자들이 '천왕天王', '보살황제菩薩皇帝', '월광동자(보살)月光童子(菩薩)', '미륵(불)彌勒(佛)'로 자칭한 경우는 흔하였다. 그리고 그 중 가장 영향력 있었던 것은 북위北魏 이래의 '군주가 곧 현재의 여래'라는 관념이었다.

『위서魏書·석로지釋老志』에 다음과 같은 기록이 있다.

처음 황시皇始 연간에 조군趙郡에 사문 법과法果가 있었는데, 계행이 지극하였으며 불전을 공개적으로 강의하였다. 태조太祖가 그의 이름을 듣고 어명을 내려 예를 갖추어 경사京師로 초청하였다. 훗날 도인통道人統으로 삼아 승려들을 총괄하게 하였다.……처음에 법과가 매번 "태조는 명민하며 도를 좋아하시니 곧 현재의 여래이시라 사문들은 마땅히 예를 다하여야 한다"라고 말하였는데, 마침내 항상 예경하게 되었다. 사람들에게 "능히 도를 넓힐 수 있는 자가 군주이니 나는 천자에게 절하는 것이 아니라 예불을 올릴 따름이다"라고 말하였다 (初, 皇始中, 趙郡有沙門法果, 誡行精至, 開演法籍. 太祖聞其名, 詔以禮征赴京師. 後以爲道人統, 綰攝僧徒. …… 初, 法果每言, 太祖明叡好道, 即是當今如來, 沙門宜應盡禮, 遂常致拜. 謂人曰: '能鴻道者人主也, 我非拜天子, 乃是禮佛耳).[27]

북위의 탁발규拓跋珪는 황시 원년에 처음 황제를 자칭하였는데, 사문 법과가 태조가 현재의 여래라 말한 것은 권유와 재촉의 의도가 있었다. 법과는 앞서 말한 여산 혜원과 거의 동시대인인데, 혜원은 사문은 군주를 예경해서는 안 된다고 주장한 반면 법과는 천자에게 절하는 것이 곧 예불이라고 주장했으니 이 문제에 대한 남조와 북조 불교 간의 관점의 판이함을 잘 보여준다. 법과의 '군주가 곧 현재의 여래'라는 주장은 북조 불교계에서는 기본적으로 인정되었는데 북위

---

27 塚本善隆, 『魏書釋老志研究』, 東京: 大東出版社, 1974, p.153, 155.

의 무제武帝 탁발규는 불교를 소멸시켰지만 고종高宗은 즉위 후 즉시 불법을 부흥시켰으며 몸소 사문 사현師賢에게서 삭발을 하고 그를 도인통에 임명하였는데『자치통감資治通鑑』은 이 일을 452년에 일어난 일로 기록하고 있다.[28]『위서 · 석로지』의 기록에 의하면, 사현 · 담요曇耀는 당대의 군주와 역대 제왕의 모습에 따라 불상을 조각하였는데,[29] 이는 더 나아가 '군주는 현재의 여래'라는 이념을 실천에 옮긴 것이며 특히 담요오굴曇耀五窟은 다퉁大同 운강석굴雲崗石窟의 주요 조상造像으로서 '군주는 현재의 여래'라는 이념을 우뚝 솟은 불교 조상 형식으로 사람들에게 펼쳐 보였다는 점에서 사회적 영향이 더욱 컸다.

　서양 역사학계에서 상당히 유행하는 관점은 16국十六國, 북위를 '침투왕조(Dynasties of Infiltration)'로 요遼 · 금金 · 원元 · 청淸 등을 '정복왕조(Dynasties of Conquest)'로 보는 것이다.[30] 침투왕조하고 한 것은 이들 북방 민족은 중국에 들어오기 전에는 정권을 구축하지 못했으며 그들 정권은 중국의 중심부로 진입한 후에 형성되었다. 따라서 중원의 정치문화가 이들 북방 민족 정권 형성에 주요한 영향력을 끼쳤기 때문이다. 북위가 중국의 중심부로 진입한 초기 아직 고정적인 정권의 조직 형태가 갖추어져 있지 않아 관직도 빈번이 바뀌었으며 유 · 불 · 도 3교를 대하는 태도도 급변하면서 이리저리 흔들리며 고정적이지 않았는데 북위의 불교도가 주장한 '군주가 곧 현재의 여래'는 불교를 이용하여 나라를 다스리고자 하는 북위 통치자의 구미를 사로잡으려는 의도가 있었다. 동시에 북위의 옛 풍습도 이 측면에서 잠재적으로 영향을 끼쳤음을 알아야 할 것이다. 북위의 옛 풍습은 황후와 군주를 세우기 전에 먼저 후보자의 모습을

---

28 『資治通鑑』第9冊, p.4048.

29 『魏書釋老志硏究』, pp. 203−204, p.207.

30 K.A.Wittfogel and Feng Chia−Sheng, History of the Chinese Society, Liao, 907−1125. Phila., American philosophical society, 1949.

본떠 동상(金人)을 만들었는데 완성되면 세우고 완성되지 않으면 세우지 않았다. 현존 사료에 이에 대한 기록이 상당히 많은데 청대의 역사학자 조익趙翼의 『입이사답기廿二史劄記』의 '후위는 상을 주조하여 길흉을 점쳤다(後魏以鑄像卜休咎)'라는 조條에서 이에 대해 상당히 집중적으로 서술하고 있다.[31]

고제高帝는 태자 황晃의 아들이자 북위 무제 탁발규의 손자로서 즉위 시 겨우 12세에 불과하였지만 "담당 관리에게 명하여 석상을 만들되 황제의 몸과 같도록 하여(詔有司爲石像, 令如帝身)" 자신의 제위를 공고화하는 데 실질적으로 도움을 주었으며 멸불 후 재차 불교를 부흥시키는 일을 적극적으로 선포하고자 하는 뜻도 지니고 있었다. 그 후 황제의 몸을 본떠 불상을 만드는 일이 점차 유행하게 되어 담요오굴에 이르러 절정을 뽐냈으며 무측천이 루어양(洛陽)의 용문석굴龍門石窟을 조성한 것도 이 일을 모방한 것이라는 점에서 그 영향이 깊고 넓을 알 수 있다.

제왕을 위해 상을 만드는 것은 북조에서는 이미 제도가 되어 황가의 제사 때 채용한 것이 불상과 유사한 제왕의 상이었다. 예컨대 북주北周 무제가 불교를 소멸시킬 때 '진짜 부처는 상이 없다(眞佛無像)'고 내세워 불교의 경과 불상을 없앨 것을 주장하였으며 이 때문에 당시 저명한 불교 사상가 정영사淨影寺 혜원慧遠은 국가의 7묘七廟가 역대 황제의 상에 제사 지낸다는 점을 들어 비슷한 논리로 반박하였다.[32] 그 논쟁에서 북주 무제는 곳곳에서 수세에 몰리는데 물론 이 부분의 사료 기록이 모두 불교도들의 손에서 나온 것이기 때문일 수도 있지만 제왕의 상과 불상이 형식에서 의미에 이르기까지 모두 고도의 유사성이 있었기 때문에 이 점이 제왕이 불상을 없애려 할 때 최소한 이론적 논증에 많은 곤란을 안겨주었다는 사실을 부정할 수 없을 것이다. '군주가 곧 현재

---

31 (淸)趙翼 著, 王樹民 校正, 『廿二史劄記校正』, 北京: 中華書局, 1984, p.301.
32 『大正藏』 50, 490 中.

의 여래'라는 것이 불교를 보호하는 기능도 수행한 것처럼 보이지만 실상 이 주장은 양날의 칼이다. 흔히 북주멸불이 당시 흑의(승려가 흑의를 입음)가 천자가 된다는 설이 유행한 것과 관련 있다고 보지만 현존 사료를 통해 보면 위원숭 衛元崇도 당시 '주나라 군주가 여래'이며 출세간의 불교는 이미 불필요하다는 것을 근거로 하여 북주 무제의 멸불을 선동하였다.[33]

위원숭은 북주 무제 치하의 세속사회를 '평연대사平延大寺'로, 북주 무제를 '여래'로, 규율과 법을 지키는 세속 남녀를 승려로, 인자하고 지혜로우며 용맹한 이를 법사집사法師執事로, 성곽의 민가를 승방僧坊으로, 성황당을 탑으로 미화하였다. 위원숭이 설계한 블루프린트는 실은 실질적 의미의 불사, 승려를 없애는 것이었으며 그것이 없는 것을 가치 있다고 보았다. 사원과 불상을 만드는 것은 도리어 백성을 수고롭게 하고 재원을 축내며 사람과 가축의 손실을 가져온다고 보았다. 위원숭의 이상의 관점은 북주 무제의 찬양을 받았으며 북주 무제는 『임도림상표청개법사任道林上表請開法事』에 회답하면서 동일한 관점을 피력한다.[34] 즉, '제왕이 곧 여래'이니 장육금신丈六金身의 불상은 군더더기이며 제왕의 치세가 불국토이고 방내와 방외가 같으니 비단 사문이 군주를 예경해야 할 뿐만 아니라 궁극적으로 말하자면 불교는 이미 독립적으로 존재할 필요가 없게 되었다는 것이다.

4. 남북조 후기 정치와 종교 관계의 진척

앞 절에서 논한 바, 왕권으로 교권을 완전히 대체하려고 하는 북주 무제의

---

33 『大正藏』 52, 132 上.
34 『大正藏』 52, 155 上.

기도는 폭력에 의존할 수밖에 없기 때문에 오랫동안 실행할 수는 없었다. 설령 당시라 해도 '전직 승려 왕명광王明廣' 역시 위원숭을 다음과 같이 날카롭게 비판하였다.

군주를 여래라 말하는 것은 권세를 바라고 아부하는 것이니 차가운 간언을 해야 하는 선비가 이렇게 기괴할 수가!(言國主是如來, 冀崇諂說, 淸諫之士, 如此異乎!)35

자기 이익의 관점에서 남북조 중후기에서 당 초까지 승려들은 여전히 앞서 말한 여산 혜원의 입장을 고수하여 불교의 교화 영역과 왕권의 교화 영역을 엄격히 구별하였으며, 설령 북조의 승려라 해도 군주에게 예경하지 않는 경향이 일기 시작했다. "불법은 천하 바깥의 존귀함이요 제왕은 천하 속의 위대함이니(佛法乃實外之尊, 帝王爲域中之大)", 사문이 군주를 예경하는 것은 곧 "우물쭈물 방향을 못 정하는 것이다(首鼠兩端)"36라고 하였다.

하지만 남북조 후기 불교와 왕권의 교화 영역의 구별은 동진의 여산 혜원 시기와 비교했을 때 점진적인 변화가 있었다. 왕권의 강대함, 화하와 이적의 구별 등 여러 요인들을 고려하여 승려들은 더 이상 직접 '왕의 교화 바깥의 백성(化外之民)'을 자처하지 않았으며, 본래 '방외'였던 불교를 '내'라고 자칭하고, 반면 세속 왕권을 '외'로 보아 내외의 순서가 180도 바뀌게 되었다. 남북조 전기에는 형形과 신神의 논변이 당시 불교 교학 논변의 큰 주제였다. 북주北周의 도안道安은 형을 변호하는 가르침은 외교外敎이며 유교가 이 부류에 속하는 반면 신神을 변호하는 가르침은 내교內敎이며 불교가 내교에 속한다고 보았는데, 이렇게 보는

---

35 『大正藏』52, 157 下.
36 『大正藏』52, 288 下, 289 中.

것은 중국의 '내성외왕內聖外王'의 전통적 관념에 부합하였다. 사람은 신과 형으로 이루어져 있기 때문에 내와 외의 두 가르침만 필요할 뿐이며 "가르침은 오직 둘뿐(教唯有二)"이라는 말의 이면에는 도교의 자리는 없었다.[37] 『집고금불도논형集古今佛道論衡』에서 위의 말을 인용할 때 "불교는 내이며 유교는 외이다(釋教爲內, 儒教爲外)"라는 말 직후에 "도는 별도의 가르침이 없으며 종지는 유교 부류로 귀결된다(道無別教, 宗結儒流)"라는 한 구절이 더 있다.[38]

방내·방외든 내교·외교든 불교는 모두 왕권 바깥에서 자신의 생존 공간을 차지하려 힘썼다. 불교의 이런 대처 방식은 남북조 중후기 도교의 모방을 이끌어 내었다. 또는 도교 역시 유사한 현상이 생겨났다고도 할 수 있다. 본래 도교에는 출세出世와 입세入世의 구별이 없었으며 당 초까지도 일부 승려들은 도교의 이러한 '양다리 걸치기' 성격을 거미라고 조소하였다.[39] 다만 '군주가 곧 현재의 여래'라는 이러한 정교 일치의 고압적 분위기 속에서 본래 불교를 멸하려 했던 북주 무제는 마지막에는 명을 내려 뜻밖에도 불교와 도교 2교를 같이 없애 버렸는데 이는 도교 역시 반드시 제도적으로 스스로를 '출세'의 지위로 자리매김하여 현세의 왕권에 의해 완전히 대체되지 않도록 대비해야 함을 분명히 말해준다.

북주 무제가 죽은 후 남북조 말기에는 대규모로 불교와 도교를 소멸시키는 운동은 다시는 없었지만 승려, 도사가 군주에게 절을 해야 할지 말지는 계속해서 정치와 종교 관계에 있어 주요 주제가 되었으며, 당 초에 이르러서도 여전히 이와 관련된 격렬한 논쟁이 있었다. 다만 교권은 결국 왕권에 맞설 수 없었고 당 태종太宗 때 최종적으로 사문은 군주에게 절을 해야 한다는 원칙이 확

---

37 『大正藏』 52, 136 下.
38 『大正藏』 52, 372 中.
39 『大正藏』 52, 182 中.

립되었다. 사士 · 농農 · 공工 · 상商 · 승僧 · 도道의 '6민六民'의 설이 당대에 보편적으로 수용되어 승려와 도사가 더 이상 왕권 밖의 백성이 아니게 되었다. 출가인이 군주에게 절해야 하는가 하는 문제에 있어 도교가 당 초에 먼저 타협하였기 때문에 불교도의 불만을 사게 되어 "노자는 주나라에서 태어나 몸은 사관을 맡았으니 관직을 맡은즉 왕조의 일원이다(伯陽誕自姬周, 身充柱史, 爲官則王朝之一職)"라고 하였다.[40] 즉, 불교도들은 도교의 창시자 노자가 본래 주나라의 관리이므로 도교도는 마땅히 왕권에 절을 해야 하지만 불교도는 이와 다르며 불교의 창시자 석가모니는 왕궁 출신이므로 노자와 비교할 수 없다고 본 것이다.

석가모니와 노자와의 차이를 부각시킨다면 본디 제왕의 신분을 지니고 있다는 점이며 따라서 결코 불교도로 하여금 현실의 왕권과 대적하게 할 수는 없을 것이다. 통치자는 어떤 종교 교주에게라도 '정교 일치'의 경향이 존재하는 것을 절대적으로 금지시켜 자신의 통치를 위협하는 것을 막고자 하였다. 설령 유교라 해도 당 초기에는 '정교 일치'의 색채가 짙은 주공周公의 제사를 폐하고 공자를 선성先聖으로 승격시키고 안회顔回를 함께 배향하도록 하였다. 주공은 겨우 주 성공成公과 함께 배향하도록 하여 완전히 통치 질서 속에 귀속시켰으며 당 고종高宗 때 잠시 본래대로 되돌렸으나 최종적으로는 공자를 선성으로 확립하여[41] 유교 교주는 반드시 정교가 분리되어야 한다는 기존 정책에는 동요가 없었다.

물론 3교 교주의 '정교분리'는 현실 제왕의 '정교 일치'에 결코 어떠한 영향도 끼치지 못했는데 이당李唐 왕조가 노자 이이李耳를 조상으로 높인 것이 그 범례이다. 남북조 중후기 이래로 제왕은 '군주가 곧 현재의 여래'라는 정교 일

---

40 『大正藏』52, 288 下.

41 黃進興, 『優入聖域: 權力, 信仰與正當性』, 北京: 中華書局, 2010.

치 모델을 이용하여 끊임없이 자신을 신화화했으며 가장 성공적이며 사회적 영향이 가장 깊고 멀었던 것은 물론 제왕의 생일 축하연의 확립과 발전을 꼽을 수 있을 것이다.

현존 자료를 통해 보면, 중국인들은 본래 생일 축하의 습속이 없었으며 중국인이 생일 지내는 풍습은 위진남북조 후기에 시작되었다. 당시 중국인은 부모가 건재할 때에만 잔치를 열어 손님을 맞이하여 함께 즐겼고 만약 부모가 모두 죽었을 때는 다시는 생일을 지내지 않았고 만약 다시 생일을 지낸다면 불효로 인식되었다. 양 원제元帝는 8월 6일 생일날 불교의 재강齋講 방식으로 축하를 했는데 어머니가 죽은 후로는 다시는 생일을 축하하지 않았다.[42] 다만 수隋 문제文帝는 부모가 죽은 후에 강경설법과 사리탑 조성 등의 방식으로 생일을 지내면서 "부모의 은혜를 추급하여 보답했는데(追報父母之恩)"[43] 수대에 이르러 제왕의 생일 축하 습속에 다소 변화가 있었음을 알 수 있다. 다만 남북조 시대부터 시작된 제왕의 생일 축하 의식은 모두 불교와 밀접한 관계가 있었다.

수 · 당 이래로 황제는 마음껏 생일 축하를 하였으며 특히 당 현종玄宗부터 시작하여 제왕은 자신의 생일을 전국적 명절(천추절千秋節, 훗날 천장절天長節로 개칭)로 지정하였으며 그 영향이 일본 등의 나라에까지 미쳤는데, 적지 않은 학자들이 이미 수 · 당의 제왕들이 대규모로 자신의 생일을 축하하기 시작한 것은 불교도들이 석탄절을 축하하는 것에 영향 받았음을 지적한 바 있다.[44] 수 · 당 시기 불교가 융성했을 때 부처에게는 석탄절이 있었기 때문에 황제는 '현

---

42 (北齊)顔之推 著, 程小銘 譯注, 『顔氏家訓全譯』, 貴陽: 貴州人民出版社, 1993, p.79.

43 『大正藏』 52, 213 下.

44 심지어 어떤 학자들은 보통 사람들의 생일 쇠기도 석탄절로부터 영감을 받았는데 그 이유는 당시에는 모든 사람이 성불할 수 있다는 관념이 있었기 때문이라고 본다(侯旭東, 「秦漢六朝的生日記憶與生日稱慶」, 『中華文史論叢』, 2011年4月, 總第一〇四期, p.161)

재의 여래'이므로 자연히 성탄을 축하하는 행사가 있어야 했다. 당 현종 때의 승상 장설張說은 『청팔월오일위천추절표請八月五日爲千秋節表』에서 부처가 태어난 "늦여름에 부처 생일 공양이 있으니(孟夏有佛生之供)" 따라서 당 현종도 천추 성탄을 축하해야 한다고 말한다.[45]

남북조 말 이래로 중국의 제왕들이 점차 자신의 천추 성탄을 축하하기 시작하기 시작한 것은 석탄절로부터 영감을 받았음이 분명하다. 황제의 몸으로 불상을 만드는 것에서 석탄절을 모방하여 제왕의 천추 성탄을 축하하는 것까지 '군주가 곧 현재의 여래'라는 관념은 상이한 형태로 실천되어 왔다. 더욱 중요한 사실은 '군주가 곧 현재의 여래'라는 관념은 눈에 보이지 않게 자연스럽게 중국인의 왕권 관념을 강화시켰다. 한대의 재상은 '음양을 다스릴(調理陰陽)' 수 있었으나 당대에 이르면 '보좌하는 신하(股肱之臣)'로 격하되었으니 군주와 신하 간에 또는 군주와 백성 간의 간극은 끊임없이 확대되어 갔다고 말할 수 있을 것이다. 그 동안 학계에서는 양한兩漢의 경학과 송명宋明의 이학理學이 중국의 중앙집권적 정치문화에 끼친 영향에 주목해 온 반면 불교의 영향에 대해서는 충분히 인식하지 못했는데 본 논문은 그 점을 출발점으로 삼아 논의해 본 것이다. 문자상의 오류가 있다면 지적해 주시길 바란다.

---

45 『全唐文』223卷, 北京: 中華書局, 1983, 2252 下.

용문 북조 수당 조상명문에 보이는 정토신앙의 변용

구라모토 히사노리(倉本尙德)

1. 시작하며

조상명문造像銘文 원문에는 죽은 이 혹은 살아 있는 사람이 죽은 후에 하늘에 다시 태어나거나 정토에 왕생하는 것을 기원하고, 다시 태어나는 그곳에서 부처님을 뵙고 법을 들어 끝내 성불하는 것, 혹은 바른 깨달음을 이루는 것을 기원하는 것이 많다. 이러한 이른바 생천生天·정토淨土 신앙은 원하는 내용의 중심 대상이 되어 있다. 본고는 이미 발표된 졸고에 입각하여[1] 북조北朝로부터 당唐에 걸쳐 하늘과 정토에 다시 태어나는 것을 원하는 신앙이 어떠한 변용을 이루는지를 용문석굴龍門石窟의 조상명문을 주요 자료로 해서 밝히는 것을 목적으로 한다. 용문석굴에는 북위北魏의 기년紀年이 있는 조상명문 약

---

1 倉本尙德,「北朝·隋代の無量壽·阿彌陀像銘—特に『觀無量壽經』との關係について」『佛敎史學硏究』52-2, 2010, 1~30쪽. 머리말의 논의가 일부 이전 논문과 중복되지만 논의의 전제로서 필요한 부분이므로 양해 바랍니다.

200건, 당대唐代 기년의 조상명문 약 500건이 같은 지점에 존재하여 다른 유례가 없는 수의 기년 조상명문을 지닌다. 이것들을 분석함으로써 생천·정토 신앙의 시대적 변용을 밝히는 것이 가능하다고 생각된다.

북조 시대의 조상명문을 이용한 서방정토신앙에 관한 이제까지의 연구에 의해서 서방정토신앙을 기원하는 경우에 반드시 무량수불상과 아미타불상을 조성하는 것이 아니라 석가모니불이나 미륵불 등 다양한 불상의 명문에 서방 정토신앙이 표현되어 있다는 점이 밝혀져 있다. 또 북위 시대의 조상명문에 표현된 서방정토신앙에 대해서는 대체로 중국 고유의 신선·승선昇仙 사상 등에 기반하여 천상 세계의 동경과 혼합된 막연한 것이라고 논해져 왔다.[2]

그런데 용문석굴 조상명문에서 불상의 명칭이 북위 시대의 '무량수無量壽'로부터 당 시대의 '아미타阿彌陀'로 변화한다는 츠카모토 젠류(塚本善隆)의 매우 중요한 지적 후에도[3] 오랫동안 조상명문에 사용되는 어구의 변천을 상세히 분석하여 정토에 관한 용어가 북조에서 수·당 시대에 걸쳐 어떻게 변용했는가를 밝히는 작업이 행해지지 않았다.

그 가운데 사토 치스이(佐藤智水)는 북조 시대의 용문석굴 조상명문 이외에 단독 조상의 명문도 광범위하게 수집하여 하늘과 정토에 관한 용어를 분류, 간결하게 표로 정리했으며 그 용어에 시기적·지역적 치우침은 보이지 않는다는 결론에 도달하고 있다.[4]

한편 구노 미키(久野美樹)도 조상명문을 널리 조사하여 거기에 사용되는 하

---

2 塚本善隆, 「龍門石窟に現れたる北魏佛教」 『塚本善隆著作集』 第二卷, 大東出版社, 1974, 藤堂恭俊, 「北魏時代における淨土教の受容とその形成—主として造像銘との關連において」 『無量壽經論註の研究』, 佛教文化研究所, 1958, 侯旭東, 『五, 六世紀北方民衆佛教信仰—以造像記爲中心的考察, 中國社會科學出版社, 1998 등.
3 塚本善隆, 앞의 책, 「龍門石窟に現れたる北魏佛教」.
4 佐藤智水, 「北朝造像銘考」 『史學雜誌』 86-10, 1977.

늘이나 정토 관련 어구에 연대적 변화가 있는 점을 발견, 그것을 조상의 조형
과도 관련지어서 분석했다.[5] 구체적으로는 북조 시기의 조상명문에서 생천ㆍ
정토 기원을 나타내는 용어로서 북위의 용문석굴을 중심으로 "託生西方妙樂
(洛)國土"라는 정형구가 많이 사용되는 점을 밝히고 남북조 시기의 서방 탄생
기원이 승선 사상 이외에 『법화경』 사상에도 기반하고 있음을 지적하였다. 나
아가 수ㆍ당 시대로 이어지는 정토교의 새로운 변화를 나타내는 것으로서 곡
양현曲陽縣 출토의 북제北齊 천보天保 6년(555)의 무량수상기無量壽像記[6]에 "往
生西方極樂世界"라는 어구가 있는 점, 같은 곡양 출토의 천통天統 6년(568)의
유준백조상기劉遵伯造像記[7]에 "彌陀玉像觀音大勢二菩薩"이라는 이른바 서방
삼성西方三聖의 명칭이 보이는 점을 제시하였다. 북제 시대의 구체적인 조상
명문에 "극락極樂" 등 이전과는 다른 어구가 사용된 것을 발견하여, 『관무량수
경』(이하 『관경』)을 중심으로 한 수ㆍ당 시대로 연결되는 새로운 서방정토신앙
의 출현을 그곳에서 찾아낸 그의 지적은 주목할 만하다. 다만 그 변화가 '분주
汾州 부근에서 돌연히 일어난, 담란曇鸞을 개조로 하는⋯⋯중략⋯⋯중국 정토
교의 파도가 곡양현曲陽縣까지 이르렀다'는 추측은 논의의 여지가 있다고 생
각된다.

더욱이 근년의 성과로서 이시카와 다쿠도(石川琢道)와 사이토 다카노부(齊藤
隆信)의 논고를 들 수 있다.[8] 이시카와는 북위 시대의 조상명문에 나타나는 무
량수불신앙에 관해서 담란 사상과의 관계를 고찰하였고, 사이토는 승전류와

---

5 久野美樹, 「造像背景としての生天, 託生西方願望—中國南北朝期を中心として」 『佛敎藝
   術』 187, 1989.

6 松原 410a, 埋佛 n35, 曲陽 82.

7 松原 430b, 埋佛 n33, 曲陽 147.

8 石川琢道, 「北魏の無量壽佛信仰—造像銘を通じて」 『曇鸞淨土敎形成論—その思想的背
   景』, 法藏館, 2009年. 齊藤隆信, 「中國初期淨土敎再探」 『日中淨土』 19, 2008.

금석 자료를 검토하여 정토교의 시대 구분으로서 『관경』에 의한 실천 체계가 정리된 6세기 중반을 설정하고 그 이전을 중국 초기 정토교로 이름 붙인다. 필자도 사이토의 시대 구분에는 동의하고 싶다. 다만 두 사람 모두 조상명문 자료를 제시하는 귀중한 성과이기는 하지만 명문 어구의 상세한 분석은 하고 있지 않다.

중국의 연구에서는 북조의 기년이 있는 조상명문을 망라하여 다룬 성과로서 호우쒸동(侯旭東)의 연구가 중요하다. 그는 529년 이전에는 하늘에 태어나고 싶다는 신앙이 비교적 유행하고 529년 이후에는 서방정토의 신도가 우세하게 되지만 죽은 후에 갈 곳으로서 서방정토를 수용한 것일 뿐 무량수불이나 아미타불에 대해 아는 이는 드물어 정토교의에 관한 다른 내용은 수용되지 않았다고 결론짓는다.[9] 류창동(劉長東)은 정토신앙이 나타나는 북조 조상명문 자료를 다수 소개하고 북조 민중의 아미타불신앙에 미륵신앙이 혼재되어 있는 상황을 지적하여 북방에서 정토신앙이 발전한 원인으로서 담란, 지론사地論師들의 선양, 남조로부터의 영향 이외에 북조의 불안정한 사회 상황이 있다고 한다.[10]

필자는 앞 논문에서 북조로부터 수隋 시대에 걸친 기년紀年이 있는 무량수불 · 아미타불 조상명문을 수집 · 분석하여 북제北齊 후반기의 무량수불 · 아미타불 조상명문에 이제까지 보이지 않았던 『관경』에 전거를 두는 어구가 새로이 보이는 점을 지적했다. 구체적으로는 이 경의 "眉閒白毫右旋宛轉, 如五須彌山。佛眼清淨如四大海水, 淸白分明"(T12 : 343b)라는, 무량수불의 불신을 관상하는 것을 전거로 하는 어구를 가지는 조상기造像記가 거의 같은 시기에 3건 보이는 점을 새롭게 지적하였다. 그리고 이 가운데 한 건은 북제 왕조에서 문선제文宣帝의 스승이었던 승조僧稠의 제자 지순智舜이 주도했던 집단에 의

9 侯旭東, 앞의 책, 『五, 六世紀北方民衆佛敎信仰』173~190쪽.
10 劉長東, 『晉唐彌陀淨土信仰硏究』, 巴蜀書社, 2000.

한 아미타불 조상기로서, 이미 지적된 바와 같이 승조는 소남해석굴小南海石窟 안에 구품정토九品淨土를 표현한 부조浮彫를 선관禪觀을 위해 조각하고 있다. 이러한 사실로부터 승조 · 지순이라고 하는 태행산맥 일대에서 선관 등의 실천을 중시한 승려들의 활동이 북제 시기의 '무량수'로부터 '아미타'로의 불상명칭 변화의 한 원인이라고 논하였다.[11]

앞의 논문에서 표로 보인 것처럼 수 시기에는 '아미타'라는 명칭을 쓴 조상명문의 수가 증가하고 지역적 분포도보다 넓어지는 것으로 보인다. 그러면 당 시기에는 정토신앙에 어떠한 변화가 있었는가를 용문석굴을 발판으로 삼아 조사하려는 것이 본고의 목적이다.

북조로부터 당 시기에 걸친 생천 · 정토 신앙의 변용을 이해하는 데 적합한 자료가 용문석굴 조상명문이다. 용문석굴에 대해서는 일찍부터 츠카모토 젠류가 북위 조상명문에서는 석가 · 미륵 중심인 것에 비해 당 시기는 아미타 명문기를 지니는 상像이 압도적으로 많아진 점을 밝히고, '용문석굴에서 조상 대상의 변화는 북위 중원의 이와 같이 막연한 정토신앙이 제齊 · 수隋로부터 당의 흥성기에 이르는 사이에 아미타불의 서방정토를 전념으로 요구하는 정토교에 의해서 교화된 것을 분명하게 이야기하고 있는 것이다'[12]라고 서술하였다. 이 설에 대해서 도나미 마모루(礪波護)는 의문을 제기, 노사나상 명문에도 서방정토 신앙이 보이는 점으로부터 조상명문을 자료로 하는 한 북위 시대에 석가나 미륵을 만들어 서방정토 왕생을 기원한 사람과 같은 신앙의 상황이 있었다고 한다.[13] 또 소푸카와 히로시(曾布川寬)는 당 시기 용문에 아미타상이 많다고 해도 그것은 감상龕像이 대부분으로서 주요 석굴에는 역시 석가상이 많고 어디까지

---

11 倉本尚德, 앞의 책, 「北朝 · 隋代の無量壽 · 阿彌陀像銘」 참조.

12 塚本善隆, 앞의 책, 「龍門石窟に現れたる北魏佛教」.

13 礪波護, 『隋唐の佛教と國家』, 中央公論社, 1999.

나 석가신앙이 중심이라고 논하였다.[14] 근래 당 시기 용문석굴에 관한 대저를 간행한 구노 미키(久野美樹)도 소푸카와의 입장에 가깝게, 당 시기 용문석굴의 정토관은 서방정토 일변도가 아니라 '모든 부처의 정토'로서 '서방정토'도 그 가운데 하나라고 하는 것으로 츠카모토 젠류의 설에 재검토를 요구하는 것이었다.[15]

용문석굴과 정토신앙의 관계를 다룬 중국 연구자의 주요 논고로서는 리송(李凇)과 지아파이(賈發義)의 논고가 있으나[16] 그 중에서도 중요한 것은 이정은 李娗恩의 연구이다.[17] 그는 당 시기 용문 아미타 조상을 제1(약 640~660), 2기(약 660~683), 제3(약684~704), 4기(약 704~745)로 시대 구분하였다. 제1·2기의 '조불상造佛像'부터 제3·4기의 '부조정토변浮雕淨土變'으로의 커다란 변화가 보이고 이 원인으로서 도선善導이 '관정토觀淨土'의 중요성을 강조한 점을 지적한다. 그의 지적은 매우 중요하지만 그 시대 구분의 타당성에 대해서는 더욱 검증할 필요가 있을 것이다.

이상의 문제에 대한 관심을 바탕으로 하여 본고에서는 제1절에서 생천·정토 신앙을 포함한 남북조로부터 수 시기까지의 기년이 있는 조상명문에 대해서 각 용어를 지역·시대별로 분류·정리, 각각의 구체적인 용어에 대해서 지역적 편재성과 시대적인 성쇠를 밝히고 생천·정토 신앙의 전체적인 동향을 파악한다. 제2절에서는 북위 시대와 당 시기의 용문석굴의 기년이 있는 조

---

14 曾布川寬,「龍門石窟における唐代造像の研究」『中國美術の圖像と樣式』研究篇, (中央公論美術出版, 2006年.

15 久野美樹,『唐代龍門石窟の研究』, 中央公論美術出版, 2011.

16 李凇,『長安藝術與宗敎文明』, 中華書局, 2002. 賈發義,「武則天與淨土信仰」『首都师范大學學报(社會科學版)』, 2007. 第6期는 彌勒·阿彌陀淨土信仰의 흥성에 측천무후의 정치적 의도가 관련되어 있다고 논하는 것.

17 李娗恩,「龍門石窟唐代阿彌陀造像研究」『少林文化研究論文集』, 宗敎文化出版社, 2001.

상명문에서 하늘과 정토신앙을 보이는 조상명문을 표로 정리하여 비교하고 그 변화의 상황을 전체적으로 살펴본다. 제3절에서는 이제까지 분명하지 않았던 용문석굴과 선도善導 정토교와의 관계를 직접적으로 보여주는 신자료를 제시, 그 자료를 출발점으로 선도 정토교가 당 시기 용문석굴에서 정토계 조상에 미친 영향에 대한 종래의 여러 설을 다시 재검토해 보고자 한다.

2. 조상명문 중 생천 · 정토 신앙을 나타내는 용어의 지역 · 시대적 분포 상황

이미 서술한 것처럼 북조 조상명문으로부터 살펴볼 수 있는 당시 사람들의 의식에서는 하늘과 정토를 그다지 구별하지 않았다는 것이 거의 정설로 되어 있다. 다만 조상명문에 보이는 생천 · 정토 관계의 개별 어구에 대한 지역적 분포, 시대적 변천에 대해서는 아직 충분히 밝혀지지 않았다고 생각된다.

그러므로 본절에서는 우선 이 문제에 대해서 검토하여 북조로부터 수隋에 걸친 조상명문에 나타나는 생천 · 정토 신앙의 총체적인 동향 파악을 목적으로 한다.

먼저, 필자가 독자적으로 수집한 북위~수 시기, 더욱이 남조의 기년이 있는 조상명문에 보이는 하늘과 정토 관련 용어의 용례를 분류 · 정리하고 각 용어의 건수를 지역별 · 왕조별로 정리한 것이 표1이고, 용어마다 건수가 많은 순으로 보인 후 각 항목에 대해서 생천 · 정토, 미륵하생신앙을 지니는 조상기造像記의 총수에 대한 비율의 시대적 변화를 보인 것이 표 2이다. 구체적으로 어떠한 조상명문 자료를 이용했는가에 대해서는 필자의 박사논문 끝 부록을 참조하기 바란다.[18] 표에 의하면 시대적·지역적인 편재성이 있는 용어도 군데군데 보인다. 그 중에는 정형구적으로 자주 사용되는 어구가 몇 개 있으며 네 글자가 한 세트로 되어 있는 것이 많다. 그 가운데 이하 대표적인 어구를 취하여 표를 참조하면서 간단히 설명하고자 한다.

a. 하늘에 다시 태어나는 것을 나타내는 말

하늘이나 정토에 다시 태어나는 어구로서 가장 많이 나타나는 것은 "망자생천亡者生天"이며, 처음 나타나는 것은 북위 태화 원년太和元年(477) 안희현安憙縣 제양□□堤陽□□(堤場陽) 조상기造像記[19]이다. 안희현은 현재 하북성 정주시定州市 남동에 위치한다. 필자가 조사한 북조~수 시기의 기년이 있는 명문 전체에서 이 어구가 보이는 조상명문은 59개의 예가 있으며, 지역적으로는 섬서陝西 이외에서 광범위하게 보인다. 특히 북제北齊 시대 하북 지역에서 매우 많이 보이며, "亡者生天, 見存得福", "亡者生天, 見存安穩"과 같이 죽은 이와 살아 있는 사람을 대구적으로 표현한 정형구로서 빈번하게 사용되고 있다. 총수는 북제 시대까지는 증가하는 경향을 보이며 수 시대가 되면 조금 감소한다.

하늘에 관해 '亡者生天' 다음으로 많은 것은 '상생천상上生天上'이라는 어구로서 필자는 19개의 예를 발견했다. 처음 나타나는 것은 북위 황흥皇興 5년(471) 신성현新城縣 민구기노조상기民仇奇奴造像記[20]로서 신구현도 현재의 하북

---

18 拙稿博士論文, 「北朝造像銘研究──華北地域社會における佛敎の信仰と實踐」, 2011. 11. 17(東京大學).

19 松原 64·65ab, 大村 186, 附圖 463·464, 珍圖 40.

20 仇寄奴造像記는 2點이다. 松原 36·37, 珍圖 395·396.

성에 위치한다. 표를 참조하면 이 어구는 북위 시대에 집중적으로 보이고 동서위東西魏 이후는 없는 것과 같을 정도로 보이지 않는 것이 분명하다. 용례는 "上生天上, 値遇諸佛", "上生天上, 値遇彌勒", "上生天上, 下生人中" 등이 있다.

'천궁天宮'은 불전에서도 예로부터 다양한 경전에 빈번히 나오는 말이다. 중국 고전에서는 『사기史記』 권28 · 봉선서封禪書 '천신귀자태일天神貴者太一'에 대한 사마정司馬貞의 『사기색은史記索隱』에 인용된 『악집징도樂汁徵圖』[21]에 "天宮, 紫微。北極, 天一太一"이라고 있는 것처럼 위서緯書에 보이며 '자미紫微'와 같은 뜻으로 하고 있다. 조상명문에서 이 말은 "敬造天宮一區", "敬造天宮塔一堰" 등 탑 · 부도 혹은 사면상四面像과 거의 같은 의미로 사용되고 있는 것이 많다.[22] 한편 이 말을 다시 태어나는 곳을 나타내는 말로서 사용하는 조상명문 가운데 가장 처음 나타나는 것은 태화太和 14년(490) 노씨조상기魯氏造像記의 "如入禪定, 神昇天宮, 彌勒初會"라는 것으로서[23] 북위 시대에는 6건이 있지만 동서위 이후는 보이지 않게 된다.

'천당天堂'에 대해서, 처음 나타나는 것은 위의 어구에 비해서 조금 늦은, 북위 태화太和 20년(496)의 기년을 지니는 도교의 상인 요백다조상기姚伯多造像記[24]이고, 다른 도교 조상명문에도 자주 보인다. 불상에 처음 나타나는 것은 경명景明 4년(503) 염촌읍자칠십이인등조상기閻村邑子七十二人等造像記[25]이다. '복당

---

21 安居香山 · 中村璋八編, 『重修緯書集成』, 明德出版社, 1971 卷3에 의하면 바른 책 이름 은 『樂叶圖徵』라고 생각된다.

22 張總, 「天宮造像探析」 『藝術史研究』 1, 1999 참조.

23 京NAN0031X.

24 拓 3026, 魏目 14, 松原 99b, 魯二一 23, 考文 1987. 3. 25, 北碑 9, 長藝 366, 佐藤科研 3, 百品 4.

25 中原 2002. 5. 67, 北拓 280, 河南 36.

표 1 天·淨土 관련 용어의 지역, 왕조별 건수

分類	用語	河北				山東(+江蘇)				河南(+安徽湖北)				山西				陝西				甘肅			不明				合計				南朝		
		北魏	東魏	北齊	隋	北魏	東魏	北齊	隋	北魏	東西魏	北齊	隋	北魏	東西魏	北齊周	隋	北魏	西魏	北周	隋	北魏	西魏	北周	北魏	東西魏	北齊周	隋	北魏	東西魏	北齊周	隋	宋	南齊	梁
天	兜率	4	1							3	2	4				1	1	2							5	9	2	1	8	5	11	1			
	天	6	4	22	5		2	3		7	2	4		2	2	1		2	1		2	2			6	6	3	10	20	20	36	10			2
	天上	6								5								4				6						1	21	0	0	0			
	天宮	1						1										2				2							6	0	0	0			
	天堂·福堂									3	1	1										2			2	4	1		8	8	4	1			1
其他	紫微·紫宮·紫漢·紫極							1		3		2		1											2	1	1	1	6	1	3	0			1
	境(妙境,淨覓 등)		1	2						9	2	3		1	1					1		2			2	1			16	6	8	0			1
	三空·九空									2		1		1															3	1	1	0			
淨土	西方	5	4	14	3	1		4	3	10	4	4		2	2	2	1	2		5	7				6	5	12	3	29	15	41	17			5
	妙樂(妙洛)	3	3	7	2		2	2	1	6	4	5		2	1	2	1			5	3		2		1	5	9	3	15	16	29	10			
	淨土(靜土)	1	2	5	3					2	1	3	1	1	4	2		1	2	2	4	1	1	2	3	3	3	3	7	8	20	14		1	4
	淨國,淨妙,淨妙國土	1	5	3																					2				1	5	6	0			
	佛土,佛國,淨佛國土	1	4					3		2					1			2		2	2						2	1	9	5	5	2	1		2
	無量壽(佛)(佛)國 ※	1	1											1						2			1			1	1	1	4	3	4	4	1		1
	安樂	1	1							3	1	2		1		2												1	5	4	4	3			
	安養	2	3							6	1	1		2		1	1			1							1	1	6	2	6	1			
神	神○ ○神	1	2	4	2			1		9	9	5			3	1		4	2	2	1	1	1		4	1	2	1	21	19	15	4			3
	往生			4	1											2				1	2							1	2	2	8	4			
태어나다	託生(任生)	3	7	16	2	2	2	2	2	19	4	6		1	2	2	1	1		5	8		2	1	1	5	15	7	26	20	48	21			2
	直生(值生)	1		1		2	1	1		2		1						1					1		1	1	1		7	2	2	0			1
오르다, 올라가다, 날다	上生 上昇	5	2	1		1		1		3				5		2				1	2	2			4	1			20	4	2	1			2
	○登		3			3					1	4				2				2	1				1	1	3		2	7	10	1			2
	○昇 昇○		5	1		5	1			4	3	4		2	2	3		2	3						1	3			8	14	11	1			
	○騰 騰○							1		8	1														9				9	2	2	0		1	
	○飛(非)																																		
	(任天·淨土,彌勒下生信仰을) 담고 있는 造像記의 총수	24	27	55	17	12	10	18	7	65	28	29	3	9	11	23	5	8	19	17	5	5	3	4	39	29	37	16	185	116	185	65	2	5	17

※총 수는 상기 항목의 합계가 아님.
※각 항목의 전 수는 중복하여 셈.

표 2 天·淨土 관련용어의 출현 수와 그 시대적 변화

分類	用語	용례와 그 건 수(많은 순)	北涼北魏	東西魏	北齊国	隋
天	兜率	託生兜率4, 上生兜率59, 神昇兜率1	4.3%	4.3%	5.9%	1.5%
	天	亡(忘)者生天3, 亡者昇天2	10.8%	17.2%	19.5%	15.4%
	天上	上生天上19, 生於天上諸佛之所1, 生天上安樂之處1	11.4%	0.0%	0.0%	1.5%
	天宮	上生天宮2, 上昇天宮1, 神昇天宮1, 託生天宮1	3.2%	0.0%	0.0%	0.0%
	天堂·福堂	昇入天堂1, 神生天堂1, 神昇福堂1, 永處福堂1	4.3%	6.9%	2.2%	1.5%
	紫微·紫宮·紫遠·紫極	託生紫遠2, 託神紫宮1, 託生紫微安樂之處1, 登紫極1	3.2%	0.9%	1.6%	0.0%
기타	境(妙境, 淨境 등)	神昇淨境2, 遊神妙境2, 神期妙境1, 託生菁境1	8.6%	5.2%	4.3%	0.0%
	三空·九空	神騰九空2, 遊神三空1, 神超三空1, 棄神三空之域1	1.6%	0.9%	0.5%	0.0%
淨土	西方	託生西方妙樂(洛)國土34, 託生西方23	15.7%	12.9%	22.2%	26.2%
	妙樂(妙洛)	託生西方妙樂(洛)國土34, 託生先方妙樂(洛)國土3	8.1%	13.8%	15.7%	15.4%
	淨土(爵土)	神生淨土8, 託生淨土5, 住生淨土3, 常生淨土2	3.8%	6.9%	10.8%	21.5%
	淨國, 淨妙, 淨妙國土	來生淨國2, 託生淨(爵)妙2, 同登淨杜1, 上生淨妙國土1	0.5%	4.3%	3.2%	0.0%
	佛國, 佛國, 淨佛國土	託生佛國3, 遊神西方淨佛國1, 上生佛國1	4.9%	0.9%	2.7%	3.1%
	無量壽國(佛)國土 ※	託生西方無量壽國2, 住生西方无量壽佛國1	2.2%	2.6%	2.2%	6.2%
	安養	往生安養2, 住生安養之國1, 神超安養1	2.7%	0.9%	2.2%	4.6%
	安樂	託生西方安樂(洛)之處3, 生天上安樂之處1, 常登安樂1	3.2%	1.7%	3.2%	1.5%
神	神○ ○神	神住淨境8, 神昇淨境2, 遊神妙境2, 神騰九空2	11.4%	16.4%	8.1%	6.2%
태어나다	住生	住生淨土3, 往生妙樂(洛)國土34, 住生西方10, 住生安養之國1	0.0%	1.7%	4.3%	6.2%
	託生(託生)	託生西方妙樂(洛)國土34, 託生西方23, 託生淨土5	14.1%	17.2%	25.9%	32.3%
	直生(値生)	直生西方2, 直(値)生西方妙樂國土2, 直(値)生西方无量壽國2	3.8%	1.7%	1.1%	0.0%
오르다, 올라가다, 날다	上生 上昇	上生天上19, 上昇天宮2, 上生天宮2, 上生淨妙國土1, 上昇人天1	10.8%	3.4%	1.1%	1.5%
	○登 昇○	俱登常樂2, 咸登淨土1, 上生淨妙紫極1, 永登寶他1	1.1%	6.0%	5.4%	1.5%
	○昇 另○	同昇妙樂3, 同昇常樂(洛)2, 神昇淨境2, 上昇天宮2	4.3%	12.1%	5.9%	1.5%
	○騰 ○飛(非)	靈飛十方4, 神騰九空2, 騰無成之境2, 騰遊无礙之境1	4.9%	1.7%	1.1%	0.0%

福堂'이라는 어구가 처음 나타나는 것은 더욱 늦어, 영희永熙 2년(533) 준몽문희합읍자삼십일인조상기儁蒙文姬合邑子三十一人造像記[26]이다. 지역적으로는 섬서와 하남에 많고 역으로 하북에는 보이지 않는다. 정해진 네 글자 정형구는 아니며, "薨入天堂", "神生天堂", "神昇福堂", "永處福堂", "上生天堂" 등의 사례가 보인다.

'자미紫微'와 '자궁紫宮'은 『회남자淮南子』 천문훈天文訓에 "紫宮者, 太一之居也"라는 구절이 있고, 『열자列子』 주목왕周穆王에 "王實以爲淸都‧紫微‧鈞天‧廣樂, 帝之所居"라고 있는 것처럼 중국 고전에는 이미 천제天帝‧태일太一의 거처로서 보이는 말이다. '자극紫極'도 『포박자抱朴子』를 시작으로 도교 경전에 다수 보이지만 남북조 시대 이전 번역 불전에는 사용된 흔적이 없다. '자련紫蓮에 대해서는 중국 고전에도 보이지 않고 불교 경전에도 북위 이전의 오래된 적당한 용례는 발견되지 않아서 전거 불명이지만 앞서 언급한 '자미紫微'나 '자궁紫宮'과 불교의 '연화蓮華' 이미지가 혼합된 표현인지도 모른다.

이들 어구의 약 반은 도교의 조상명문에 나타나고 지역적으로도 도교의 상像이 많은 섬서와 하남에 많으며 하북에는 보이지 않는다. 처음 나타나는 것은 조금 늦어서 영평永平 4년(511) 비구법흥조미륵상기比丘法興造彌勒像記[27]에 "託生紫蓮"이라고 보인다. 다른 용례로서는 "託神紫宮", "託生紫微安樂之處", "登紫極" 등이 있지만 이들 어구에 대해서는 특별히 정형구적 표현은 없는 듯하다.

미륵보살의 거처인 도솔천 상생을 나타내는 기원문에 대해서는 이미 지적된 바와 같이 미륵이 장래에 하생하여 성불하고 용화수龍華樹 아래에서 설법

---

26 拓 5179, 魏目 248, 考文 1996. 2. 15, 佐藤科研 46, 百品 79.
27 彙録 1873, 龍録 614, 京NAN0112X, 魏目 93, 瓊 13, 大村 206.

한다고 하는 하생신앙보다 조금 늦어[28] 태화太和 22년(498) 비구혜성조상기比丘慧成造像記(시평공상기始平公像記)[29]에 "鳳翥道場, 鸞騰兜率"라고 있는 것이 처음 나타나는 것이다.

b. 기타

다음으로 '묘경妙境'과 '정경淨境'이지만『무량수경無量壽經』등의 정토삼부경에는 보이지 않는 말이다. 조상명문에 처음 나타나는 것은 북위 황흥皇興 5년(471) 조상기[30]로서 "神期妙境"이 있다. 하남 지역에 많으며 또 "神昇淨境", "遊神淨境" 등 '신神'과 함께 사용되는 경우가 많다. 시대가 내려감에 따라서 감소하는 경향을 보인다.

'삼공三空'과 '구공九空'은 출현 수가 적으며 처음 나타나는 것은 북위 경명 3년(502) 용문석굴 고양동古陽洞의 손추생조상기孫秋生造像記[31]에 "來身神騰九空, 迹登十地"라고 있다. '삼공三空'은 정광正光 4년(523) 청룡위비靑龍魏碑[32]가 처음 나타나는 것으로 "遊神三空, 縱志八定"이라고 있다. 역시 시대가 내려감에 따라서 감소하는 경향을 보인다.

이들 '경境'과 '공空'과 함께 자주 출현하는 '신神'에 대한 항목을 보면 처음 나타나는 것은 앞서 서술한 북위 황흥皇興 5년(471) 조상기의 "神期妙境"이지만 북위 정광 5년(520) 왕부여조상기王富如造像記[33]에 처음 나타나는 "神生淨土"

---

28 佐藤智水, 앞의 책,「北朝造像銘考」.

29 彙録 1842, 龍録 579, 京NAN0040X, 拓 3033, 萃 27, 瓊 12, 魏目 17, 北拓 270.

30 松原 42 · 43, 碑林全 105. 1.

31 彙録 2296, 龍録 583, 京NAN0058X, 拓 3054, 魏目 33, 瓊 12, 萃 27, 北拓 277.

32 佐藤科研 35.

33 珍圖 443, 前掲佐藤智水,「北朝造像銘考」注 72.

라는 말이 8건으로 가장 많다.

c. 정토 관련 용어

다음으로 정토 관련 용어에 대해서 살펴보자. 불전에는 '정토淨土', '극락極樂', '불토佛土', '안락安樂', '안양安養' 등 다양한 정토·불국토를 나타내는 말이 사용되지만 정토삼부경 중 『무량수경』에서는 서방정토를 가리키는 역어로서 '안양'과 '안락'을, 『아미타경阿彌陀經』과 『관경觀經』에서는 '극락'이 주로 사용된다.[34]

한편, 북조 조상명문에서 정토에 다시 태어나는 것을 나타내는 말 가운데 가장 많이 나오는 정형구는 "託生西方妙樂(洛)國土"로서 필자가 수집해 얻은 것은 34례이다. 조상명문에 처음 나타나는 것은 운강석굴제18굴문구감상雲岡石窟第十八窟門口龕像에 "丶方妙□□丶丶"의 명문이 보이는 것이 이것일 가능성이 있지만 확실한 기년이 있는 것으로서는 북위 태화太和 22년(498)의 비여현비구승조상기肥如縣比丘僧造像記로서 이 '묘락妙樂'이라는 불국토의 표현이 정토삼부경에는 보이지 않고 특히 『대방등다라니경大方等陀羅尼經』에 "西方妙樂世界"라고 보이는 특수한 말인 것이 구노 미키에 의해 지적되었다.[35] 표1을 참조하면 알 수 있는 것처럼 남조의 기년이 있는 조상명문에 '묘락'이 사용되지 않은 것도 이 말의 특수성을 뒷받침한다.

'託生西方妙樂(洛)國土' 다음으로 많은 것은 '탁생서방託生西方'의 23개 예이다. '서방西方'이 처음 나타나는 것은 연흥延興 5년(475) □구현인서경희조상

---

34 淨土思想을 언급하는 여러 경론과 거기에 이용되는 정토를 표현하는 용어에 대해서는, 藤田宏達, 『原始淨土思想の硏究』, 岩波書店, 1970, 137쪽 이하를 참조.

35 久野美樹, 앞의 책, 「造像背景としての生天, 託生西方願望」.

기□丘縣人徐敬姬造像記[36]로서('願生西方, 常與弗會, 龍花樹下□共□') 미륵하생신앙의 기원 대상과 함께 보인다. "願使亡者上生天上, 託生西方, 侍佛佐右"[37] 등 천상 세계와 혼합된 이미지로서 사용되고 있는 사례도 몇 개 보인다. 시대가 내려감에 따라서 전체에서 차지하는 비중은 증가하는 경향을 보인다.

'정토淨土' 혹은 '정토靜土'라는 말이 처음 나타나는 것은 북위 태화太和 8년(484) 양승창(양승경)조상기楊僧昌(揚僧景)造像記[38]에 "遷神淨土"라는 것으로, 이 해에는 남조의 조상기에도 '정토淨土'라는 말이 처음으로 보인다.[39] '정토淨土'를 사용한 네 글자 구절로서 가장 많은 것은 "神生淨土"이며 여덟 가지 예가 있다. 표를 참조하면 '정토淨土'나 '정토靜土'의 말은 북위에는 그다지 사용되지 않지만 생천 · 정토 신앙을 지니는 기년이 있는 조상명문 전체에서 차지하는 비중을 백분율로 보면(표2 참조) 시대가 내려감에 따라서 서서히 비중이 증가하며 특히 북제北齊로부터 수隋에 걸쳐서 급증하고 수 시대에는 2할을 넘어서기까지 한다.

'정국淨國', '정묘淨妙', '정묘국토淨妙國土'에 대해서 처음 나타나는 것은 다른 말보다 비교적 늦어서 북위 말기의 진왕眞王 5년(528) 양천인등이백인읍의조상기楊天仁等二百人邑義造像記[40]로서 읍의邑義들이 사망한 읍의(亡邑義)를 위해 미륵상을 조성하여 위로는 황가皇家, 아래로는 고통 받는 중생(受苦蒼生), 현존하는 읍의가 '함께 정국에 태어나길'이라고 기원한 것이다. 『관경』은 시방제불

---

36 松原 39 · 40.
37 北魏神龜 三年(520) 翟蠻造彌勒像記(萬壽寺碑記). 松原 146a, 拓 4080, 魏目 131, 魯二一 103, 大村 235, 珍圖 42.
38 松原 71b, 珍圖 410.
39 南齊永明 二年(483) 紀德眞造像記(南方佛敎造像藝術 211, 古刻叢鈔, 大村 154)에 「七世亡靈同生淨土」라고 있다.
40 文物 2004. 9. 70, 曲陽 11.

의 정토로서 '정묘국토'라는 말을 사용하지만 조상기에서 '정묘'가 처음 나타나는 것은 '정국'보다 더욱 늦어 동위東魏 흥화興和 2년(540) 저광수조상기邸廣壽造像記[41]에 "願亡考上生淨妙國土"라고 있는 것이 최초이다. 또 이 말의 특징으로서 하북 지방과 인접 산동 지역에 집중적으로 나타나며 남조 조상기에는 보이지 않는 점을 들 수 있다.

'불토佛土', '불국佛國', '정불국토淨佛國土'에 대해서, '무량수불국無量壽佛國', '무량불국無量佛國'은 다음에 서술하므로 제외하면 태세太歲 정미丁未(527년으로 추정 가능)의 석흑노조상기石黑奴造像記[42]에 "願直生西方淨佛國土, 蓮花化生, 諮受妙法, 供養三寶, 龍花三會, 願在初首, 見諦得道, 歷侍諸佛"이라고 있는 것이 처음 나타나는 것이다. 이 말에 대해서 지역적으로는 '정국', '정묘'보다도 광범위하게 보이며 북위 시대에 비교적 많고 남조 조상기에도 보인다.

'무량수국無量壽國', '무량(수)불국無量(壽)佛國'에 대해서는 함께 『무량수경』에 보이는 말로서 무량수불의 정토임을 주장하고 있다는 점에서 중요하지만 처음 나타나는 것은 태화太和 2년(478) 조상기[43]와 일찍이 남조에서는, 더욱 앞서는 유송劉宋 원가元嘉 25년(448)의 조무량수상기造無量壽像記[44]에 "爲父母幷熊身及兒子起願無亮壽佛國生"라고 무량수불국에 태어나는 것을 기원하고 있다. 이 말은 그 대부분이 '서방西方'과 연결되어 "西方無量壽佛國" 등으로 표현된다. 수 시대에 들어서 이 말이 보이는 조상명문이 증가하는 것도 간과할 수 없다. 다만 북위 영안永安 2년(529)의 기년이 있는 조상기[45]에 "爲國主大臣, 下爲七世以來所生父母見在眷屬幷及諸師上生兜卒, 又上一切諸師伏問法,

---

41 松原 266 · 267, 曲陽 23.

42 陜精 4.

43 大村 185.

44 拓 2129, 大村 143.

45 北魏永安 二年(529) 雷遠造像記. 魏目 226(碑側쁜), 魯二一 169(碑陰쁜), 佐藤科硏 41.

下生西方阿彌陀伏國, 随樂心所, 有刑並同蒙福, 所願如是"라고 있어, 무량수가 아니라 아미타의 말을 사용하고 있는 것도 있다.

'안양安養'에 대해서는 축법호竺法護 역『정법화경正法華經』약왕보살품藥王菩薩品에 "若有女人, 於五濁世最後末俗, 聞是經法能奉行者, 於是壽終生安養國, 見無量壽佛"(T9:126c)라고 보이고,『무량수경』중권에도 동일하게 서방정토를 가리키는 말로서 사용되고 있다. 조상명문에서는 '안양'을 단독으로 사용한 '탁생안양託生安養', '원생안양願生安養' 등의 예가 많고, 이어서 '안양지국安養之國'이라는 사례가 많다. '안양지국'이라는 말은 남북조 이전 경전에서는 축법호 역『문수사리불토엄정경文殊師利佛土嚴淨經』에만 "西方安養之國"이라고 보인다. 그 중에는 "生天安養佛國"으로 하늘과 동일하게 간주하고 있는 것도 있다.[46] 조상명문에 처음 나타나는 것은 운강석굴雲岡石窟 태화太和 7년(483) 읍의신사녀등오십사인조상기邑義信士女等五十四人造像記이며 "安養光接"이라고 보인다. 지역적으로는 하남·산서에 많다.

'안락安樂'이라는 말은 후지다 고타츠(藤田宏達)의 저서 141쪽 이하의 표를 참조하면 알 수 있듯이[47] 현장玄奘 시대보다 앞선 한역경전에서 정토의 역어로서 매우 많이 사용되며,『무량수경』상권에도 "佛告阿難, 法藏菩薩今已成佛, 現在西方, 去此十萬億剎, 其佛世界名曰安樂"(T12:270a)이라고 보인다. 또 담란曇鸞, 도작道綽, 선도善導의 세 승려 모두 이 말을 서방정토를 나타내는 말로서 많이 사용하고 있다. 한편 조상명문에서는 경전에 자주 나오는 정도로 이 말이 그만큼 사용 예가 많지는 않다. "託生西方安樂(洛)之處"라는 사례가 3개의 예로서 가장 많지만 '안양'과 마찬가지로 '생천상안락지처生天上安樂之處'

---

46 北魏孝昌 二年(526) 滎陽太守元寧造像記. 京NAN0288X, 魏目 188, 魯二一 139, 萃 29, 大村 238.

47 藤田宏達, 앞의 책,『原始淨土思想の研究』.

와 같이 하늘을 지칭하는 것으로 사용되는 경우도 있다.

마지막으로 북제 천보天保 6년 조상기에는 "捨此身已, 往生西方極樂世界"
라고 하는 『관경』이나 『아미타경』에 보이는 '극락'의 말을 사용한 북조 조상명
문에서 유일한 사례가 있으며 이것은 구노 미키(1989)가 새로운 정토신앙을 나
타내는 지표가 되는 예라고 지적하고 있다.[48]

d. 정토에 다시 태어나는 것을 나타내는 동사

하늘이나 정토에 태어나는 것을 나타내는 동사인 '왕생往生', '탁생託生', '직
생直生' 가운데 정토삼부경에서 주로 사용되는 것은 '왕생'으로 '탁생', '직생'은
보이지 않는다. '왕생'에 대해서 "所往生□, 値遇諸佛"라는 사례는 일찍이 북
위 태안太安 3년(457)의 조상기[49]에 보이지만 '왕생' + '하늘 · 정토를 나타내는
명사' 조합이 처음 나타나는 것은 돈황석굴의 서위西魏 대통大統 3년(537)에 지
은 무량수상기無量壽像記[50]에 "往生妙樂"이라고 보이는 것으로서 상당히 늦
다. 이 말은 북조 시대를 통해서 건수는 적지만 시대가 내려감에 따라서 전체
에서 차지하는 비중은 증가하는 경향을 보인다.

'탁생託生'은 정토삼부경에는 보이지 않는 말이지만 『장자莊子』 천지天地에
"神全者, 聖人之道也. 託生與民竝行而不知其所之"라고 있는 것처럼 의미는
다르나 중국 고전의 전거를 가지는 말이며, 또 『미륵하생성불경彌勒下生成佛經』
등의 불전에도 용례가 있다. 북조 조상명문에는 이 말이 많이 사용되며 시대
가 내려감에 따라서 그 비중은 증가하는 경향을 보인다.

---

48 久野美樹, 앞의 책, 「造像背景としての生天, 託生西方願望」.
49 宋德興造像記, 松原 27ab, 魏目 2, 珍圖 6.
50 敦窟 1. 246.

‘직생直生’은 남북조 경전에는 거의 보이지 않고, 『관불삼매해경觀佛三昧海經』 관상품觀相品에 “受罪畢訖, 直生人中”(T15:652a), 『현우경賢愚經』 무뇌지만품無惱指鬘品에 “有一祕法, 由來未說, 若能成辦, 直生梵天”(T04:423c)이라는 용례가 있을 뿐이다. 처음 나타나는 것은 용문석굴 고양동古陽洞의 태화太和 20년(496) 일불조상기一佛造像記[51]이지만 위의 두 말과 달리 시대가 내려감에 따라서 감소하는 경향을 보인다.

e. 상승을 나타내는 용어

다음으로 하늘의 이미지와 관련된, 위로 올라가는 것을 나타내는 말로서 ‘상승上昇’, ‘상생上生’, ‘등騰’, ‘비飛’, ‘등퐁’, ‘승昇’ 등이 있다. 이 가운데 ‘상승’, ‘상생’, ‘등’, ‘비’는 북위 시대에 상당히 많이 보이지만 동서위 이후 격감한다. ‘등’과 ‘승’은 ‘상락常樂’과 ‘묘락妙樂’과 연결된 사례가 비교적 많고 북제 시기까지는 증가하지만 수隋 시기에는 전체적으로 적게 된다. 그 밖의 ‘경境’과 ‘삼공三空’, ‘구공九空’ 등도 시대가 내려감에 따라서 감소하는 경향을 보이고 ‘신神’이라는 말을 사용하는 사례도 비슷하게 감소하는 경향을 보이고 있다.

이상의 논의를 총체적으로 보면 529년 이전은 하늘에 태어나고 싶다는 신앙이 비교적 유행하고, 529년 이후는 서방정토의 신도가 우세하게 된다는 호우쒸동(侯旭東)의 결론이 대체로 옳은 것을 확인할 수 있지만 보다 구체적인 용어에 집중하여 검토한 결과 분명하게 된 것을 필자 나름대로 정리해 보고자 한다.

---

51 彙錄 1841, 龍錄 578, NAN0038X, 拓 3031, 瓊 12.

하늘에 관해서는 북위 시대 하남과 섬서의 조상명문을 중심으로 '천天', '천상天上', '천궁天宮', '천당天堂', '자미紫微' 등 다양한 용어가 사용되고 있다. 특히 많은 것은 "망자생천亡者生天", "상생천상上生天上"이라는 네 글자 구절이다. 동서위東西魏 이후가 되면 '상생천상上生天上'을 시작으로 하늘에 관련된 말이 매우 적게 되어 가장 간단한 표현이라고 말할 수 있는 '망자생천亡者生天'만 수隋 시대까지, 그 중에서도 북제 시대 하북 지방에서 많이 사용되었다. 결국 조상명문에 의거하는 한 하늘에 대한 사상·신앙의 새로운 전개 없이 도태가 이루어졌다고 말할 수 있다. 또 하늘의 이미지와 관련된, 위로 올라가는 것을 나타내는 말로서 '상승', '상생', '등', '비'는 동서위 이후 감소하고, '등', '승'은 '상락', '묘락'과 연결된 사례가 비교적 많으며 북제 시대까지는 증가하지만 수隋 시대에는 전체적으로 적게 된다. 그 밖의 '경境', '삼공三空', '구공九空' 등도 시대가 내려감에 따라서 감소하는 경향을 보이고, '신神'이라는 말을 사용하는 사례도 동일하게 감소하는 경향을 보이고 있다.

한편 정토 관련 말은 경전에 많이 사용되고 있는 '안락'이 조상명문에 그다지 사용되지 않는 것으로 대표되듯이 경전과 조상명문에서 많이 사용되는 말 사이에는 상당한 차이가 있는 것을 알 수 있다. '정국', '정묘', '정묘국토'의 항목과 '안락'의 항목을 제외하고 비율로 보면 전체적으로 증가하는 경향이고 동사에서는 '탁생託生', '왕생往生'이 사용되는 비율이 증가한다. 북조 시대에서는 '묘락', 그중에서도 '탁생서방묘락국토託生西方妙樂國土'라는 정형구가 가장 많이 사용되고 있지만 수 시대가 되면 오히려 '서방'과 '정토'가 특히 증가하여 '묘락'보다 더 많게 된다. 또 북제에서 수에 걸친 '무량수불국無量壽佛國'의 비율 증가도 정토의 교주가 누구인가를 표명하고 있는 점에서 주목된다. 이와 같은 '천天→정토淨土'라는 변용을 가장 단적으로 나타내고 있는 것이 섬서의 조상 명문이다.

또 정토를 나타내는 말과 관련해서는 하북 지역이 가장 종류가 풍부하다고 말할 수 있지만 특히 북제 시대의 하북 지역에서 그 말이 주목된다. 이 지역에서는 북제 시대, 하늘에 관련된 용어는 거의 '망자생천亡者生天'에 한정되어 있는 한편, 정토에 관해서는 다양한 용어가 많이 확인된다. 이 북제 시대 하북 지역의 조상명문을 중심으로 서방정토 부처의 명칭이 '무량수無量壽'에서 '아미타阿彌陀'로 바뀌는 중요한 변화가 일어난다. 이러한 용어와 명칭의 변화가 과연 어떠한 정토에 관련된 사상·신앙의 변용을 배경으로 하고 있는 것인가, 특히 무량수·아미타를 명칭으로서 기록하는 조상명문으로 대상을 좁혀서 필자가 앞의 논문에서 고찰했다는 것은 앞서 서술한 대로이다.

2. 용문석굴에서 북위로부터 당唐에 걸친 생천·정토 신앙의 변용

다음으로 용문석굴 기년조상명문紀年造像銘을 자료로 하여 북위에서 당唐에 걸쳐 생천·정토 신앙에 어떠한 변화가 있었는지를 조사해 보고자 한다. 용문석굴의 조상명문은 북위와 당唐이 특히 많고 동서위東西魏 분열 이후 수隋까지의 수가 적은 것이 특징이다.

필자가 이번에 자료로 한 용문기년조상명문龍門紀年造像銘(일부 기년을 추정한 것도 포함함)은 북위 196건, 동위 12건, 서위 6건, 북제 19건, 수隋 3건, 당唐 506건이다. 북조(대부분 북위)에 대해서는 표3에, 당唐에 대해서는 표 4에 각각 하늘 혹은 정토에 다시 태어나는 것을 기원하는 어구를 추출하여 그 건수를 보였다. 항목마다의 증감을 고려함에 있어서 이 조상기의 총수의 증가도 함께 고려하면서 아래의 표를 참조하기 바란다.

| 阿:阿彌陀 | 釋:釋迦 | 勒:彌勒 | 盧:盧舍那 | 觀:觀音 |
| 優:優塡王 | 救:救苦觀音 | 像:尊名不明 | 無:無量壽 | 頂:佛頂尊勝陀羅尼經 |

표 3 용문석굴 북조 기년 조상명문에 보이는 天·淨土 관련 용어

	용어	빈도수	용례(많은 순) ( ) 안은 존명약칭과 기년(서력)을 나타냄
天	兜率	3	鸞騰兜率(像498), 神昇兜率(勒511), 同生兜率(勒534)
	天	4	亡(妄)者生天(勒502, 釋525, 無527, 觀529)4
	天上	4	上生天上2(釋504；506), 生於天上諸佛之所(勒495), 託生天上安樂之處(釋533)
	紫微·紫蓮·紫極	3	託生紫蓮(勒511), 託生紫微安樂之處(勒512), 登紫極(觀526)
기타	境(妙境, 淨境 등)	5	騰遊无礙之境(勒495), 騰無㘞之境(像520), 卽彼眞境(像511), 昇彼淨境(勒519), 恆生淨境(勒528)
	三空·九空	3	神騰九空2(像502；502), 稟神三空之域(像553)
	기타	2	速妙景(無519), 託生寶輪(像526)
淨土	西方	11	託生西方妙樂(洛)國土5(勒510；511, 釋510；537, 像513), 託生西方2(釋508, 像518), 託生西方淨洛國土(像513), 託生西方安樂之處(釋532), 神生西方靜土(釋533), 託生西方□□□□□淨之處(釋524)
	妙樂(妙洛), 妙景	7	託生西方妙樂(洛)國土5(勒510；511, 釋510；537, 像513), 値生妙樂國土(釋506), 妙樂自在之處(勒495)
	淨土(靜土)	1	神生西方靜土(釋533)
	淨國, 淨妙, 淨妙國土	0	없음
	佛土 佛國 淨佛國土	1	直生佛國(像496)
	無量(壽)(佛)國 ※	0	없음
	安養	1	願生安養(像527)
	安樂(洛)	5	常在安洛之處(勒498), 託生紫微安樂之處(勒512), 託生安樂處(觀531), 託生西方安樂之處(釋532), 託生天上安樂之處(釋533)
神	神○ ○神	7	神騰九空2 (像502；502), 神飛三光(像498), 神超蔭海(釋532), 神生西方靜土(釋533), 神□超蔭(像537), 稟神三空之域(像553)
태어나다	往生	0	없음
	託生(托生)	17	託生西方妙樂(洛)國土5 (勒510；511, 釋510；537, 像513), 託生西方2 (釋508, 像518), 若存託生於天上諸佛之所(勒495), 託生紫蓮(勒511), 託生□□國土(像511), 託生紫微安樂之處(勒512), 託生西方淨洛國土(像513), 託生安樂處(觀531), 託生西方□□□□□淨之處(釋524), 託生寶輪(像526), 託生西方安樂之處(釋532), 託生天上安樂之處(釋533)
	直生(値生)	2	直生佛國(像496), 値生妙樂國土(釋506)
오르다, 올라가다, 날다	上生 上昇	2	上生天上2(釋504；506)
	○登	1	登紫極(觀526)
	○昇 昇○	2	昇超遐迹(像507), 昇彼淨境(勒519)
	○騰 騰○ ○飛(非)	5	神騰九空(像502；502), 騰遊无礙之境(勒495), 騰無㘞之境(像520), 神飛三光(像498)

표 4 용문석굴 당대 기년 조상명문에 보이는 天 · 淨土관련 용어

	용어	빈도수	용례(많은 순)
天	兜率, 忉利	2	希昇兜率之天(勒683), 上昇忉利(阿715)
	天	2	亡者生天?(阿662), 生天受福(阿654)
	天上	0	없음
	紫微·紫蓮·紫極	0	없음
기타	境(妙境, 淨境 등)	5	洞希淨境(像650), 靈往淨境(阿653), 靈化淨境(優656), 俱昇淨境(阿675), 征驂於淨境(像692-693)
	三空·九空	0	없음
	기타	1	身託四生(像710)
淨土	西方	12	託(托)生西方5(阿658；659；666, 優659, 像690-704), 往生西方3(盧662, 像686, 阿693), 結願於西方(阿675), 託生西方妙樂國土(阿676), 託生西方極樂淨土界(頂692), 西方豈遙(阿694)
	妙樂(妙洛)	3	願生妙樂國土(阿648), 方稱妙樂(阿675), 託生西方妙樂國土(阿676)
	淨土(靜土)	19	往生淨土5(阿651；658；660, 救651, 像654), 神生淨土4(像649, 阿653；673, 勒696), 得生淨土2(阿653；654), 俱沾淨土(像646), 淨土□啓(勒648), 善生淨土(像653), 早生淨土(救657), 過往先靈身生淨土(釋657), 齊生淨土(阿658), 復登淨土(盧662), 託生西方極樂淨土界(頂692)
	淨國, 淨妙, 淨妙國土	1	往生淨國(像703)
	佛土 佛國 淨佛國土	2	往生淨佛國土(像648), 上品往生諸佛國土(阿658)
	無量(壽)(佛)國 ※	2	當來往生無量壽國(阿648), 同得往生阿彌陀佛國(阿675)
	淨域	2	俱登淨域(阿667), 永安淨域(阿669)
	淨刹	2	升淨刹(像651), 遊神淨刹(優656)
	安養	0	없음
	安樂(洛)	0	없음
神	神○ ○神 靈	10	神生淨土4(像649, 阿653；673；696), 遊神淨刹(優656), 靈往淨境(阿653), 靈化淨境(優656), 過往先靈身生淨土(釋657), 七祖先靈並願上品往生諸佛國土(阿658), 先靈往生淨土(阿658)
태어나다	往生	17	往生淨土5(阿651；658；660, 救651, 像654), 往生西方3(盧662, 像686, 阿693), 上品往生3(觀652；681, 救657), 七祖先靈並願上品往生諸佛國土(阿658), 當來往生無量壽國(阿648), 同得往生阿彌陀佛國(阿675), 當來往生(像649), 往生淨佛國土(像648), 悉皆迴願往生(像660)
	託生(托生)	8	託(托)生西方5(阿658；659；666, 優659, 像690-704), 託生□□(阿656), 託生西方妙樂國土(阿676), 託生西方極樂淨土界(頂692)
	直生(値生)	0	없음
올라가다, 날다	上生 上昇	1	上昇忉利(阿715)
	○登	2	復登淨土(盧662), 俱登淨域(阿667)
	○昇 昇○	2	俱昇淨境(阿675), 希昇兜率之天(勒683)
	○騰 騰○ ○飛(非)	0	없음

이상의 표 3, 표 4에서 파악할 수 있는 것을 항목별로 아래에 보인다.

① 하늘(天) 항목과 관련하여 북위에서 적지 않게 보였던, 하늘에 다시 태어나는 것을 기원하는 것이 당唐 시대에는 겨우 4건뿐이다. 그 가운데 2건은 '도솔兜率'과 '도리忉利'라고 하는 것처럼 구체적인 하늘의 이름을 명시하고 있다. 또 북위에 보이는 '상생천상上生天上', '자미紫微', '자련紫蓮', '자극紫極' 등이 당唐에서는 보이지 않으며, 하늘에 다시 태어나는 것을 기원하는 신앙은 정토신앙의 유행에 따라서 약해지게 된다. '경境' 항목에 대해서도 북위에서는 "眞境", "无礙之境", "無哉之境" 등 다양한 말이 보이지만 당唐은 정토와 가까운 의미인 '정경淨境'에 집중하여 5건이 보인다. 북위에 보이는 삼공三空 · 구공九空도 보이지 않게 된다.

② 북위 시대에는 '정묘淨妙', '정토淨土', '안양安養' 등 불전에 자주 나오는 정토 관련 말이 적고, 용문북조 기년 조상명문에서는 단 한 건뿐이었던 '정토淨土(靜土)'가 당에서는 19건으로 급증한다. 또 당 시대에서는 '정역淨域', '정찰淨刹', '정토계淨土界' 등 정토를 나타내는 용어의 변화가 증가한다. "當來往生無量壽國", "同得往生阿彌陀佛國", "託生西方極樂淨土界", "結願於西方" 등 강한 아미타불 정토신앙을 표명하는 것도 나타난다.

③ 다시 태어남을 나타내는 동사와 관련하여 북위에서는 '탁생託生'이 대부분이고 '직생直(値)生'이 두 건으로서 불전에 자주 나오는 '왕생'의 말은 없었다. 당에서는 '왕생'이 급증하여 '탁생'의 약 두 배 정도로 많다. 또 당 시대에는 '상품왕생上品往生'이라는 『관경』을 의식한 표현도 보이게 된다. 다시 태어나는 주체에 대해서는 북위의 '신神'에 덧붙여 당 시대에는 '영靈'이 정토에 태어나는 것을 기원하는 것이 증가한다.

④ '정토' 관계의 말을 지니는 상像의 명칭에 관해서 북위는 석가, 미륵이 많

고 당 시대에는 당연히 아미타가 많지만 구고관음救苦觀音, 미륵彌勒, 석가釋迦, 노사나盧舍那 등 다양한 명칭이 보인다.

　이상으로 요약하면 용문석굴 당대 조상명문에는 사후세계와 관련하여 북위 조상명문에 보이는 '천天'과 '자미紫微' 기타 다양한 이상향을 나타내는 말이 대부분 도태되고, 불전에 잘 사용되는 '정토'라는 말이 집중적으로 사용되게 된다. 당 시대 불교도에게 사후의 이상적 세계로서 정토에 대한 이해는 북위와 비교해서 확실히 깊어졌다고 말할 수 있을 것이다. 이것은 제1절에서 본 것처럼 용문뿐만 아니라 화북 지역 전체에 북위 이후의 전반적인 경향으로서 보이는 현상이며, 특히 북제 후반기 이후 그 경향이 현저하다. 결국 용문석굴에도 그러한 북조 이후 정토신앙 흥성의 양상이 반영되고 있는 것이다.

　다만 문제는 아미타상이 많은 것뿐만 아니라 이상과 같이 '정토'와 '왕생'이란 말이 많은 것을 어떻게 설명하는가이다. 거기에 선도善導의 정토교 영향을 보아야만 하는가라는 것이 특히 문제가 될 것이다. 표4를 보면 알 수 있듯이 '정토' 관련 용어가 출현하는 연대를 보면 650년부터 660년경 고종高宗의 전기에 최고를 보인다. 당연히 거기에는 조상도 660년대에 최고라는 점도 고려하지 않으면 안 된다. 650년경에 선도는 장안長安에서 왕성하게 자신이 설하는 정토교를 퍼트리고 있었고, 도선道宣도 그에게 주목하여『속고승전續高僧傳』에 기록하고 있을 정도이다. 그런데 650년대 당시 정토신앙 자체는 이미 광범위한 확장을 보이고 있었고 선도가 출현해서 정토신앙이 확장된 것은 아니다.[52] 선도는 그 당시 장안에 머물고 있었기 때문에 650~660년대 용문석굴 조상명문에 '정토' 등의 용어가 많은 것에 선도 정토교의 영향을 어떻게 고려할 것인가는 추후 검증해야 할 문제이다.

---

52 이 사실은 구노 미키(久野美樹)가 그의 저서『唐代龍門石窟の硏究』에서 논하고 있는 그 대로일 것이다.

이하에서 보는 것처럼 선도정토교의 신봉자가 직접 조성에 관여한 것을 보여주는 굴은 그때까지와는 확실히 구별되는 형식을 가지고 있고 또한 이 시기 이후에 같은 형식의 굴이 보이게 되기 때문이다.

3. 선도善導 정토교 신봉자의 용문석굴 조성 관련을 보여주는 신자료

선도가 칙명에 의해 용문석굴의 상징이라고도 말해지는 봉선사노사나대불 奉先寺盧舍那大佛 조성의 검교승檢校僧의 임무를 맡은 것은 이미 유명하다. 그 조상기를 아래에 보인다.

> 龍門山之陽 大盧舍那像龕者, 大唐天皇大帝之所建也。佛身通光座高
> 八十五尺二菩薩高七十尺迦葉阿難金剛神王各高五十尺。粤以咸亨三年壬
> 申之歲四月一日皇后武氏助脂粉錢二萬貫, 奉敕檢校僧西京實際寺善道禪
> 師, 法海寺主惠暕法師, 大使司農寺卿韋機, 副使東面監上柱國樊玄則, 支
> 料匠李君瓚, 成仁威, 姚師積等, 至上元二年乙亥十二月卅日畢功。
>
> (『彙録』1635)

이 자료로부터는 노사나대불 조성의 검교승(말하자면 총감독)으로서 법해사 주法海寺主 혜간惠暕(惠簡)과 함께 당시 장안의 실제사實際寺에 머무르고 있던 선도善導가 칙명에 의해 발탁된 것을 알 수 있다. 함형咸亨 3년(672) 무후가 화 장료化粧料 2만 궤貫를 희사하여 완성한 것이 상원上元 2년(675)으로서 이 대사 업에 의해 용문석굴, 나아가서는 낙양에서도 선도의 명성이 비약적으로 높아

지게 된 것은 상상하기 어렵지 않다.

이제까지 당 시대 용문석굴에 아미타조상이 많은 것과 정토 관련 조상에 보이는 선도 정토교의 영향에 대해서는 자주 지적되어 왔다. 이미 츠카모토 젠류는 용문석굴 조상의 중심이 북위의 석가·미륵에서 당 시대의 아미타로 옮겨간 것에서 선도 정토교의 영향을 발견하고 있다. 또 소푸카와(曾布川)는 '이들(청명사동淸明寺洞과 정토당淨土堂의 아미타를 중심으로 한 굴)의 조상은, 물론 고종高宗 시대의 선도와 무주武周 시기 선도 문하의 고족高足에 의한 정토교의 눈부신 유행을 배경으로 한다'고 한다.[53] 또 이정희도 선도는 '관정토觀淨土'의 중요성을 강조하고 이것이 '관불觀佛'로부터 '관정토觀淨土'로의 예술 실천 활동의 변화를 촉진하여 제1(약 640~660)·2기(약 660~683)의 '조불상造佛像'으로부터 제3(약 684~704)·4기(약 704~745)의 '부조정토변浮雕淨土變'으로라는 커다란 변화와 밀접하게 관련되어 있다고 지적한다.[54] 그리고 서방정토변西方淨土變 조각의 구체적 사례로서 고평군왕동高平郡王洞, 북시채백행정토당北市綵帛行淨土堂, 서방정토변감西方淨土變龕을 든다.

당 시대 용문석굴에서 선도 정토교의 영향이 있는 것은 거의 누구나 인정하지만 구체적으로 언제쯤 그것을 인정하는가라는 점에 관해서는 연구자 각각에 따라서 의견이 달라지는 지점이다.

이번에 필자가 제시하는 제1074굴(그림 1 참조)은 상像이 전혀 남아 있지 않음에도 불구하고 선도 정토교를 신봉하는 승려가 용문석굴의 정토조상에 직접적으로 관여했다는 것을 보여주는 매우 주목할 만한 굴이다. 이 굴은 구노(久野)에 의해서 처음 본격적으로 연구대상이 되었지만 뒤에 서술하는 바와 같

---

53 曾布川寬, 앞의 책, 「龍門石窟における唐代造像の硏究」 410쪽.
54 李姃恩, 앞의 책, 「龍門石窟唐代阿彌陀造像硏究」 참조.

그림 1 1074굴
(劉景龍,, 楊超傑著「龍門石窟總録」中國大百科全書出版社, 第7卷圖版186)

이 이 굴의 명문이 가지는 중요성에 대해서는 지금까지 충분히 밝혀지지 않았다고 생각한다.

우선 굴의 개요를 설명해 보자. 이 굴의 크기는 폭 200cm, 깊이 235cm, 높이 188cm이다. 천장에는 삼중의 연잎이 부조되어 있다. 감실 가운데쯤의 바닥면에는 작은 팔각형 구멍이 11개 있다. 구노는 이것에 대해서 정토를 표현한 것이 확실한 고평군왕동高平郡王洞의 바닥면과 유사함을 지적하고, 원래 연화좌가 끼워져 있었다고 추측한다. 아마도 바닥면을 보배 연못에 비유한 것일 것이다. 정면 벽 중앙부에 높이 90cm, 폭 95cm, 깊이 71cm인 사각형의 구멍이 있지만 이와 같은 사례는 사체를 화장하고 남은 재를 안치한 것으로 추측된다. 특히 바닥면 구멍의 흔적으로부터 구노의 지적대로 이 굴 전체는 원래 정토를 표현하고 있다고 생각하는 것이 타당할 것이다.

또 바닥면의 좌우 및 안벽을 따라서 조금 큰 원형 혹은 팔각형의 패인 곳이 9개 있다. 이것은 아마도 세 방향에 각각 하나의 부처와 두 보살상을 만든 것일 것이다. 구노는 뒤에 제시하는 명문 가운데 "歸命三佛菩提尊", "釋迦佛", "阿彌陁", "彌□□"라고 되어 있는 것 등으로부터 이 세 부처가 석가, 미륵, 아미타였다고 추측한다. 그러나 이 '삼불보리존三佛菩提尊'은 뒤에 제시하는 그 근거인『관경소觀經疏』의 문맥에서는 법신法身, 보신報身, 응신應身의 3신을 가리킨다. 측천무후 시기 조성된 북시채백행정토당北市綵帛行淨土堂에는 세 방향의 벽면에 각각 불상이 본래 있었고, 그것이 명문의 "阿彌陀佛像三鋪"라는 것에 대응하는 것으로 되어 있다. 결국 아미타불을 각 벽에 만들었던 것이다. 이것과 1074굴도 정토를 표현하고 있다고 생각되는 점을 감안하면 이 굴도 세 방향에 아미타불을 만들고 법신, 보신, 응신의 3신을 상징적으로 표현했다고 생각하는 편이 낫지 않을까? 더구나 이 굴에는 굴 밖의 입구 상부에 조상기가 존재한다. 조상기의 보존 상태는 나빠서 결손부분도 상당히 있지만 그 내용은 극히 주목할 만하다. 구노는 이 조상기의 전거를 분명하게 하지 않고 그로 인해 명문의 독해에 오류도 보이지만 필자의 조사에 의하면 조상기와 불전과의 대응 상황은 아래 표 5와 같다.

표 5 1074굴 조상기와 그 전거와의 대응표

『彙錄』1490(窟龕號1074)을 실지조사에 기반하여 수정한 명문(/은 줄바꿈을 보인다. 음영은 전거와 문자가 다른 부분)	典據 공통된 부분에 밑줄(유사하지만 조금 다른 부분에는 실선)을 그음.
① 沙門釋慧審勸一切衆生發願歸三寶。　道俗時衆等, 各發無上心, 生死甚難厭。/ 佛法復難欣, 共發金剛志, 橫超斷四流, 願入弥陁□, 歸依合掌礼。世尊我一心, 歸/ 命盡十方, 法性眞如海, 報化等諸佛, 一一菩提身, 眷□□無量, 莊嚴及變化, 十地三/ 賢海。時劫滿未滿, 智行圓未圓, 正使盡未盡, 習氣 □未亡, 功用無功用, 證智未證/ 智, 妙覺及等覺, 正受金剛心, 相應一念後, 果德□ □者, 我等咸歸命, 三佛菩提尊。/ 無礙神通力, 冥加願攝受, 我等咸歸命, 三乘等賢聖, 學佛大悲心, 長時無退者。/ 諸願遙加備, 念念見諸佛, 我等愚癡身, 曠…轉, 今 逢釋迦佛, 末法之遺□, 弥/ 陁本誓願, 極樂之要門, 定散等迴向……。　我依菩薩 藏, 頓教一乘海, 發願/ 歸三寶, 與佛心相應。十方恒沙□ ……, ·乘二尊教, 廣流淨土門。願以此/ 功德, 平等施一切, 同發菩提……。	『觀無量壽佛經疏』卷一［T37:245c8-246a］ 先勸大衆 發願歸三寶。道俗時衆等, 各發無上心, 生死甚 難厭, 佛法復難欣, 共發金剛志, 橫超斷四流, 願 入彌陀界, 歸依合掌禮。世尊我一心, 歸命盡十 方, 法性眞如海, 報化等諸佛。一一菩薩身, 眷 屬等無量, 莊嚴及變化, 十地三賢海。時劫滿未 滿, 智行圓未圓, 正使盡未盡, 習氣亡未亡, 功 用無功用, 證智未證智, 妙覺及等覺, 正受金剛 心, 相應一念後, 果德涅槃者, 我等咸歸命, 三佛 菩提尊。無礙神通力, 冥加願攝受, 我等咸歸命, 三乘等賢聖。學佛大悲心, 長時無退者, 諸願 遙加備, 念念見諸佛。我等愚癡身, 曠劫來流轉, 今逢釋迦佛, 末法之遺跡, 彌陀本誓願, 極樂之 要門, 定散等迴向, 速證無生身。我依菩薩藏, 頓教一乘海, 說偈歸三寶, 與佛心相應。十方恒 沙佛, 六通恐知我, 今乘二尊教, 廣開淨土門。 願以此功德, 平等施一切, 同發菩提心, 往生安 樂國。

『彙録』1490(窟龕號1074)을 실지조사에 기반하여 수정한 명문(/은 줄바꿈을 보인다. 음영은 전거와 문자가 다른 부분)	典據 공통된 부분에 밑줄(유사하지만 조금 다른 부분에는 실선)을 그음.
②‥□發此願者, 欲使業影先淳, 臨/ □必會, 如樹先傾, 倒‥‥‥‥十八大願, 又依天親菩薩廿/ 願, 如一一願不‥‥‥‥‥‥名極樂, 佛号阿弥陁, 依正/二報莊嚴及‥‥‥‥‥雜經疏等二百卷於一万/秊後法滅盡‥‥‥‥‥經五万卷了, 誦阿弥陁/經千万‥‥‥‥‥宿命, 還來此界, 開此經/藏‥	『阿彌陀經』〔T12:346c〕 從是西方過十萬億佛土, 有世界名曰極樂。 其土有佛, 號阿彌陀, 今現在說法。
③ ‥‥‥‥‥‥得因緣則生。 何以故。 不/ ‥‥‥生, 捨淨土命, 隨願得生三/ ‥‥‥‥‥弥陁佛善力住持故。	『淨土論註』卷下〔T40:838a〕 「莊嚴主功德成就者, 偈言正覺阿彌陀法王善住持故」。 此云何不思議。 正覺阿彌陀不可思議。 彼安樂淨土爲正覺阿彌陀善力住持。 云何可得思議耶。 住名不異不滅。 持名不散不失。 如以不朽藥塗種子, 在水不爛, 在火不燋。 得因緣則生。 何以故。 不朽藥力故。 若人一生安樂淨土, 後時意願生三界, 教化衆生, 捨淨土命, 隨願得生, 雖生三界雜生水火中, 無上菩提種子畢竟不朽。 何以故。 以逕正覺阿彌陀善住持故。
④用斯/ ‥‥‥‥□天后聖代無窮　皇太/ ‥‥‥‥‥相常居祿位, 師僧父母七代/ ‥‥‥‥‥□□	
⑤ 依經讚□万年三寶滅/ ‥‥‥‥佛世甚難值, 人有信慧難, 遇聞/ ‥‥‥‥悲傳普化, 眞誠報佛恩。 □/ ‥‥‥‥‥人李猷	『往生禮讚』〔T47:441c‑442a〕 萬年三寶滅, 此經住百年, 爾時聞一念, 皆當得生彼。 願共諸衆生, 往生安樂國。 南無至心歸命禮西方阿彌陀佛。 　佛世甚難值, 人有信慧難, 遇聞希有法, 此復最爲難。 願共諸衆生, 往生安樂國。 南無至心歸命禮西方阿彌陀佛。 　自信敎人信, 難中轉更難, 大悲傳普化, 眞成報佛恩。 願共諸衆生, 往生安樂國。

곧 ①의 부분은 선도『관경소觀經疏』의 첫부분, 이른바 14행 계송을 혜심慧審 선사 스스로 대중에게 권하는 주체로 설정하면서 거의 그대로 인용한 것이다. ②의 부분은 결손부분이 많아 상세한 것은 불분명하지만 추측하건대 사경寫經과 아미타경 독송의 공덕을 쌓아 이 세계에 다시 태어나『아미타경』을 펼치고 싶다고 하는 기원을 설한 것이라고 생각된다. ③은 대응하는 전거인 담란曇

鸞의『정토론주淨土論
註』로부터 추측하면,
만약 한번 안락정토
安樂淨土에 태어난다
면 중생을 교화하기
위해 삼계에 다시 태
어나기를 기원하며
정토에서의 목숨을
버리고 기원대로 삼
계에 다시 태어나도

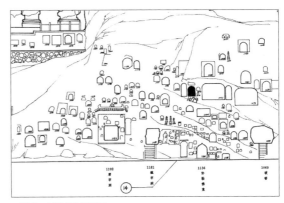

그림 2　1074굴 주변도
(『龍門石窟窟龕編號圖冊』人民美術出版社, 1994 西山立面圖9를 바탕
으로 일부 가공)

아미타불의 잘 머물러 지님(善住持)에 의해서 무상보리종자無上菩提種子가 끝내 썩지 않음을 설한 것이다. ④는 조상造像의 공덕을 〔천황天皇〕, 천후天后와 황태자皇太子, 선조先祖, 사승부모師僧父母에게 회향한 것으로 생각된다. ⑤도 결손부분이 극히 많지만 '경찬經讚'으로서 선도의『왕생예찬往生禮讚』을 인용하고 있다.

　총괄하여 말하면 이 조상명기造像銘記는 선도 정토교를 신봉하는 선사가 용문석굴에서 정토조상淨土造像에 직접 관여하여 자신의 아미타정토신앙을 기원문에 표명한 것을 보여주는 극히 귀중한 자료이다.

　다만 조상기에는 기년紀年이 없기 때문에 과연 언제 제작되었는가라는 것이 문제가 된다. 이 굴에는 상像이 전혀 남아 있지 않아서 조형적 특징으로부터 연대를 추정하는 것은 곤란하다.

　이 굴의 위치를 보면(그림 2 참조) 봉선사대불奉先寺大佛(그림의 왼쪽 위의 끝) 북측의 굴감窟龕 집중지대에 있다. 주위 굴감의 기년명문을 조사하면 그림의 (1074굴의) 바로 오른쪽 위인 1068굴이 689년, 왼쪽 위의 소감小龕1080이 689년, 또한 그 왼쪽의 1086감龕이 686년 등으로서 1074굴도 이 전후에 봉선사대불 조성 영향하에서 완성된 것으로 추측된다.

다음으로 1074굴의 조상기로부터 연대를 추측할 수 있는 자료를 찾을 필요가 있는데, 구노가 지적한 대로 명문 가운데 기원을 기록한 곳④에 '천후天后'라고 있는 것이 중요하다. '천후'라는 호號가 사용된 것은 '황제를 천황으로 칭하고 황후를 천후로 칭했다'는 상원上元 원년(674) 8월부터 고종高宗이 붕어하여 황태자 현顯이 즉위, 무후가 '황태후皇太后'로 된 홍도弘道 원년(683) 12월까지이다. 그 후 무후는 수공垂拱 4년(688) 5월에 '성모신황聖母神皇'이라고 호號하고 재초載初 원년 9월에 국호를 주周로 바꾸어 '성신황제聖神皇帝'라고 호號하였다.

그런데 구노의 지적대로 조상명문의 경우 앞의 칭호가 그대로 사용되는 경우가 있다. 그래서 용문석굴 조상명문에서 실제로 어떻게 무후를 호칭하고 있는가를 조사하여 정리한 것이 표 6이다. 표를 참조하면 용문석굴 기년 조상 명문에서 '천후'를 사용하는 가장 빠른 사례는 무후가 천후라고 호칭된 이듬해, 상원上元 2년(675)의 조상기이다. 이 호號는 상당히 널리 퍼졌다고 생각되며 고종의 사후 무후가 '황태후'로 된 이후에도 수공垂拱 3, 4년의 조상기에 사용되고 있다. 가장 늦은 것은 국호가 주周로 변한 후에도 여전히 '천황태후天皇天后를 위하여'라고 칭하는 692년 정군의조상기丁君義造像記이다. 이 조상기는 측천문자를 사용하고 있어서 무후가 황제가 된 것을 알고 있었을 터인데 왜 '천후天后'를 사용했는가 이해하기 어려운 부분이다. 그러나 1074굴 조상기는 측천문자(*역자주: 무후가 제정한 특수한 한자)를 사용하고 있지 않다. 따라서 이 굴의 조성연대는 674년부터 683년까지의 가능성이 가장 높고, 늦어도 689년까지라고 생각할 수 있을 것이다. 소푸카와 히로시(曾布川寬)는 그가 말하는 제3기(670~689)에는 보배연못과 구품왕생九品往生에 대한 명확한 조상造像이 발견되지 않는다고 서술했지만 이 굴이 바로 그것에 해당한다고 간주할

표 6 무후武后를 위한 기원을 기록한 용문조상기 일람

西暦	元號	造像主	奉爲帝室關係만	主尊名	窟龕號	典據
	顯慶	吏部尚書唐臨	奉爲　皇帝皇后殿下	阿彌陀		彙録
	咸亨	將作監丞牛懿德	奉爲　皇帝　皇后王諸王國戚	阿彌陀佛,觀□□菩薩一龕	賓陽北洞	彙録
	咸亨	西京法海寺僧惠簡	奉爲　皇帝皇后太子周王……	彌勒像一龕、	惠簡洞	彙録龍録
	上元	宣義郎周遠志等	奉爲天皇天后太子諸王	阿彌陀石像一龕		彙録
	儀鳳	大唐猗氏縣令高君之像」弟太常主簿光復及姪懿愚等	奉爲天皇天后殿下諸王	阿彌陀像一鋪		彙録龍録
	調露	張感仁等	上爲天皇天后	阿彌陀像一鋪		彙録
	永淳	故銀青光祿大夫行尚書左丞楊州大都督府長史魏簡公盧公妻□□夫人李氏	伏願　天皇天后	彌勒尊像一鋪		彙録
	永淳	衞州共城縣人蘇銅	奉願　天皇天后	釋迦牟尼像一龕		彙録
	垂拱	前右鷹揚□□弘濟府長上折衝蘇文達	奉爲□□高宗天皇大帝,太后,皇帝,皇后	阿彌陀像一鋪		彙録
	垂拱	雍州禮泉縣人王君意	爲天皇天后	阿彌陀像一龕		彙録龍録
	垂拱	比丘僧思亮,弟子陳天養,妻魏男恭,兄女迦業葉？	奉爲皇太后	銘記없음		彙録
	垂拱	劉孝光	上爲　皇帝天后	阿彌陀像一龕		彙録龍録
	垂拱	秦弘等	奉爲皇太后皇帝皇后	銘記없음	北市絲行像龕外壁	彙録
	永昌	皇甫法仁	上爲聖母皇帝	阿彌陀一軀		彙録
	長壽	第母	上爲　聖神皇帝	像一鋪	藥方洞北壁	彙録
	如意	丁君義	上爲　天皇天后	阿彌陀像一軀。	清明寺	彙録龍録
	延載	達奚靜	上爲越古金輪聖神皇帝	像一鋪		彙録龍録
	萬歲通天	郭玄奭及合家眷屬等繕士焦元操	皇帝兼及柒代……願以斯功德,資益神皇	銘記없음		彙録
	聖曆	故銀青光祿大夫尚書左丞揚州大都督府史陝州刺史魏簡公盧□□女□□道妻	伏惟　聖皇帝	彌勒像一軀		久野
	大足□	阿直	聖神皇帝			彙録
	長安	張阿雙	奉爲聖神皇帝陛下及太子諸王	藥師像一龕		彙録
	大足	閻門冬	奉爲聖神皇帝陛下及太子諸王	菩提像□龕		彙録
	長安	水衡監都尉宋越客妻鹿三娘	爲聖神皇帝	銘記없음		彙録

---

55 曾布川寬, 앞의 책,「龍門石窟における唐代造像の研究」388쪽.

마치며

　이상의 고증에 의해서 이 굴의 조성연대를 대략 측정할 수 있었다. 1074굴은 선도 정토교의 신봉자, 아마도 선도의 제자였던 혜심慧審이 용문석굴의 정토 조상에 직접 참여한 사실을 나타내는 매우 귀중한 자료라고 할 수 있다. 또 당 시기의 불교 돌조각에 있어서 지금까지 선도의 저작을 인용한 것이 발견되지 않았는데, 이 의미에 있어서도 1074굴의 명문은 극히 중요한 자료이다.

　여기에서 이정은의 지적을 다시 거론하고자 한다. 이정은은 선도가 '관정토觀淨土'를 중시한 것과 용문석굴에서 회화적 성격이 강한 부조서방정토변상浮彫西方淨土變相이 출현하는 것에 강한 상관성이 있다고 지적한다. 이정희는 제2기로 분류하지만 상원上元 2년(675) 선의랑주원지아미타상기宣義郎周遠志阿彌陀像記가 있는 제1497감龕은 구노가 해설하는 것과 같이 정면 벽의 단壇에는 1074굴과 정토당淨土堂과 같은 형상의 팔각형의 파인 곳이 있다. 또 정면 벽의 단 좌우측에는 연화화생蓮華化生 등의 부조가 존재한다. 더욱이 좌측 벽에『아미타경』을 새겼는데,『아미타경』은 주지하는 바와 같이 선도가 수만 권을 서사하였다고 하는 경이다. 명문 중에도 "結願於西方" 등의 강한 서방정토신앙이 표현되어 1074굴과 같이 '천후天后'를 위해 기원한 것을 용문석굴에서는 처음으로 나타내고 있다. 그 당시 무후의 의향이 강하게 반영된 노사나대불 조성의 검교승을 칙명에 의해 맡아서 용문석굴에서 말하자면 유명인의 존재가 된 선도의 정토교 영향을 강하게 느끼게 하는 굴감窟龕으로 이것은 오히려 이정은이 지적하는 제3기 정토계 조상의 성격을 가지는 것이다.

　요컨대, 선도 정토교가 용문석굴의 정토계 조상에 직접 영향을 미치게 된 것은 노사나대불의 완성 675년 전후부터라고 할 수 있을 것이다. 선도 정토교의 영향을 상정 가능한 제1497감은 675년 완성이고 선도 정토교의 영향이 확실한 제1074감도 이 시기의 것일 가능성이 높다. 이정은이 말하는 제3기(약 684~)는 그 시작을 약 10년 빠르게 생각하는 편이 좋을 것이다. 그 이전 650년 대의 아미타 조상이 많은 것, '정토淨土' 등의 용어가 많은 것들에서 선도 정토 교의 영향을 어떻게 읽어낼 것인가에 대해서는 지금부터 정밀하게 조사하는 가운데 검증하고자 한다. 여러 연구자들의 비평과 교정을 청하는 바이다.

후기

용문석굴 조사에 용문석굴연구원의 李随森, 賀志軍, 焦建輝, 李興隆 등의 선생님들께 매우 큰 도움을 받았다. 이 자리를 빌어 깊은 감사의 말씀을 드린다.

본고는 平成 25年度科学研究費補助金 · 若手研究(B)(課題番号 : 25770020)에 의한 연구 성과의 일부분이다.

大村   大村西崖,『支那美術史彫塑篇』, 佛書刊行會圖像部, 1915

中原   『中原文物』,《中原文物》編輯部.

北碑   張燕,『北朝佛道造像碑精選』, 天津古籍出版社, 1996

北拓   李仁淸 編,『中國北朝石刻拓片精品集』上下, 大象出版社,
       2008

考文   『考古与文物』, 陝西省考古研究所

曲陽   馮賀軍,『曲陽白石造像研究』, 紫禁城出版社, 2005

百品   顏娟英 主編,『北朝佛敎石刻拓片百品』, 中央研究院歷史語言
       研究所, 2008

佐藤科研 佐藤智水(代表),『4~6世紀における華北石刻史料の調査・研
       究』(科研費報告書), 2005

河南   河南博物院 編,『河南佛敎石刻造像』, 大象出版社, 2009

長藝   李淞,『長安藝術與宗敎文明』, 中華書局, 2002

京   京都大學人文科學研究所所藏石刻拓本資料 http://kanji.
       zinbun.kyoto-u.ac.jp/db-machine/imgsrv/takuhon/ 管理番號

拓   北京圖書館金石組 編,『北京圖書館藏中國歷代石刻拓本匯
       編』, 中州古籍出版社, 1989~1991

松原   松原三郎,『中國佛敎彫刻史論』, 吉川弘文館, 1995, 圖版No.

珍圖   金申編 著,『海外及港台藏歷代佛像珍品紀年圖鑑』, 山西人民
       出版社, 2007

陝精　　　陝西省社會科學院・陝西省文物局 編,『陝西碑石精華』, 三秦
　　　　　出版社, 2006, 頁數

埋佛　　　楊伯達(著)・松原三郎(譯・解題),『埋もれた中國石佛の研究―
　　　　　河北省曲陽出土の白玉像と編年銘文』, 東京美術, 1985

萃　　　　王昶,『金石萃編』(『石刻史料新編』1・10)

敦窟　　　敦煌文物研究所 編,『中國石窟　敦煌莫高窟』1～5, 平凡社,
　　　　　1980～1982

碑林全　　高峽 主編,『西安碑林全集』, 廣東經濟出版社, 1999

彙録　　　劉景龍・李玉昆 主編,『龍門石窟碑刻題記彙録』, 中國大百科
　　　　　全書出版社, 1998

魯　　　　北京魯迅博物館・上海魯迅紀念館 編,『魯迅輯校石刻手稿』
　　　　　上,海書畫出版社, 1987

龍録　　　「龍門石刻録録文」NO.(水野淸一・長廣敏雄『龍門石窟の研究』座右寶
　　　　　刊行會, 1941)

魏目　　　佛敎拓片研讀小組 編,『中央研究院歷史語言研究所藏北魏紀
　　　　　年佛敎石刻拓本目録』, 中央研究院歷史語言研究所, 2002

瓊　　　　陸增祥,『八瓊室金石補正』(『石刻史料新編』1・6～8)

제3장
남북조 시대의 교학 연구, 중국적 불교해석의 원형

●

광택사 법운의 법화경관

칸노 히로시 (菅野博史)

법상法上『십지론의소十地論義疏』「가분加分」석釋의 삼종진三種盡에 대해서

김천학 (金天鶴)

광택사 법운의 법화경관
(光宅寺法雲の法華經觀)

칸노 히로시(菅野博史)

1. 시작하며

본고는 양梁나라에서 법화교학에 있어 명성을 떨친[1] 광택사光宅寺 법운法雲 (467~529)의『법화의기法華義記』를 자료로 하여 그의 법화경관을 정리하는 것을 목표로 한다. 돈황에서 발견된 단편적인 법화경소를 제외하면, 도생道生 (355경~434)의『법화경소』다음으로 오래된 법화경소는 법운의『법화의기』이다. 이것은 도생의『법화경소』와 같이 제바달다품提婆達多品을 포함하지 않는 27 품의『법화경』에 대한 주석서이다. 법운의 제자가 법운의『법화경』강의를 글로 적은 것으로서 법운의 강의를 그대로 글로 적은 것이 아니라『법화의기』가

---

1 『法華玄論』卷第一, "爰至梁始三大法師碩學當時名高一代。大集數論遍釋衆經。但開善以 涅槃騰譽, 莊嚴以十地勝鬘擅名, 光宅法華當時獨步。"(T34. 363c17~20),『法華玄義』卷第 一下, "今古諸釋世以光宅爲長。觀南方釋大乘多承肇什。肇什多附通意。光宅釋妙寧得遠 乎。今先難光宅, 余者望風, 云云。"(T33. 691c19~22)을 참조.

주석서로서 내용적으로 충실하도록, 특히 이설異說의 제시 · 비판 등에 있어서 자신의 견해를 더한 흔적을 볼 수 있다.[2] 이와 같이 『법화의기』라는 문헌은 제자가 글로 적어 이루어진 것으로서 그 성립이 법운의 사후일 가능성도 있기 때문에 법운의 저작이라고 해도 성립의 하한선을 법운이 사망한 해보다 이전으로 설정하는 것은 불가능하다. 따라서 정확히 언제 성립한 것인지 알 수 없다. 물론 길장吉藏(549~623)이 절강성浙江省 소흥부紹興府 회계會稽의 가상사嘉祥寺에 머물 때 지은 『법화현론法華玄論』에는 이미 법운의 법화교학에 대한 비판이 자주 보이므로, 『법화현론』의 성립보다 이른 것은 분명하다.[3] 중국에서는 지의智顗(538~598), 길장 등의 법운 비판 이후에 그다지 읽혀지지 않게 되었고, 당송唐宋 시대에는 산일된 것으로 보이며, 다행히 일본에 전해진 문헌을 화엄종의 봉담鳳潭(1659~1738)이 원록元祿 9년(1696)에 간행한 것이 현재 우리가 갖고 있는 『법화의기』 8권이다.

현존하는 법운의 저작은 『법화의기』뿐으로, 그 밖에 매우 짧은 것이기는 하지만 신멸神滅 · 불멸不滅의 문제에 대한 문장이 『홍명집弘明集』[4]에, 이제의二諦義 · 법신의法身義에 대한 문장이 『광홍명집廣弘明集』[5]에 각각 수록되어 있다. 또 『법화의기』 중에 『대열반의기大涅槃義記』,[6] 『열반의기涅槃義記』[7]라고 하는 책

---

2 졸저 『중국법화사상의 연구(中國法華思想の研究)』(春秋社, 1994) 제1편 · 제4장 · 제1절 「『법화의기』에서 강의자 법운과 필록자(『法華義記』における講義者法雲と筆錄者)」(pp.142~150)를 참조.

3 길장이 회계 가상사에 머무른 기간은 진陳이 완전히 멸망한 수隋 개황開皇 9년(589)부터 진왕晋王 광廣(후의 양제煬帝)의 초청을 받아서 양주揚州의 혜일도량慧日道場으로 옮긴 개황開皇 17년(597)까지이다. 平井俊榮, 『법화현론의 주석적연구(法華玄論の註釋的研究)』(春秋社, 1987) pp.15~16 참조.

4 『弘明集』 卷第十(T50. 60b)을 참조.

5 『廣弘明集』 卷第二十一(T52. 247b249c), 앞(앞과 같음 · 250c-251a)을 참조.

6 『法華義記』 卷第一(T33. 574a17)을 참조.

7 『法華義記』 卷第四 (T33. 619c6)을 참조.

이름이 보이므로 아마도 대승『열반경』에 대한 법운의 주석서라고 추정되지만 현존하지 않는다. 이외에『속고승전續高僧傳』권제5, 법운전法雲傳에는『성실론의소成實論義疏』42권을 찬술하였다고 소개하고 있지만 이것도 현존하지 않는다.[8]

법운의 전기 중에서『법화경』과 관련 있는 기사를 두세 개 들어본다. 우선 건무建武 4년(497), 30세의 법운이 묘음사妙音寺에서 처음으로『법화경』과『유마경』을 강의할 때 청중이 바다처럼 모여 강당을 가득 채운 점, 법운의 웅변이 훌륭하고 언변이 날카로웠던 점, 당시의 사람이 법운을 '환술을 부리는 법사(作幻法師)'로 부르며, 그의 뛰어난 경전 강의가 당시에 출중하였다는 점 등이 기록되어 있다.[9] 또『속고승전』의 법운전 마지막에는 법운이 어느 절에서『법화경』을 강의할 때 홀연히 바람에 흩날리는 눈과 같이 하늘꽃이 허공에 가득 차며 강당 안에 펼쳐졌다가 다시 공중에 올라가서 떨어지지 않고 있다가 강의가 끝나자 사라진 모습이 소개되어 있다.[10] 이와 같은 불가사의한 현상을 일으킨 점이 당시의 사람들이 법운을 '환술을 부리는 법사'로 부른 것과 관계가 있다고 생각된다. 또 법운이『법화경』서품에 나오는 과거의 일월등명불日月燈明佛 때에 이미『법화경』을 강의한 일이 있다는 내용의 꿈을 꾼 어느 승려의 이야기를 소개하고 있다.[11] 법운과『법화경』과의 밀접한 관계를 보여주는 것이다.

---

8 『續高僧傳』卷第五, "時諸名德各撰成實義疏。雲乃經論合撰, 有四十科爲四十二卷, 俄尋究了。"(T50. 464a26-28)을 참조.

9 『續高僧傳』卷第五, "及年登三十建武四年夏, 初於妙音寺, 開法華淨名二經。序正條源, 群分名類。學徒海湊, 四衆盈堂。僉謂, 理因言盡, 紙卷空存。及至爲賓, 構擊從橫, 比類紛鯁。機辯若疾風, 應變如行雨。當其鋒者, 罕不心務。賓主咨嗟, 朋儔胥悅。時人呼爲作幻法師矣。講經之妙獨步當時。"(T50. 464a2-8)을 참조.

10 『續高僧傳』卷第五, "嘗於一寺講散此經, 忽感天華狀如飛雪。滿空而下延于堂內。昇空不墜, 訖講方去。"(T50. 465a2-4)을 참조.

11 『續高僧傳』卷第五, "雲法師燈明佛時, 已講此經。"(T50. 465a10-11)을 참조.

법운은 학문적으로는 주로 『성실론』, 대승 『열반경』, 『대품반야경大品般若
經』, 『유마경維摩經』, 『법화경』을 연구했지만 특히 『법화경』 연구에서 명성을 드
날렸다. 그 연구의 기록이 『법화의기』이므로 이것을 자료로 법운의 법화경관
을 아래에서 분과分科, 교판사상敎判思想, 일승사상一乘思想, 불신무상사상佛身
無常思想 등의 시점을 기준으로 하여 정리한다.

2. 『법화경』의 분과

법운의 분과가 매우 세밀하다는 것은 『법화의기』를 읽어보면 바로 알 수 있
다. 법운은 『법화경』을 3중의 단락으로 나눈다. 제1중의 단락은 서序・정설正
說・유통流通의 세 단락으로 나눈다. 각 단락의 구분에 대해서 서는 서품을 가
리키고, 정설은 방편품方便品부터 분별공덕품分別功德品의 격량게格量偈(T9..
44c18)까지의 14품 반(분별공덕품의 처음부터 격량게의 끝까지를 반품으로 한다)을 가리
키고, 유통은 격량게가 끝난 다음의 장행長行부터 보현보살권발품普賢菩薩勸
發品까지의 11품 반을 가리킨다.

제2중의 단락은 서序・정설正說・유통流通을 각각 두 단으로 나눈다. 구체
적으로 서는 통서通序・별서別序로, 정설은 인因의 뜻・과果의 뜻으로, 유통은
화타化他・자행自行으로 나눈다.

제3중의 단락은 통서通序・별서別序를 각각 다섯 단으로 나누고, 정설의 인
의 뜻・과의 뜻을 각각 네 단으로 나누고, 유통의 화타・자행을 각각 세 단으
로 나눈다. 따라서 최종적으로는 전부 24단락으로 나누어진다. 제2중, 제3중
의 단락 범위에 대한 설명은 여기에서는 생략한다.

『법화의기』의 경문에 따른 해석(隨文釋義) 중에는 보다 상세한 분과가 보인

다. 도생의『법화경소』는 2만여 자의 짧은 것이기 때문에 당연히『법화경』본문에 대한 상세한 분과가 보이지 않는다.[12]『법화경』전체에 걸쳐 상세한 분과를 하기 위해서는『법화경』본문에 대한 상당히 치밀한 연구가 필요하다.『법화문구』는 법운의 분과가 지나치게 상세한 점에 대해 비판을 제시하고 있다.[13] 그러나 필자는 신해품信解品 장자궁자長者窮子 비유의 분과에 대해 법운, 길장의『법화의소』,『법화문구』를 비교·연구한 바가 있지만『법화문구』와『법화의소』가『법화경』의 분과에 대해 법운의 커다란 영향을 받고 있는 점, 그리고『법화의소』,『법화문구』쪽이 법운의 분과보다도 오히려 실질적으로는 더 상세한 분과를 하고 있다는 점을 밝혀냈다.[14]

3. 법운의 교판사상과『법화경』의 자리매김

남조南朝에서는 혜관慧觀(생몰년 미상)의 돈점오시교판頓漸五時教判이 유행하였고, 법운도 그것을 채용한 것이 후대의 길장이나 지의에 의해서 지적되고 있다.[15]

---

12 졸저『중국법화사상의 연구(中國法華思想の研究)』(앞의 책) 第一篇·第二章·第二節「묘법연화경소」에서 도생의 경전 주석 방법(『妙法蓮花經疏』における 道生の 經典註釋の 方法)」(pp.69~78. 특히 pp.70~71)을 참조.

13 『法華文句』卷第一, "末代尤煩光宅轉細. 重霧翳於太清, 三光爲之戰耀. 問津者所不貴." (T34. 1c15~16)을 참조.

14 졸저『중국법화사상의 연구(中國法華思想の研究)』(앞의 책) 第三篇「『법화경』 신해품의 비유해석과 교판사상(『法華經』信解品の譬喩解釋と教判思想)」, 第二章「법운의『법화의기』에 대하여(法雲『法華義記』において)」, 第三章「길장의 법화경소에 대하여(吉藏の法華經疏において)」, 第四章「지의·관정의『법화문구』에 대하여(智顗·灌頂『法華文句について)」pp.653~826을 참조.

15 『법화현의』권제10상에는 정림사定林寺 승유僧柔·혜차慧次·도량사道場寺 혜관慧觀으로부터 점교를 유상교有相教·무상교無相教·포폄억양교褒貶抑揚教·동귀교同歸教·

길장의 『삼론현의三論玄義』와 같은 간접자료에 의해서 혜관의 오시교판 내용을 알 수 있지만 혜관이 오시교판을 창안했다는 확실한 증거는 없다. 길장이나 지의 이전의 문헌에 소개된 오시교판에 관해서는 『대반열반경집해大般涅槃經集解』 안의 승량僧亮(생몰년 미상), 승종僧宗(438-496)에 대해서 필자가 조사한 바가 있다.[16] 법운은 승종과도 관계가 있지만[17] 『법화의기』에는 길장, 지의의 지적처럼, 오시교판의 영향이 보인다. 아래에서는 법운의 교판사상과 『법화경』의 자리매김에 대해서 정리한다.

『법화의기』의 처음에는 법운이 격조 높은 문체로 교판사상을 설하는 문장이 있다. 『법화경』의 강의로서 우선 처음에 『법화경』을 석존의 일대교화 안에

상주교常住教의 다섯 종류로 나누어 오시교판을 세운 점, 길장이나 법운도 이 오시교판을 사용한 점이 설해져 있다. 전거는 "定林柔次二師及道場觀法師, 明頓與不定同前. 更判漸爲五時教. 即開善光宅所用也."(T33. 801b4-6)을 참조. 또 길장의 『법화현론』 권제2에도 법운이 오시교판을 사용한 것에 대해서 "光宅雲公言, 猶是無常. 所以然者, 教有五時. 唯第五涅槃是常住教. 四時皆無常. 法華是第四時教. 是故猶是無常."(T34. 372a17-20)라고 되어 잇다. 오시교의 이름에 대해서는 길장의 『삼론현의』(T45. 5b)에 의하면 『법화현의』가 소개하는 것과 약간 달라서 삼승별교三乘別教 · 삼승통교三乘通教 · 억양교抑揚教 · 동귀교同歸教 · 상주교이다. 오시교 각각에 배당된 구체적인 경전은 둘 다 공통으로, 제1은 『아함경阿含經』, 제2는 『반야경般若經』, 제3은 『유마경維摩經』 · 『사익범천소문경思益梵天所問經』, 제4는 『법화경法華經』, 제 5는 『열반경涅槃經』이다.

16 졸저 『남북조 · 수대의 중국불교사상연구(南北朝 · 隋代の中國佛教思想研究)』(大藏出版, 2012) 第三部 「열반경소의 연구(涅槃經疏の研究)」, 三 『대반열반경집해』에서 승량의 교판사상(『大般涅槃經集解』における僧亮の教判思想)」(pp.445~452), 五 『대반열반경집해』에서 승량의 교판사상(『大般涅槃經集解』における僧亮の教判思想)」(pp.465~474)을 참조. 승량, 승종에게 혜관과 완전히 같은 오시교판이 보일리는 없지만 특히 승종에게는 상당히 유사한 교판사상이 보인다. 한편 승량에 대해서는 布施浩岳에 의해서 『고승전高僧傳』 권제7(T50. 372b)에 실린 경사京師 북다보사北多寶寺에 머문 '석도량釋道亮'으로 추정되었다. 『열반종의 연구(涅槃宗の研究)』 후편(叢文閣, 1942. 國書刊行會, 1973) pp.232~240을 참조.

17 『續高僧傳』 卷第五, "年十三始就受業. 大昌僧宗, 莊嚴僧達, 甚相稱讚."(T50. 463c17-18)을 참조.

서 자리매김하려는 것은 정당한 시도라고 평가할 수 있을 것이다. 그 내용의 요점은 다음과 같다.[18]

석존은 최초에 이 사바세계에 응현應顯하여 중생을 긴 세월 동안의 미혹함으로부터 눈뜨게 하여 성불하게 하려고 하였다. 그러나 중생은 과거의 선인善因이 미약하여 대승을 받을 만한 근기는 가려지고 지혜의 눈은 덮여 있어서 바로 '일승인과의 큰 도리'를 밝힐 수 없었다. 그래서 석존은 어쩔 수 없이 녹야원에 나아가 삼승을 설하였다. 이 삼승은 인과론의 시점에 기반하여 성문, 연각, 보살의 세 원인과 아라한, 연각, 부처의 세 결과를 의미한다. 이후 『대품반야경』이나 『유마경』을 설하여 삼인삼과三因三果를 밝히고 중생의 근기를 성숙시켰다. 이와 같이 긴 세월 동안의 가르침에 의해서 중생의 '대승의 근기'가 발동하여 석존은 왕사성에서 자신이 이 세상에 출현한 본래 마음에 합치하는 『법화경』을 처음으로 설할 수 있었다. 이 『법화경』은 삼승에 집착하는 마음을 부숴서 유일한 가르침과 모든 선善이 다 함께 성불이라는 하나의 과(一果)로 돌아간다는 도리를 분명하게 하는 것이다. 그래서 삼승을 권權(임시 가르침)으로서 폐하고, 『법화경』(일승)을 진실로서 설한다. 또 『법화경』은 석존이 성도 후에 바로 설할 수 없었던 '일승인과의 큰 도리'를 분명하게 한 것이지만 『법화경』에 설해지는 인과는 모든 선을 '하나의 원인(一因)'(성불이라는 하나의 결과를 가져오기 때문에 하나의 원인이라고 한다)으로 하고 오백 티끌 수의 겁(五百塵点劫)의

---

18 원문은, "釋迦如來初應此土, 乃欲覺悟長迷遠同極聖。但以衆生宿殖善微過去因弱, 致使五濁障於大機六蔽掩其慧眼。又險難長遠生死無際。是故不可頓明一乘因果大理, 事不得已, 故初詣鹿苑, 開三乘異因, 指別爲趣果。如是荏苒至大品, 明敎度人, 菴羅說法弘道, 經年歷歲。猶明異因別果長養物機。於是八部四衆積年視聖, 曩日修福, 遂令五濁障輕大乘機動, 至今王城, 始稱如來出世之大意, 破三乘定執之心, 闡揚莫二之敎同歸之理。于時且廢權於往日, 談實於當今。明因則收羅萬善以爲一因, 語果則復倍上數以爲極果。" (T33. 572c3-16)을 참조.

두 배인 부처님 수명(佛壽)의 장구함이라고 하는 구극의 결과를 하나의 결과(一果)로 한다.

이와 같이 법운은 석존 일대의 교화에 대하여 '삼승에서 일승으로'라고 정리하는 『법화경』 방편품에 기반하여 인과론의 시점에서 삼인삼과三因三果로부터 일인인과一因一果라는 도식으로 정리하고 있다. 석존의 참뜻은 '일승인과의 큰 도리'를 밝히는 것이었지만 중생의 근기가 성숙하지 않은 까닭에 녹야원에서 삼승의 설법, 『대품반야경』, 『유마경』의 설법으로 중생의 근기를 성숙시키고, 이윽고 『법화경』으로 '일승인과의 큰 도리'를 밝혀서 출세出世의 본뜻을 이루었다고 해석한 것이다.

『법화경』의 강의라고 하는 목적에 제약을 받은 탓인지 여기에는 『열반경』의 자리매김에 대한 언급이 없다. 그러나 이미 서술한 바와 같이 법운이 오시교판의 신봉자라면 법운은 『법화경』을 『열반경』의 아래 자리에 놓아야 할 것이다. 이 문제를 포함해서 『법화의기』에 법운이 오시교판을 채용했는가에 대한 증거가 있는지 검토해 보자.

『법화의기』에는 "五時"(T33. 574c6, 574c8, 582c6, 582c8, 615b17), "五時經"(앞의 책·592b15), "五時經教"(앞의 책, 660b23)라는 표현이 나온다. 그 중에서도 오시의 경전 각각에 대해서 권실이지權實二智의 내용을 설한 곳[19]에는 오시의 경 이름으로서 유상교有相教, 『대품반야경』, 『유마경』, 『열반경』, 『법화경』의 이름이

---

19 『法華義記』卷第二, "次明衆經所明二智不同, 第五。衆經不同凡有五種。一者十二年前有相教所明二智, 若照生老病死分段無常境者, 名爲權智, 若照刹那無常名, 爲實智也。二者大品經所明二智, 若照因緣假有, 卽是權智也。照此假有卽空, 是實智也。三者卽是維摩經所明二智者, 若知病識藥靜照物機, 此則是實智。若使能應病與藥令得服行, 此則是方便智。四者是涅槃經所明二智者, 若照金剛已還生死無常苦空之法, 此則是方便智也。若照涅槃常樂我淨眞實之法, 此卽是實智也。五者就此法華所明二智, 若照三三之境, 卽方便, 若照四一之境, 卽實智也。"(T33. 593c27-594a11)을 참조.

나온다. 유상교는 앞서 서술한 대로[20] 『법화현의』에 소개된 오시교의 제1시와 명칭이 일치하고 구체적인 경전으로서는 『아함경』이 해당한다고 생각된다.[21] 또 『삼론현의』에 소개되는 오시교 제1시의 명칭인 "삼승별교三乘別教"(앞의 책, 593c8, 601c4, 603a21, 603b25, 611c12-13, 648b16)라는 용어도 보인다. 이외의 사시교四時教에 대해서는 다른 곳에서 "大品之教三乘通教"(앞의 책, 639b18)라고 하는 것처럼 『대품반야경』이 삼승통교三乘通教로서 규정되어 있는 이외에는 어떤 언급도 없다. 덧붙여서 삼승통교는 앞서 서술한 바와 같이[22] 『삼론현의』에 소개되는 오시교 제2시와 명칭이 일치하고 있다.

요컨대 『법화의기』의 오시교에 대해서 그것에 해당하는 구체적인 경전명은 거의 『법화현의』, 『삼론현의』와 일치하지만, 유상교, 삼승통교를 제외하고 『유마경』을 가리키는 포폄억양교褒貶抑揚教,[23] 『법화경』을 가리키는 동귀교同歸教,

---

20 앞의 각주 15를 참조.

21 『法華義記』 卷第二에, "昔日鹿苑說三乘別教"(T33. 593c8)라고 있는 것처럼, 녹야원에서 설해지는 『아함경』을 대표로서 취하는 경우도 있지만 『法華義記』 卷第四에, "然三乘別教亦次第說, 鹿苑說四諦, 王舍城中說十二因緣, 後說優婆塞戒經."(앞의 책, 611c12-14)으로 되어 있는 것처럼 사제四諦＝성문승聲聞乘, 십이인연十二因緣＝연각승緣覺乘, 『우바새계경優婆塞戒經』＝보살승의 삼승을 단계적으로 설하는 것을 의미하는 경우도 있다.

22 앞의 각주15를 참조.

23 『법화의기』 가운데 『유마경』을 석존 일대의 교화 가운데 자리매김하는 것은 단지 다음의 한 곳뿐이다. 『法華義記』 卷第六, "復經少時者, 轉教之後去法華座不遠, 故言少時. 只逕說維摩教, 故言經時也."(T33. 639c25-27)을 참조. 또 『화엄경華嚴經』에 대해서 『법화의기』는 전혀 언급하지 않는다. 따라서 법운은 그의 교판 중에 『화엄경』을 편입시키지 않는다. 『대반열반경집해』 권제9 승종僧宗의 주석에는 "昔七處八會, 說華嚴方廣."(T37. 415c19)이라고 있는 것처럼, 『화엄경』에 대한 언급이 있는 것에 비하면 약간 기묘한 느낌이 든다. 또 돈황사본 『법화의기』(S2733+S4102)가 "華嚴會上, 始見我身, 聞我所說, 即便信受."(T85. 179a6-7)라고 설하는 것처럼, 『법화경』 용출품涌出品의 "此諸衆生始見我身, 聞我所說, 即皆信受入如來慧."(T9. 40b8-9)의 글을 『화엄경』의 설법으로 읽어내고 있는 것에 비교하면 『화엄경』에 대한 언급이 없는 것이 오히려 법운 『법화의기』의 한 특색인 것으로 볼 수 있을 것이다. 졸저 『중국법화사상의 연구(中國法華思想の研究)』(앞의 책) 第一篇·

『열반경』을 가리키는 상주교常住敎 등의 이름은 보이지 않는다.

다만 '동귀同歸'라고 하는 술어는 "同歸之理"(앞의 책, 572c15-16 등 다수), "同歸之義"(앞의 책, 576a10-11 등 다수), "同歸之法"(앞의 책, 605a29 등 네 곳), "萬善同歸"(앞의 책, 582b26 등 여섯 곳) 등 『법화경』의 사상을 표현하는 것으로서 여러 차례 보인다.

또 상주常住에 대해서는 『법화의기』 권제5에 "此經明法身, 不同常住經所明法身."(앞의 책, 635c24-25), 『법화의기』 권제7에, "此則開涅槃前路, 作常住之由漸."(앞의 책, 660b26-27)이 있어서, 『열반경』을 「상주경常住經」으로 규정하고 있는 것은 분명하다. 이에 대해서 『유마경』을 가리키는 포폄억양교는 이것과 비슷한 표현도 전혀 없지만 전체적으로 법운이 오시교판을 신봉했다고 하는 후대의 전승은 신뢰해도 좋다고 생각한다.

4. 『법화경』의 일승사상 해석

법운은 『법화경』을 『열반경』의 아래 위치에 놓는 교판을 채용한 까닭에 여래수량품如來壽量品에 설해지는 구원久遠의 석존 사상을 그다지 중시하지 않고 방편품을 중심으로 하는 『법화경』의 일승사상을 중시했다. 여기에서는 법운의 일승사상 해석에 대해서 소개한다. 결론을 먼저 말하면 그의 일승사상 해석의 구조로서 중요한 것이 권실이지론權實二智과 인과론이다. 그것을 보여주는 문장이 방편품의 주석 처음에 있다. 즉 방편품이 왜 실상품實相品으로 이름 붙여지지 않고 방편품으로 이름 붙여졌는가라는 문제에 대하여 이 품의 사

第四章・第四節 「법운 『법화의기』와 돈황사본 『법화의기』의 비교연구(法雲, 『法華義記』と 敦煌寫本 『法華義記』との比較研究)」(pp.235~244)을 참조.

상적인 내용이 다음과 같이 간결히 정리되어 있다.

도리에 따라서 이름을 붙이는 경우는 당연히 실상품이라고 해야 하고 방편품
이어서는 안 된다. 다만 오늘날, 이 경(『법화경』)만이 정면으로 옛날의 삼승교가
방편인 것을 분명하게 한다. 방편에 대해서 다만 삼승교는 바로 옛날에는 본
래 진실의 가르침으로서 방편이라고는 이름 붙여지지 않았다. 오늘의 일승실
상의 도리를 설하는 이상 이것은 옛날의 삼승이 방편인 것을 비교상대로서 분
명하게 한다. 이 때문에 아래 경문에서 "이 경은 방편의 문을 열어서 진실의
양상을 보인다"고 한다. 이것은 오늘의 인과의 진실한 모습(相)을 설하면 옛날
의 인과는 진실이 아닌 것을 분명하게 하는 것이다. 지금 이 품은 분명하게 하
는 대상에 따라서 이름 붙여진 것이어서 방편으로 이름한다.[24]

이 글을 읽으면 단순히 『법화경』의 일승사상에 대해 상식적인 해설을 보이
고 있을 뿐인 것처럼 생각될지도 모르지만 주의 깊게 보면 '일승실상의 도리'
라는 표현이 보여 『법화경』에 설해지는 일승을 '실상의 도리'와 동일시하고 있
는 점, '오늘의 인과', '옛날의 인과'라는 표현이 보여 삼승과 일승의 대비를 인
과의 시점에서 행하고 있는 점이 눈에 띈다. '실상의 도리'란 실상을 도리(理)로
표현한 것이며, 도리는 다음의 인용문에 있는 것처럼 '가르침(敎)'과 상대적인
개념으로서 사용되고 있다.

---

24 본문 원문, "若從理立名者, 應言實相品, 不應言方便品。只今日此經正顯昔日三乘敎是
方便。方便, 但三乘敎當乎昔日之時本是實敎, 不名方便。旣說今日一乘實相之理, 此則
形顯昔三乘是方便。是故下經文言, 此經開方便門示眞實相。是則說今日因果眞實之相,
則顯昔日因果非是眞實。今此品從所顯受名, 名爲方便。"(앞의 책, 592a12-19)

방편의 의의란 빼어난 활동이다. 이것은 여래의 방편지에 의해서 설해지는 가르침으로 가르침을 문[門]이라고 이름 붙인다. 실상이란 여래의 실지實智에 의해서 설해지는 도리이다.[25]

부처의 방편지에 의해서 설해진 가르침이 방편인 삼승이고, 부처의 실지에 의해서 설해진 도리가 실상으로 규정되고 있다. 삼승은 그 근거에 세 종류의 도리가 없으므로 말로 표현된 가르침으로서만 규정되고, 이에 반해서 일승은 그 근거에 하나의 도리가 있다. 그래서 일승은 '일승실상의 도리'라고 있는 것처럼 하나의 도리(一理)를 설한 것으로서 규정되고 있는 것이다.

이상과 같이 방편품의 주석 처음에서 삼승 · 일승에 관하여 부처의 권지權智(인용문의 방편지와 동일)와 실지實智 시점에서의 해석과 인과론 시점에서의 해석이 보인다. 순서대로 고찰한다.

(1) 권실이지론權實二智論과 일승 해석

법운은 두 지혜의 이름에 대해서 실지實智와 방편지方便智가 있는 점, 더욱이 실지에는 실지實智와 지혜智慧의 두 가지 이름이 있는 점, 방편지에도 방편지方便智와 권지權智의 두 가지 이름이 있는 점을 분명하게 하고 있다.[26] 방편지는 성인에게 갖추어진 빼어난 활동으로서의 지智를 의미한다. 이와 같이 성인의 지智 그것의 성격이 방편方便(이 경우는 빼어난 활동의 의미)으로 규정되고, 게

---

25 본문원문, "方便義者, 是善巧之能。此如來方便智所說敎, 諸敎爲門。實相者, 則是如來實智所說之理。"(앞의 책, 592a19–21)

26 『法華義記』卷第二, "第一二智名義者, 實智, 方便智也。然實智有二名。一言實智, 二言智慧。方便智亦有二名。一言方便智, 二言權智。"(T33. 592b16–18)을 참조.

다가 방편지로 이름 붙여져 "당체當體에 이름을 받는다"(그것 자체에 대해서 이름 붙여진다는 의미)고 설해진다. 한편 권지權智는 지智의 대상에 따라서 이름 붙여진 것으로서 예전의 삼승이라고 하는 임시의 대상을 아는 지智이므로 권지權智라고 이름 붙여지는 것이다.[27]

다음으로, 지혜智慧와 실지實智의 조합의 의의에 대해서는, 지혜는 '심용감조心用鑑照(대상을 비추어 보는 마음의 활동), 실지는 '허가虛假'가 없다는 의미로 되어 있다. 지혜와 실지는 방편지와 권지의 조합과 마찬가지로 동일한 지智이지만 이름을 붙이는 방법이 다른 것이다. 지혜는 방편지와 마찬가지로 '당체에 이름을 받는다'이고, 실지는 권지와 마찬가지로 대상에 따라서 이름 붙여진 것이다. 결국 지혜는 이미 서술한 것처럼 마음의 대상을 비추어 보는 활동이라는 의미로서 그 활동 자체를 지혜라고 이름 붙인 것이다. 실지는 "今一乘因果之理是天下眞實定境"라고 설해지는 것처럼 진실의 대상을 아는 지혜이며 따라서 대상에 따라서 이름 붙여진 것이다.[28] 요컨대 방편지와 지혜는 '당체에 이름을 받는다'라고 하는 이름을 붙이는 쪽이고, 권지와 실지는 대상에 따라서 이름을 붙이는 쪽이다.

다음으로, 권지와 실지 각각의 체體에 대해서 법운은 다음과 같이 설하고

---

27 『法華義記』卷第二, "今言方便智者, 此是當體受名, 則明聖人智有善巧之能也. 權智者, 此從境得名. 何以知之. 正明前境權, 借昔三乘等境, 須臾轉成一乘. 是故權假不實. 然智照此權假之境. 今擧境目智, 故名爲權也."(앞의 책, 592b24-29)을 참조.

28 『法華義記』卷第二, "智慧者, 心用鑑照之稱. 實智者, 是無有虛假之名也. 又智慧與實智亦受名不同. 智慧者, 此卽當體受名也. 實智者, 此則從境得名. 所言智慧當體得名者, 則原此心用根本性是鑑照, 且又因果通有. 何以知之. 故如金剛心時此智慧照境已周, 若使金剛轉成佛果智慧, 然化智慧亦是鑑照之義, 故知智慧之名根本當體得名也. 又言實智從境受名者, 前境是實. 何以知之. 今一乘因果之理是天下眞實定境, 六心以還雖復退爲二乘, 非爲永退, 會三歸一乘, 故云實也. 如賴智慧照此實境, 今擧境目智仍呼爲實智, 故知實智從境受名也."(앞의 책, 592c3-15)을 참조.

있다. 우선 권지의 체體에 대해서,

방편지에 의해서 비추어지는 대상에 전부 세 가지 셋(三三)의 대상이 있다. 첫 번째에 세 가르침(三教), 두 번째에 세 근기(三機), 세 번째에 세 사람(三人)이다. 이 세 셋의 대상을 비춘다. 이 지智가 권지의 체體임을 알 것이다. 옛날에 세 〔종류의〕 사람이 있고, 사람에게 세 〔종류의〕 사람이 있고, 사람에게 세 〔종류의〕 근기가 있고, 세 근기는 세 〔가르침〕을 받는다. 이 때문에 여래의 권지는 세 셋의 대상을 비추는 이상 바로 세 가르침을 설하여 세 근기에 응하며 세 사람을 교화한다. 이 때문에 이 세 셋의 대상에 의해서 이 지智를 매듭지어 취한다. 이 세 셋의 대상을 비추는 것이 방편지의 체體임을 알 것이다.[29]

라고 한다. 권지의 대상은 세 가르침, 세 근기, 세 사람을 의미하는 '세 셋의 대상'으로 해석되어 있다. 세 가르침은 성문승聲聞乘 · 연각승緣覺乘 · 보살승菩薩乘이고, 세 근기는 부처의 세 가르침을 받는 중생 측면의 구성, 있는 그대로의 모습으로서 성문승을 받아야 할 사람, 연각승을 받아야 할 사람, 보살승을 받아야 할 사람을 가리킨다. 근기란 불 · 보살의 응현應現 · 교화教化를 발동시켜, 또 그것을 받아들이는 중생 측면의 구성, 있는 그대로의 모습의 의미이다. 세 사람이란 성문, 연각, 보살이다. 근기와 사람을 일부러 구별하는 이유에 대해서는 다음과 같이 생각된다.

성문, 연각, 보살의 세 사람은 그 사이에 결코 영원히 변화하지 않는 고정적

---

29 본문원문, "方便智所照之境, 凡有三三之境。一者三教, 二者是三機, 三者三人。照此三三之境。當知此智是權智體。昔日有三人, 人有三人, 人有三機, 三機感三。是故如來權智既照 此三三之境, 卽說三教, 應三機, 化三人。是故將此三三之境, 檢取此智。當知照此三三之境, 是方便智體也。"(앞의 책, 592c27-593a5)

인 차별이 있는 것은 아니라, 성문의 근기, 연각의 근기, 보살의 근기가 있는 것에 의해 규정된 존재에 지나지 않는다. 결국 이 근기의 변화에 따라서 성문이 보살이 되고 보살이 성문이 되는 것이다. 따라서 어디까지나 근기와 사람은 구별해야만 하는 것이다.

요컨대 부처의 권지는 성문승, 연각승, 보살승의 삼승을 설해서 세 근기에 응하여 세 사람을 교화하는 지智인 것이다. 달리 말하면 이 권지는 삼승, 세 근기, 세 사람을 비추어 보는 활동을 지닌 것이다.

한편, 실지의 대상에 대해서는,

실지에 의해서 비춰지는 대상에 전부 네 종류가 있다. 첫 번째에 가르침 하나이다. 두 번째에 도리 하나이다. 세 번째에 근기 하나이다. 네 번째에 사람 하나이다. 여래의 지智는 이 네 종류의 하나의 대상을 비추는 것을 분명하게 한다. 이것이 곧 실지이다.

가르침 하나 · 도리 하나라는 것은 오늘, 인因에 각각 다른 취지가 없고, 과果에 별도로 따르는 것이 없는 것을 주장하여 밝힌다. 그런데 진실이라는 것에는 그 도리에 두 개의 다른 것이 없다. 그래서 분명하게 되는 도리가 하나인 이상, 〔도리를〕 분명하게 하는 가르침이 어떻게 두 개일 리가 있는가? 또 근기 하나라는 것은 『법화경』의 좌석에 있던 그때의 청중은 하나의 결과를 감수하는 근기 하나가 있는 것이다. 사람 하나란 옛날의 성문, 연각 등의 사람이 오늘 전부 마음을 바꿔서 보살로 된다.

아래의 경문에 "다만 보살들을 교화하는 것뿐, 성문의 제자는 없다"라고 한다. 또 하나의 사람에 하나의 근기가 있고, 하나의 가르침 · 하나의 도리를 감수한다고도 한다. 여래는 하나의 가르침에 의해서 하나의 도리를 설하고, 하나의 근기에 응하여 하나의 사람을 교화하는 것이다. 이 때문에 여래의 지혜가 이

네 종류의 하나의 대상을 비추는 것은 즉 실지의 체體이다.[30]

라고 한다. 결국 실지의 체體란, 가르침 하나·도리 하나·근기 하나·사람 하나를 의미하는 '네 하나의 대상'이다. 도리가 하나이면 그것을 분명하게 할 가르침도 하나이다. 앞에서 '일승실상의 도리'라는 표현이 보였지만, 그 생각을 적용하면, 도리 하나를 분명하게 한 것이 일승인 것이고, 가르침 하나는 도리 하나를 분명하게 하는 일승의 말로서 설해진 측면에 주목하여 그것을 가리켜 보인 것이라고 생각된다. 즉 일승은 도리 하나와 가르침 하나의 두 면을 가진다. 근기 하나는 불과佛果를 실현하는 근기를 의미하고 사람 하나는 보살을 의미한다. 중생의 측면에서 말하면 불과를 실현할 근기를 갖춘 보살이라는 존재가 유일한 가르침·도리를 받아들이고, 부처의 측면에서 말하면 유일한 가르침에 의해서 유일한 도리를 설하여 불과를 실현할 근기에 응해서 보살을 교화하는 것이다. 요컨대 이와 같은 활동을 하는 부처의 지智의 측면을 실지라고 부르는 것이다.

권지와 실지의 대상을 비교하면, 가르침·근기·사람의 세 종류는 둘에게 공통되지만 실지의 대상인 도리 하나에 대해서 권지의 대상에는 결코 도리 셋이 설해지지 않는다. 이 문제에 대해서 문답이 전개되어 있지만 결론으로서는, 옛날 삼승을 설한 때도 지금 일승을 설하는 때도 도리는 시종일관 유일하다는 것이다. 옛날, 삼승을 설한 때에 세 도리가 있는 것이 아니라 삼승을 빌

---

30 본문원문, "實智所照之境, 凡有四種。一者是敎一。二者是理一。三者是機一。四者是人一。明如來之智照此四一之境。此卽是實智。所言敎一理一者, 今日唱明因無異趣果無別從。然眞實之義, 其理莫二。然所詮之理旣一, 能詮之敎何容是二也。復言機一者, 法華座席時衆者, 有感一果之機一也。人一者, 明昔日聲聞緣覺等人今日皆改心成菩薩。下經文言, 但化諸菩薩, 無聲聞弟子。亦言一人有一機感一敎一理。如來用一敎說一理應一機化一人也。是故如來智慧照此四一之境, 卽是實智體也。"(앞의 책, 593a5-17)

려서 오늘의 '일승의 도리'를 분명하게 하려고 한 것이다.[31]

이것을 요약하면, 법운은 『법화경』에서 삼승과 일승의 관계라고 하는 문제를 부처의 지혜의 두 측면, 즉 권지와 실지라고 하는 시점에서 해석하려고 했다. 권지는 세 근기를 지닌 세 사람에 대해 삼승을 설하는 지智이고, 실지는 하나의 근기를 지닌 하나의 사람에 대해서 가르침 하나·도리 하나인 일승을 설하는 지智이다. 세 근기·세 사람은 최종적으로는 하나의 근기·하나의 사람으로 전환하여 그것에 대해서 일승이 설해진다. 옛날의 삼승은 일승을 설하기까지의 잠정적이고 일시적인 임시의 존재로 여겨진다.

이와 같은 법운의 해석의 특색을 다시 정리하면, 삼승과 일승을 어느 것이나 부처의 지智에 기반한 것으로 한 점, 그러나 삼승은 권지, 일승은 실지에 각각 기반한 것으로서 삼승과 일승의 성립근거를 구분한 점, 실지의 대상인 도리 하나에 대해 권지의 대상으로서 도리 셋을 설하지 않음으로써 삼승이 임시의 존재이고 최종적으로는 도리 하나를 설하는 일승의 앞에서 사라져버리는 것이라는 점을 분명하게 한 점, 사람뿐만 아니라 근기를 취하여 중생을 고정적으로 보는 것이 아니라 근기의 있는 그대로의 모습에 따라서 변화하는 존재로서 파악한 점(이 점은 그대로 성문이 보살로 전환하여 성불한다는 『법화경』의 중심사상과 일치한다) 등이 주목된다.

---

31 『法華義記』卷第二, "問者言, 實智所照之境乃有四一, 則長有理一。說權智所照之境, 便應有四三。今者故無有三理, 只有三三也。解釋者言, 昔日若有三理者, 便應是實有三。何謂於一佛乘 方便說三。故知昔日敎下無有三理。……"(앞의 책, 593a17-). "解云, 應衆生實有三機, 昔日實有三敎, 實無三理。但昔三敎爲詮一理。昔日既未得說一實之理, 是故假三乘言敎, 遠詮今日一實之理。"(앞의 책, 593a26-29)을 참조.

(2) 인과론과 일승 해석

다음으로 법운의 인과론에 대해서 소개한다. 법운은 『법화경』을 해석함에 있어서 인과론을 가장 중시했다. 법운에게 불교의 중심은 오히려 인과론 그 자체라고 해도 과언이 아닐 것이다. 여기에서 말하는 인과란 불교에 있어서 수행이라는 인因과 그 수행의 결과, 실현될 종교적 이상이라는 과果이다. 불교는 단순히 철학·이론에 머무는 것이 아니라 수행과 그 수행에 의해서 도달해야 할 목표가 있다. 불교 안의 철학·이론도 이 수행과 목표를 위해 형성된 것이다.

앞서 소개한 것처럼 법운은 『법화의기』의 첫 부분에서 석존 일대의 교화를 정리하고 있지만 그 중 정리의 기준으로서 이 인과론을 사용한다. 이것은 『법화경』 자체가 석존 일대의 교화를 삼승으로부터 일승으로라는 도식으로 정리하고 있는 점을 받아들인 것이지만 법운이 독자적으로 삼승, 일승을 인과론의 시점에서 재파악하여 삼인삼과로부터 일인일과로라는 교판사상을 제시한 것이다.

이와 같은 인과론에 바탕한 석존 교화의 정리는 『법화경』의 경이름 해석에도 적용되고 있다. 즉, 「묘법연화경」의 '법'이 인과를 의미하는 것으로 해석되고, '연화'도 또한 오묘한 인과를 비유한 것으로 해석되고 있다.[32] 이것은 도생의 경이름 해석에는 보이지 않던[33] 법운 독자의 해석으로서 후대의 주석가들에게 큰 영향을 미쳤다. 여기에서는 '법'을 인과로 해석하는 점을 고찰한다.

---

32 『法華義記』卷第, "蓮華者, 外譬一物必花實俱有. 若談蓮家之花, 則如果家之因. 若語花家之蓮, 則如 因家之果. 是故此經家要双明一乘因果, 似若此花. 故借譬受名, 故云蓮花"(앞의 책, 573a4-8)을 참조.

33 道生, 『妙法蓮花經疏』卷上, "法者, 體無非法, 眞莫過焉"(『新纂大日本續藏經』27. 1c6)을 참조.

묘妙는 추麤와 상대적인 개념으로 법의 형용어이다. 법은 인과의 두 법을 의미한다. 따라서 묘법이란 묘인묘과妙因妙果라는 의미로서 달리 말하면 인因도 묘妙, 과果도 묘妙라는 것이다. 이『법화경』의 인과에 대비하면 옛날의 가르침에 보여진 인과는 거친(麤) 인因과 거친 과果이다. 구체적으로는 육바라밀의 수행을 인因으로 하고 그것에 의해서 실현되는 과果에 유위의 과와 무위의 과가 있다. 무위의 과는 삼계 내의 분단생사를 멸하는 것이고 유위의 과의 용用(작용의 뜻)은 80세, 혹은 칠백 아승기겁[34] 동안 이 세계에 머물러 중생을 구제하는 활동을 말한다. 이들 인과는 또한 구극은 아니라고 규정된다.

이에 대하여『법화경』의 묘인妙因은 만선萬善을 하나의 인因으로 하여 중생이 오백 유순의 험난한 길을 넘어 보배가 있는 곳에 도착하게 하는 것이고, 묘과妙果는 삼계 안팎의 생사(분단생사와 불가사의 변역생사)를 멸하는 무위의 과果와 무한의 자비로서 신통력에 의해 수명을 연장하여 삼계의 중생을 구제하는 유위의 과果의 용用이다. 이와 같은 인과의 두 법이 묘법이라고 불려지는 것이다.

이상과 같이 옛날의 거친(麤) 인因, 거친 과果와『법화경』의 묘인묘과가 비교되지만 이것에 대해서 법운은 더욱 상세히 논하고 있다. 법운은 옛날의 인과 오늘의 인의 비교를 세 부문으로 행하고 있다. 자료 인용은 생략하고 요점을 소개한다.[35] 첫 번째, 인因의 체體의 길고 짧음에 대해서는 옛날의 인因은 삼계 안의 수행일 뿐이고(短), 오늘의 인因은 삼계 안팎의 수행, 만선萬善을 가리키고 있다(長). 두 번째, 인因의 뜻(義)의 넓고 좁음에 대해서는 옛날의 인因은 육

---

34 『首楞嚴三昧經』卷下, "爾時堅意菩薩心大歡喜, 卽還娑婆世界白佛言, 世尊。彼照明莊嚴自在王佛壽七百阿僧祇劫。而告我言, 如我壽命釋迦牟尼佛壽命, 亦復如是。"(T15. 645a2-5)을 참조.

35 『法華義記』卷第一(T33. 573a15-c9)을 참조. 여기에 소개하는 법운의 해석에 대한 상세한 비판이『法華玄義』卷第二上(T33. 691b29-692c3)에 보이는 것도 주지의 사실이다.

바라밀의 수행만을 의미하고(狹), 오늘의 인因은 모든 선善, 복福을 전부 수행한다(廣). 세 번째, 인因의 용用의 수승하고 열등함에 대해서는 옛날의 인因은 사주지四住地의 번뇌를 멸하는 것일 뿐 무명주지無明住地의 번뇌까지는 미치지 않지만(劣), 오늘의 인因은 사주지四住地의 번뇌뿐만 아니라 무명주지의 번뇌까지도 멸한다(勝).

다음으로 옛날의 과果와 오늘의 과果의 비교를 역시 세 부문으로 행하고 있다. 첫 번째는 과果의 체體의 길고 짧음이다. 옛날의 과果는 부처의 수명이 80세, 혹은 칠백 아승기겁이라는 짧은 수명이고, 오늘의 과果는 오백 티끌 수의 겁(五百塵点劫)의 두 배라고 하는 길고 긴 부처의 수명이다. 두 번째는 과果의 뜻의 넓고 좁음이다. 옛날의 과果와 오늘의 과果 중에 무위과無爲果에 대해서는 옛날은 분단생사만을 멸한 불완전한 것이고 오늘은 분단생사와 불가사의 변역생사의 두 가지 생사를 멸한 완전한 것이다. 유위과有爲果에 대해서는 옛날은 공덕도 지혜도 아직 불충분하다. 공덕은 자비가 삼계 안의 중생에게만 미치고 삼계 밖의 중생에게는 미치지 않는다. 지혜는 한량 있는 사제四諦를 비출 뿐 한량 없는 사제를 비추지 않고, 또 삼인삼과를 비출 뿐 일인일과一因一果를 비추지 않으며 진지盡智와 무생지無生智만 있다. 오늘의 유위과有爲果는, 공덕에 대해서는 삼계 안팎의 중생에 널리 자비가 미치고, 지혜에 대해서는 한량 있는 사제, 한량 없는 사제를 비추며, 또 일인일과를 비춘다. 세 번째는 과果의 용用의 수승하고 열등함이다. 옛날의 과果는 얼마간의 설법이 있을 뿐으로 열등하지만 오늘의 과는 다만 영축산뿐만 아니라 널리 시방에 몸을 나누어 신통력에 의해서 중생을 구제하는 점에서 수승하다.

이와 같이 법운은 옛날의 인과와 오늘의 인과를 세 부문으로 비교하여 거칠음(麤)과 묘妙를 판정, 『법화경』이 '묘'로 규정되는 내실을 분명하게 한 것이다. 『법화의기』에는 또한 별도의 해석이 소개되어 있지만 그 소개는 생략한

다.[36]

『법화경』의 일승을 일인일과一因一果로 규정, 옛날의 인과를 거침(麁), 오늘의 인과=『법화경』의 인과를 묘妙로 판정한 법운은 이 인과론과『법화경』전체와의 관계를 다음과 같이 밝혔다. 법운은 경전의 종지에 대해서 인因을 종지로 하는 경經, 과果를 종지로 하는 경, 인과를 종지로 하는 경의 세 종류가 있는 점을 밝히고『법화경』의 경우는 세 번째, 인과를 종지로 하는 경이라는 것을 지적하여,

지금 이『법화경』은 인과를 종宗으로 한다. 안락행품安樂行品 이전은 셋을 열어 하나를 나타내서(開三顯一) 인因의 의의를 밝힌다. 용출품涌出品 이후는 가까운 것을 열어 먼 것을 나타내서(開近顯遠) 과果의 의의를 밝힌다.[37]

라고 설하고 있다. 더욱이 이와 같이 인과 모두를 설한다고 규정되는『법화경』은 서설序說 · 정설正說 · 유통설流通說의 이른바 일경삼단一經三段에 있어서 구체적으로는 어떻게 이 인과를 설하고 있다고 해석되는 것일까? 서설은 정설의 연유緣由로서 인과와의 직접관계는 없다. 그러나 서품序品의 상서로운 모습(瑞相) 해석에 있어서는,

일인일과의 도리를 확실히 설해 보이고자 삼승의 수행자가 똑같이 성불에 돌아가는 것을 밝힌다.[38]

---

36 『法華義記』卷第一(T33. 573c9-26)을 참조.
37 본문원문, "今此法花, 則以因果爲宗. 自安樂之前, 開三顯一以明因義. 自踊出之後, 開近顯遠以明果義."(앞의 책, 574c16-18)
38 본문원문, "將欲顯說一因一果之理, 明三乘行人同歸成佛."(앞의 책, 582b22-23)

등으로 일인일과와의 관계를 자주 지적하고 있다.

정설正說에는 인과가 설해지는 것으로 되어 더욱이 두 단으로 나누어 각각 인因과 과果가 설해진다고 해석된다. 결국 방편품부터 안락행품安樂行品까지는 인因의 뜻을 분명히 하는 단락이고, 용출품涌出品부터 분별공덕품分別功德品의 격량게格量偈까지가 과果를 밝히는 단락으로 되어 있다.[39]

유통설流通說에 대해서는,

> 이 일승의 인과의 묘법이 멀리까지 아직 들은 적 없는 사람에게 들리게 하여 천 년간 끊어지지 않도록 하려고 한다.[40]

라고 설해져 있다. 즉 정설의 단에서 분명하게 된 일인일과의 묘법을 유통하는 것이 유통설인 것이다.

권실이지론과 인과론의 관계에 대해서 말하면 법운은 『법화경』에 설해지는 삼승과 일승을 부처의 권지權智와 실지實智에 기초를 두게 하는 방법으로 둘의 차이를 분명하게 하였다. 권지는 세 가지 셋(三三)의 대상을 대상으로 하는 것이고, 실지는 네 가지 하나(四一)의 대상을 대상으로 한다고 규정한다. 후자의 네 하나의 대상 가운데 도리 하나를 일인일과의 도리로 규정하는 해석에 기반하여 법운은 『법화경』일승사상의 내실을 일인일과로 규정, 『법화경』의 경이름 해석을 통해서 『법화경』의 일인일과를 묘인묘과妙因妙果로 규정하고, 그것과 『법화경』 이전 옛날의 삼인삼과=추인추과麁因麁果와의 차이를 고찰한 것

---

39 『法華義記』卷第一, "正宗中有兩段者, 但此經只以因果爲宗. 是故第一方便品以下盡安樂行品有十二品經, 正開三顯一以明因義, 譬蓮家之花也. 第二從踊出品以下竟分別功德品中彌勒說偈頌佛長行以來, 凡有兩品半經, 諸爲開近顯遠以明果義, 喩若花家之蓮. 前辨因義, 後明果宗. 然則因果双說, 經之正體也."(575a23-b2)을 참조.

40 본문원문, "欲使此一乘因果妙法遠播未聞千歲不絶."(앞의 책, 575a12-13)

이다. 결국 법운은 석존 일대의 교화에서 『법화경』의 자리매김을 명확하게 하기 위해 인과론을 사용한 것이다. 이 인과론은 석존에 의해서 설해진 교법의 측면에 대한 해석이지만 그것뿐만 아니라 교법을 설한 주체인 부처의 지혜(권지와 실지)를 분명히 함에 의해서 묘인묘과=일인일과와 추인추과=삼인삼과를 설하는 부처 측면의 근거를 분명하게 하였다. 더욱이 이 인과=일인일과를 의미하는 일승사상은 단순히 방편품에만 설해지는 것이 아니라 『법화경』 전체에 설해지는 것으로 그것이 구체적으로 어떻게 『법화경』에서 설해지는가를 그 분과에서 분명하게 한 것이다.

이와 같이 법운의 일승사상 해석은 인과론의 시점에서 행해지고, 그 일인일과의 도리는 부처의 실지實智에 기반한 것이다. 덧붙여 일인일과에 대해서는,

> 결과 하나果一를 밝힌다는 것은, 즉 옛날의 세 결과를 모아서 최종적으로 오늘의 한 결과를 완성하는 것이다.……원인 하나因一를 밝힌다는 것은, 즉 옛날의 삼승의 사람이 수행하는 내용을 모으면 다만 하나의 원인 뿐이어서 하나의 불과에 상대시키는 것이다.[41]

로 설명되어 있다. 결국 옛날의 성문 · 연각 · 보살의 수행의 세 원인이 최종적으로 하나의 불과를 이루는 하나의 원인으로 되는 것, 아라한 · 연각 · 불이라고 하는 옛날의 세 결과는 최종적으로 하나의 불과로 되는 것을 말한다. 이와 같은 『법화경』 사상의 이해는 도생이 『법화경』을 세 단락으로 분과한 것에 이미 보여진 것이다.[42] 법운은 경 이름의 '법' 중에 석존 일대의 교화를 정리, 『법

---

41 본문원문, "明果一者, 卽會昔日三果, 終成今日一果。……明因一者, 卽會昔日三乘人所行, 只是一因以對一佛果。"(앞의 책, 603a19–23)

42 道生『妙法蓮花經疏』卷上, "此經所明, 凡有三段。始於序品訖安樂行此十三品, 明三因

화경』의 사상을 정확히 표현하는 인과론을 발견, 또 인과론을 뒷받침하는 부처의 권실이지론權實二智論을 설함으로써 다시 도생 이래의 해석을 전개한 것이다.

5. 『법화경』의 불신무상설佛身無常說

법운은 『법화경』을 『열반경』 아래에 놓는 교판에 기반하여 『법화경』을 해석해서 방편품을 중심으로 하는 『법화경』의 일승사상을 중시한 반면 여래수량품에 설해지는 구원久遠의 석존 사상은 그다지 중시하지 않았다고 생각된다. 여기에서는 『법화경』과 『열반경』의 관계에 대해서 법운이 어떻게 파악하였는지 고찰한다.

오시교판의 특징은 『열반경』이 상주교常住敎로 규정되는 것에서 알 수 있듯이 불신의 상주를 설한다는 점에서 『열반경』이 『법화경』보다 우월한 경전이라고 인정하는 것이다. 『법화의기』에서도 두 경의 비교는 이 불신의 상주와 관련하여 행해진다. 『법화의기』 권제1에 이 문제에 대한 법운의 솔직한 해석이 보인다. 즉,

이 경이 밝히는 장수長壽의 의의에 대해서 말하면, 다만 옛날의 칠백 아승지〔겁의 수명〕을 짧음으로 하고, 지금 〔미래의 수명은 과거에 성불로부터 현재까지의 시간의〕 두 배라는 것을 지위가 길다고 부른다. 그렇다면 지금 그 이상 별도의 길음은 없다. 다만 옛날의 칠백 아승지에 이어지는 것을 길다고 한다.

爲一因。從踊出至于属累品此八品, 辨三果。從藥王終於普賢此六品, 均三人爲一人。斯則蕩其封異之情, 泯其分流之滯也。"(『新纂大日本續藏經』27. 1c14-17)을 참조.

마치 길이 5장丈의 기둥 가운데 2장을 묻고, 다만 3장만을 〔땅위에〕 내놓아, 3장을 보고 짧다고 한다. 거기에 다시 2장을 〔땅위로〕 내놓으면 길다고 하는 뜻이 있다. 다만 별도로 길다고 하는 것이 있는 것은 아니다. 바로 지금의 2장을 예전의 3장에 계속해서, 5장의 작용이 있는 것이다. 수명도 또한 같다. 옛날의 칠백을 짧다고 하고 지금 두 배라는 것을 길다고 한다. 다만 별도로 긴 것은 없다. 짧은 것에 이어서 긴 것을 이룬다. 3장은 짧고 거칠음(麤)이고 오늘의 두 배는 길고 묘함에 다르지 않다. 이것이 특별한 길음의 의의가 없는 것이다.[43]

라고 한다. 『법화경』의 장수의 뜻에 대해서 알기 쉬운 비유를 보여서 설명하고 있다. 5장의 기둥을 2장만을 땅에 묻고 3장을 땅 위에 내놓은 경우 이 3장이 옛날의 칠백 아승지겁이고 땅에 묻었던 2장도 파내서 5장이 된 것이 『법화경』의 "復倍上數"(T9. 42c23)이기 때문에 옛날과 오늘의 부처의 수명의 차이는 3장과 5장의 상위로서 상대적인 길고 짧음의 차이가 있을 뿐이라는 것이다. 법운은 "復倍上數"를 『법화경』에서 부처의 수명의 표식으로 보고 옛날의 짧은 수명에 비교해서 상대적인 길음은 인정하지만 그 길음이 상대적인 점에서 대승 『열반경』이 밝히는 불신상주의 사상으로부터 보면 무상無常의 불신이라고 결론지은 것이다.[44]

---

43 본문원문, "就此經所明長壽之義, 但昔七百阿僧祇爲短, 今復倍称位長. 然今者更無別長, 只續昔七百阿僧祇爲長. 如柱長五丈埋蔵二丈唯出三丈, 覩三丈爲短. 又出二丈, 則有長義. 但無別有長. 正以今二丈續昔三丈, 有五丈之用也. 壽命亦爾. 昔七百爲短, 今復倍爲長. 但無別長, 續短成長. 無異三丈是短是麤今日復倍是長是妙也. 此是無別長義." (앞의 책, 573c26–574a5)

44 길장은 『법화현론』권제2에서, 법운의 『법화경』불신무상설佛身無常說을 취하여 비판하고 있다. "光宅雲公言, 猶是無常. 所以然者, 教有五時, 唯第五涅槃是常住教. 四時皆無常. 法華是第四時教. 是故佛身猶是無常. 又此經自説無常. 如下文言, 復倍上數. 雖復稱久, 終自有限. 故知無常. 又藥草品云, 終歸於空. 終歸於空者, 既是無常, 終入無余也."(T34.

"復倍上數"의 해석은 다른 곳에서도 보인다. 곧,

만약 도리에서 논하면 두 종류의 생사를 뛰어넘는 이상 당연히 상주常住의 열반일 터이다. 그런데 지금 이 가르침은 이 도리를 밝히지 않으므로 「復倍上數」를 열반으로 이름 붙인다.[45]

라고 한다. 이에 의하면 분단생사와 불가사의한 변역생사의 두 종류 생사를 뛰어넘으면 당연히 상주의 열반을 획득할 수 있을 것이지만 『법화경』에는 이 도리가 아직 설해지지 않고 오백 티끌 수의 겁(五百塵点劫)의 두 배라고 하는 부처의 수명, 즉 길기는 하지만 유한한 부처의 수명을 열반으로 하므로 상주의 열반은 아니라고 하는 것이다. 또 『법화경』에 설해지는 법신의 의미에 대해서,

그런데, 『법화경』이 밝히는 법신은 상주와는 같지 않다. 해석에 두 종류가 있다. 첫 번째에는 「금강심金剛心을 연장해서 길게 이 세계에 머무는 것을 법신으로 한다」고 말한다. 나아가 또 「바로 시방의 부처들을 모아서 서로 상대를 멀리서 보는 것을 밝힌다」고 말한다. 따라서 무량수불無量壽佛은 현재 서방에서 교화하고 아직 여기 〔사바세계〕에 오지 않는 것을 안다. 여기에서 저기를 보면 그 〔무량수불〕은 즉 법신이다. 그런데 응신은 본래 형체가 있고, 법신은

372a17-23) 법운의 불신무상설의 경증으로서 『법화경』여래수량품의 "復倍上數"와 약초유품藥草喩品의 "終歸於空"(T9. 19c5)을 인용하고 있다. 다만 '종귀어공終歸於空'에 대해서는 『법화의기』권제6에 "如來知是一相, 此下第五擧如來知結合也"(T33. 649b26-27)라고 주석할 뿐이다.

45 본문원문, "若使理中爲論, 旣度二種生死, 應是常住涅槃. 而今此敎未明此理, 故名復倍上數以爲涅槃."(앞의 책, 624c6-7)

본래 형체가 없다. 부처가 아직 이곳에 오지 않는 이상 이곳에 있어서는, 즉 형태가 없어서 바로 법신 그것이다. 만약 이곳에 와서 응현應現한다면 즉 여기에 응현한다는 점에서 응신이다. 저쪽에서 이곳을 보면 즉 이 〔부처〕를 법신으로 하는 것이다.[46]

라고 설해져 있다. 이것에 의하면 『법화경』이 밝히는 법신은 신통력으로 금강심을 연장해서 이 세계에 머무는[47] 부처를 법신으로 이름 붙일 뿐인 것이든가, 다른 세계의 응신, 예를 들어 무량수불을 이 세계에서는 형태도 없고 모습도 없다는 이유로 법신이라고 이름 붙인[48] 것이 된다. 금강심은 금강석과 같은 견고한 마음을 의미, 일반적으로는 보살 최고 지위의 마음을 의미하지만 여기에서는 부처가 무여열반無餘涅槃에 들어가지 않고 이 세계에 머무르기 위해서 필요한 마음의 뜻으로서 사용되고 있다. 이와 같이 『법화경』이 밝히는 법신은 『열반경』에 설해지는 상주의 법신과는 차이가 난다. 이 점에 대해서는 앞서 인

---

46 본문원문, "然法華經所明法身者, 不同常住也。解有二種。一云延金剛心久住世者, 以爲法身。又云正明總十方諸佛更互相望。故知無量壽卽時在西方敎化未來此間。此間望彼, 彼卽是法身。然應身本有形有像, 法身本無形像。佛旣未來此間, 於此間卽無形無像, 卽是法身。若來應此間, 卽於應此間是應身。他方望此間, 卽持此間, 作法身也。"(앞의 책, 629a6-13)

47 『法華義記』卷第一, "但大悲之意不限, 度人之心無窮, 近藉神通之力, 遠由大衆萬行之感, 遂能金剛心, 留住於世, 壽命無窮, 益物無崖"(앞의 책, 572c25-573a1)을 참조.

48 무량수불을 법신으로 하는 것에 대해서, 『法華義記』卷第, "今此經言法身者, 指他方應身爲法身。故如佛在無量壽國。此間衆生機感無量壽來應, 仍詺無量壽佛, 爲法身也。"(앞의 책, 635c25-28)을 참조. 또 분신分身의 여러 부처를 법신으로 하는 것에 대해서, "此中明法身, 卽是他方淨土分身諸佛, 以爲法身也。"(앞의 책, 638c14-15)을 참조. 또 법운의 불신설에 대해서는 木村宣彰, 「법운의 불신설(法雲の佛身說)」, 『佛敎學セミナー』 16, 1972.10. 또 木村宣彰, 『중국불교사상연구(中國佛敎思想硏究)』, 法藏館, 2009, pp.164-179를 참조.

용했지만 확실히,

> 이 경(『법화경』)이 법신을 밝힌 것은 상주경常住經[인 『열반경』)이 밝히는 법신과
> 는 같지 않다.[49]

라고 설해져 있다.

이와 같이 법운은 『법화경』 여래수량품에 설해지는 구원의 석존을 『열반경』
에 설해지는 진실상주의 법신으로는 파악하지 않았던 것이다.

6. 결론

마지막으로 본고의 요점을 정리한다.

1. 법운은 『법화경』 본문의 치밀한 연구에 기반하여 상세한 분과를 고안, 후
대 법화경소에 커다란 영향을 미쳤다.

2. 『법화의기』는 『법화경』의 강의록으로서 『열반경』에 대한 언급은 적지만
법운이 오시교판을 채용했다고 하는 후대의 지적은 아마도 정확하며, 『법화
경』을 『열반경』 아래에 위치시키는 사고도 보인다.

3. 법운은 『열반경』의 불신상주설을 높이 평가하는 교판을 채용했기 때문에
여래수량품의 구원久遠의 석존에 대해서는 그다지 중시하지 않고 방편품의
일승사상을 중시했다. 더욱이 일승사상은 방편품에 설해지는 것만 아니라 『법
화경』 전체에 설해지는 것인 점을 분과에 의해서 보였다.

4. 일승사상의 해석에 있어서 법운은 해석의 구조로서 권실이지론權實二智

---

49 본문원문, "此經明法身, 不同常住經所明法身."(앞의 책, 635c24-25)

論과 인과론을 중시했다.

5. 권실이지론은 삼승과 일승, 어느 것이나 부처의 지智에 기반한 것으로, 삼승은 권지權智, 일승은 실지實智에 각각 기반한 것으로 하여 삼승과 일승의 성립 근거를 구별했다.

6. 『법화경』 일승사상의 내실을 일인일과一因一果로 규정, 그것을 묘인묘과妙因妙果로 하여 그것과 『법화경』 이전 옛날의 삼인삼과三因三果=추인추과麤因麤果와의 차이를 고찰했다.

7. 인과론은 석존에 의해서 설해진 교법의 측면에 대한 해석이지만 그것뿐만 아니라 교법을 설한 주체인 부처의 지혜(권지權智와 실지實智)를 분명하게 함에 의해서 묘인묘과妙因妙果=일인일과一因一果와 추인추과麤因麤果=삼인삼과三因三果를 설한 부처 측면의 근거를 분명하게 하였다.

8. 법운은 『법화경』 여래수량품에 설해지는 구원久遠의 석존을 『열반경』에 설해지는 진실상주의 법신으로는 파악하지 않았다.

법상法上『십지론의소十地論義疏』「가분加分」석釋의 삼종진三種盡에 대해서

김천학(金天鶴)

1. 문제의 소재

　　법상法上의『십지론의소十地論義疏』(이하『의소義疏』로 약칭함)는 현재 처음 부분이 결락된 권1과 권3卷이 남아 있을 뿐 전모를 알 수 없다. 그럼에도 현대에 들어와 초기 지론종地論宗의 사상뿐 아니라 후에 형성된 화엄사상華嚴思想을 해석하는 데 중요한 문헌으로 인식되어 육상六相과 식설識說 등을 중심으로 지론종을 논하는 가운데 부분적으로 연구되었다.[1] 아마도 중국 남북조 시대

---

[1] 現在까지의 重要한 硏究는 다음과 같이 整理할 수 있다.

　　坂本幸男(1956)『華厳教学の研究』平楽寺書店, 362-363頁(六相), 538頁(識)

　　勝又俊教(1961)『仏教における心識説の研究』山喜房佛書林,639-688頁(識)

　　木村清孝(1977)『初期中国華厳思想の研究』春秋社, 300-305頁(法界縁起)

　　伊藤瑞叡(1988)『華厳菩薩道の基礎的研究』平楽寺書店, 651-653頁(六相), 804-808頁(識)

　　伊吹敦 (1998)「地論宗南道派の心識説について」『印度学仏教学研究』47-1,86-92頁

　　大竹晋(2010)「地論宗の唯識説」『地論思想の形成と変容』金剛大学校仏教文化研究所編, 国書刊行会刊,65-93頁

의 지론사상地論思想을 연구하는 데 있어서 『의소義疏』의 연구는 필수적이라고 생각된다. 근래에 『의소』에 대한 연구발표가 잇따르는 것은 이러한 인식의 반영일 것이다.[2] 현재 『의소』가 명칭을 들어 인용된 예를 찾을 수 없다. 그럼에도 불구하고 『의소』가 후대 십지론사十地論師들에게 상당한 영향력을 미쳤다고 추정된다. 그것은 『의소』의 일부가 돈황본 지론종地論宗 사본과 일치하거나,[3] 또는 『의소』의 사상과 궤軌를 같이하는 내용이 지론종 문헌에서 발견되거나,[4] 후기 지론종사地論宗師로 유명한 정영사淨影寺 혜원慧遠에게 사상적으로 계승되었던 예를 찾아볼 수 있기 때문이다.[5]

본 내용은 『의소』에 대한 기존 연구성과에 힘입어서 그 동안 주목되지 않았던 『십지경론十地經論』 「가분加分」의 주석 가운데 삼종진三種盡 중 장장障에 관한 해석의 특징과 『대승오문실상론大乘五門實相論』(이하 『오문실상론五門實相論』으로 약칭함)설 및 지론종 돈황사본敦煌寫本 등과 비교하여 그 영향 관계에 대해 검토하고자 한다. 또한 소고小稿를 통해 『의소義疏』뿐 아니라 포괄적으로는 지론학파의 사상 연구를 보다 진전시키는 데 목적이 있다.

---

2 北塔愛美子(2004)「法上述 『十地論義疏』における円融思想」『禅学研究』82号, 85-106頁.
　山口弘江(2011)「『十地論義疏』と『大乗五門十地実相論』—周叔迦説の検討を中心として—」『東 洋学研究』48号, 117-133頁
　金天鶴(2013)「法上撰 『十地論義疏』についての一考察」『印度学仏教学研究』61-2, 201-208頁
　吉村誠(2013)「地論学派の心識説と南北二道の形成−法上 『十地論義疏』を中心として−」『印度学仏教学研究』61-2, 209-214頁

3 藤谷昌紀(2002)「敦煌本 『本業瓔珞経疏』の引用経典について」『大谷大学大学院紀要』19, 109-110頁
　石井公成(2011)「『大乗五門実相論』について」『印度学仏教学研究』通号 125, 20-26頁

4 金天鶴(2011)「T85 No.2799 『十地論義疏』의 텍스트 검토」大藏經: 2011年 高麗大藏經千年記念 國際學術大會 發表文, 66-102頁(2013年中 修正하여 論文集에 揭載豫定)

5 金天鶴(2013) 前揭論文

2. 삼종진三種盡에 대한 해석

1) 보살진菩薩盡에 대해서

『십지경론』의 「가분加分」 가운데 구가단口加段은 제불諸佛이 금강장보살金剛藏菩薩에게 십지법十地法을 설하는 변재辯才를 가피加被하는 내용이다. 보살의 근본변재根本辯才는 자력自力에 의한 변재와 타력他力에 의한 변재로 나뉘어지는데, 타력의 변재는 불佛의 신력神力을 받는 것이며 자력의 변재 가운데는 네 가지가 있다. 유작선법정변재有作善法淨辯才, 무작법정변재無作法淨辯才, 화중생정변재化衆生淨辯才, 신정변재身淨辯才가 그것이다. 그리고 마지막 '신身의 정淨'으로 변재함에 '삼종三種의 진盡'이 설해진다. 삼종의 진盡은 '보살진菩薩盡 · 성문벽지불부동진聲聞辟支佛不同盡 · 불진佛盡'을 말하며, 여기서의 '진盡'은 구경究竟, 구극究極을 의미한다.[6]

이 삼종진을 주석하는 가운데『의소義疏』는 '동상장同相障', '이상장異相障' '체장體障'이라는 독특한 용어를 사용하는데,『의소』에서 말하는 '지장智障', '번뇌장煩惱障', '체장體障'에 각각 해당한다.[7] '동상장同相障', '이상장異相障'이란 명칭은『의소』이외에 CBETA나 SAT 등에서 검색되지 않는다. 그런데 돈황사본『오문실상론五門實相論』에 같은 용어가 나오며『의소』와 문장이 상당히 일치한다. 이에『의소』와 비교하면 〈표 1〉과 같다.

---

6 伊藤瑞叡[1988] 前揭書, 118頁, 大竹晋校註[2005] 新国訳大蔵経『十地経論』I (大蔵出版社, 66頁 註9)

7 T85. 766b

『의소義疏』권1(T85.763c)	『오문실상론五門實相論』(藏外地論宗文獻集成, 515頁)
菩薩盡者, 因道究竟. 八地已上. 同相障者, 初地已上七地已來, 所有法界海會菩薩, 同名菩薩, 名爲同相. 正以多相故, 障*於報身不顯. 無功用智起*,功用智盡, 相融無礙. 成於報佛也	同相障者, 從初地已上七地已來, 所有法界海會菩薩, 同名菩薩故, 名爲同相.正以多相故, 障於報身不顯, 名之爲障.無功用智起時, 功用智盡, 海會菩薩, 相融無礙.成於報佛故, 論云菩薩盡, 即是其事

* '起'는 大正藏에 '超'. S.2741,S.2717에 의해 訂正

* '障'은 S.2717에 '彰'

〈표 1〉과 같이 『의소』의 문장이 『오문실상론』의 문장과 거의 일치함을 알 수 있다. 『오문실상론』은 지론학파가 중시하는 경전 가운데 하나인 『대집경大集經』에 대한 주석이며, 시기는 『의소』보다 늦은 것으로 추정된다.[8]

여기서 '동상장同相障'라는 것은 『의소』의 독특한 해석과 관련된다. 『의소』에 따르면 회좌會座에 모인 제불의 보살시기菩薩時期의 이름이 모두 금강장金剛藏이어서 이것이 초지初地에서 제7지에 이르는 보살들에게는 오히려 장애가 된다. 그것은 동명同名의 보살들을 '다상多相'으로 인식하기 때문인데, 그 결과 보신報身이 나타나지 않는다. 이러한 인식은 제7식의 공용지功用智에 의거한다. 그러나 무공용지無功用智(제8지 보살의 능력)를 일으킬 때 공용지가 다 없어지고 상융무애相融無礙가 실현됨으로써 비로소 보불報佛을 성취하는 것이다. 이것이 '보살의 구경究竟'이다.

한편, 『의소義疏』의 '인도구경因道究竟'이라는 표현은 「가분」 초初의 9종입種入 가운데 '보살진입菩薩盡入'의 주석과도 일치한다. 『십지경론』에서는 제10지 보살이 들어가는 단계이며, 『의소』역시 "十地大士, 因道究竟"이라고 함으로써 '보살진입菩薩盡入'이 제10지보살을 대상으로 논해지는 입入이라는 것을 알

---

8 石井公成(2011) 前揭論文, 20-26頁. 다만, 靑木隆(2010) 「敦煌写本にみる地論教学の形成」『地論思想の形成と変容』등의 논문에서는 같은 第2期에 분류되어 있어, 시기의 전후 문제는 좀더 확실한 구명究明이 필요하다.

수 있다. 그리고, 『의소』에서는 앞 단계인 '지지전입地地轉入'을 '8지와 9지'로 규정하고 있다. 『의소』의 '보살진菩薩盡'의 해석이 제8지 이상으로 규정하기 때문에 제10지까지 포함한다는 의미에서 포괄적이라고 할 수 있다.

지地와 불신佛身의 관계에서 보면, 『의소』에서는 초지에서 제7지까지의 보살에게는 보불報佛이 나타나지 않고, 제8지에 이르러 보불이 나타난다고 한다. 그런데, 「본분本分」에서 10지를 태자太子에 비유하는 부분에서는 다음과 같이 논한다.

> 若以得證相應以爲王子, 初地以上爲王子. 若以無障礙解爲子者, 六地以上爲王子. 若始成法身爲子者, 八地以上爲王子. 若具足子相爲王子者, 要取第十地受佛位爲太子.(T85.767b)

이 문장을 보면, 법신이 처음 나타나는 입장에서 보자면, 제8지 이상으로 규정됨을 알 수 있다. 이로부터 보자면, 제8지에 보불報佛이 나타난다는 '보살진菩薩盡'에 대한 주석과 일치하지 않는다고 보일 수 있다. 하지만 이하의 검토를 통해 그렇지 않음을 밝히고자 한다.

『십지경론』에서는 보살진菩薩盡에 대해서 다음과 같이 설명한다.

> 一者, 菩薩盡有二種利益, 二者, 聲聞辟支佛不同盡, 三者, 佛盡. 菩薩盡者, 法身離心意識, 唯智依止, 如經法身智身故. 二種利益者, 現報利益, 受佛位故. 後報利益, 摩醯首羅智處生故, 如經正受一切佛位故, 得一切世間, 最高大身故.(T26.125b)

『십지경론』을 통해서 보살진을 이해하자면, 보살이 구경에 이르면, 현생에서 불의 계위階位를 받고, 후생에서는 제10지보살이 마혜수라지처摩醯首羅智處에 태어나는데, 결국 법신과 다르지 않은 지신智身의 경지에 대한 설명이 보살진菩薩盡이 된다. 법신은 지신의 의지처이기는 하지만 법신과 구별이 없다는 점에서 지신은 지智의 의지처이기도 함을[9] 알 수 있다. 여기서 "法身, 離心意識"이라고 되어 있는데, 『십지경론』의 제8지에는 "是菩薩, 遠離一切心意識, 憶想分別"[10]라고 되어 있어, 심의식心意識를 멀리 여의는 법신과의 긍정적 관계가 제8지부터 시작된다는 것을 알 수 있다. 이 점에 있어서는 『의소』의 해석이 타당한 것을 알 수 있다. 그렇다면 지신은 삼신三身 가운데 어느 신인가? 『의소』에서는 『십지경론』의 이 부분에 대해서 다음과 같이 주석한다.

「法身」者, 法性身. 「心」者, 第七心. 「意」者, 第六意. 「識」者, 五識識. 故楞伽經云, '心為採集主, 意為廣採集, 現識分別五'. 離此七種識轉為智, 故云「唯智依止」. 「受佛位」者, 方便行滿. 「智處生」者, 報行滿.(T85.763c)

『의소』의 주석에 보이는 식설識說에 대해서는 이미 연구가 축적되었고[11], 여기서 다룰 문제는 아니기 때문에 『의소』의 보살진菩薩盡의 해석에 필요한 부분만 다룬다. 위 주석 가운데 특별히 주의를 기울인다면 "離此七種識轉為智"부터 "智處生」者, 報行滿"까지일 것이다. 우선, '전위지轉為智'는 이른바 전식득지轉識得智를 의미한다. 『의소』에서는 심心을 제7식으로 보고 있는데, 이 제7식을 전전轉하여 얻는 지智이다. 그것은 다음 '지처생智處生' 문구와 연결된다. 『십지경론』에서는 '보행報行이 순숙純熟'한 것을 제8 부동지不動地로 보았다. 그

9 『十地義記』 "經帖言法身者, 帖前法身, 言智身者, 帖智依止"(X45.44c)

10 T26.179b

11 註1의 勝又俊教(1961)과 大竹晋 (2010) 參照

렇다면 제8지의 보행報行이 완성되는 경지가 '보행만報行滿'이고 제10지이며 그것이 전식득지의 지智가 될 것이다. 한편『의소』의 다른 곳에서는 '수불위受佛位'를 '십지행만十地行滿'의 결과로 해석하는데,[12]『금강선론金剛仙論』에 따르면 보불報佛도 되고 법신불法身佛도 된다.[13]『의소』가『금강선론』의 설을 계승했다고 보여진다.

초지 가운데 조유과調柔果에 대한『의소』의 주석에서는 "「見色身」者, 與報佛相應也"[14]라고 되어 있다. 이것은 다불多佛을 보는 것에 대한 해석이다. 보살진菩薩盡에서 불보살의 다상多相을 장애 없이 본다는 것은 바로 이러한 보불報佛을 본다는 것에 다름 아니다. 따라서『의소』는 전득식지로 얻어진 지智의 신身을 주主로 보불의 신身으로 본 것으로 볼 수 있다.

한편, 지地와 불신佛身의 관계는 CEBTA나 SAT를 통해서 문헌을 검색해 보면, 제8지와 보불을 관련시키는 것은 기基의『법화현찬法華玄贊』이나『승만경술기勝鬘經述記』에서 볼 수 있지만, 그 이전에는 제8지와 법신의 관련성이 긍정적으로 논해지는 경우가 더 많다. 따라서 제8지와 보불을 관련시키는 것은 초기 지론종 단계의 설로 보이는데, 적어도『의소』의 단계에서는 10지와 불신의 관계가 정립되지 않았음을 추정할 수 있다.

2) 이승부동진二乘不同盡에 대해서

보살진菩薩盡 다음에 나오는 '이승부동진二乘不同盡'을 해석할 때『의소』에서는 '이상장異相障'이라는 용어를 사용하는데, 이 용어 역시『의소』와『오문실

---

12 "十地行滿受佛智職, 名受大位地"(T85.780a)

13 "十地行滿金剛心後, 顯性本有, 名法佛. 萬德智惠圓滿, 名報佛."(T25.827c)

14 T85.773c

상론五門實相論』에서만 볼 수 있다. 그 문장을 비교하면 〈표 2〉와 같다.

〈표 2〉

『의소義疏』(T85.763c)	『오문실상론五門實相論』(藏外地論宗文獻集成, 515頁)
二乘不同盡者。初地至七地不同相障盡。言不同者。 地前菩薩，見聲聞相異菩薩相。見菩薩相異佛相。是名異相障。由此別相障故，不能見應身佛。初地已上。斷四住煩惱盡，則不同障盡.	何者別異相障也. 見聲聞相異菩薩，見菩薩相異佛相，是名別異相。由此異相障故，不能見應身獨顯，初地已前，斷四住煩惱. 消然都盡故.地論云，聲聞緣覺不同盡

〈표 2〉를 보면, 『의소』에서는 '부동상장不同相障', '이상장異相障'이 동일한 의미로 사용된다. 한편, 『오문실상론』에서는 '별이상장別異相障', '이상장異相障', '별이장別異障' 등의 용어가 동일한 의미로 사용되었음을 알 수 있다. 또한 『의소』에서는 "二乘不同盡"이라고 하지만, 『오문실상론』에서는 "聲聞緣覺不同盡"라고 한다. 『십지경론』 문에는 "聲聞辟支佛不同盡"이 삼종진三種盡의 명칭을 열거할 때, "二乘不同盡"이 삼종진을 설명할 때 사용된다. 따라서 『오문실상론』은 벽지불辟支佛을 연각緣覺으로 고쳐 쓰고 있음을 알 수 있다. 덧붙이자면, '성문벽지불부동진聲聞辟支佛不同盡'은 티벳 역에는 '성문벽지불동진聲聞辟支佛同盡'으로 되어 있고, Sūryasiddhi의 주석에서 역시 '동同'으로 되어 있으며, 伊藤瑞叡와 大竹晋 두 연구자는 '동同'의 뜻이 내용에 부합한다는 견해를 보이고 있다[15]. 『의소』의 "不同障盡"이라는 표현을 볼 때 의미상 '부동진不同盡'의 '진盡'은 보살진菩薩盡에서처럼 '구경究竟, 구극窮極'이 아니라 '다 없어진다'는 뜻으로 해석해야 한다. 따라서 삼종진에서의 '진盡'의 의미가 통일되지 않는 것은 역시 부자연스럽다. 다만, 한역의 원본에 반드시 '동同'자였다고 단정할 수는 없다. 혜원惠苑의 『간정기刊定記』에서는 "是二乘不同盡中, 上句云, 超一切世間道者, 勘梵本, 道字乃是趣字. 謂惑業苦是世間趣攝, 非出

---

15 伊藤瑞叡〔1988〕前揭書,118-120頁, 大竹晋校註〔2005〕前揭書, 66頁 註10.

世攝. 今此菩薩至等覺位, 惑業苦盡, 故云超. 阿羅漢獨覺未盡彼三故, 云二乘不同盡故"[16]라고 하여, 바로 이 부분에 대해서『화엄경』범본을 확인하고 있는데,『십지경론』도 교감했다고 추측할 수 있기 때문이다.

『의소』와『오문실상론』이 크게 차이 나는 것은 사주번뇌四住煩惱를 끊는 시기이다. 사주번뇌는『승만경勝鬘經』에 나오는 "見一處住地, 欲愛住地, 色愛住地, 有愛住地"인데『금강선론』에 따르면 초지初地에 끊는다.[17] 그런데,『오문실상론』은 '초지 이전'에 끊는다고 되어 있다. 즉, 사주번뇌를 끊는 위계에 대해서는 지전地前과 지상地上의 견해가 공존했다고 볼 수 있다. 실제 지론종 돈황사본에서는 이러한 두 가지 견해의 상위에 대한 의문이 보이는데, 초지이전설初地以前說을 지지한다[18].

그런데,『의소』에서는 '별상장別相障'의 결과 응신應身을 보지 못한다고 되어 있다. 즉, 지전보살地前菩薩은 응신應身을 보지 못하고, 지상地上에 이르러 사주번뇌四住煩惱를 끊음으로써 응신을 본다는 것과 동일한 의미이다. 반면에『오문실상론』에서는 지전地前에서 사주번뇌를 끊음으로써 응신을 볼 수 있다고 해석된다. 응신은 사주번뇌를 끊어야 볼 수 있다는 것은 동일하나, 그것이 지전인가 지상인가의 문제이다. 위에서 사주번뇌와 관련해서 지전과 지상을 두고 견해의 상위가 있는 것을 확인했는데, 후기 지론학자 혜원慧遠에 따르면, 보살이 사주번뇌를 눌러서(伏) 화신化身을 증득하며, 사주지四住地를 끊음

---

16 X3.729c

17 '四住煩惱'는 法雲,『法華義記』"但煩惱有二種. 一. 是四住地煩惱. 二. 是無明住地煩惱" (T33.573b)에서 볼 수 있듯이, 번뇌煩惱의 두 종류이다. 초지 이상에서 사주번뇌四住煩惱 를 끊는 것은『金剛仙論』(T25.864c)에 초출初出된다. 자세한 사항은 大竹晋 校註〔2005〕前 揭書, 卷2, 보주補註를 참조 바람.

18 "習種性以斷四住惑盡. 若習種性已斷異心煩惱者, 何故經云初地始過凡夫地.違 經妄說, 難可信"池田将則整理「教理集成文献(P2183V)」『藏外地論宗文獻集成』 CIR,2012,1011頁.

(斷)으로써 응신을 증득할 수 있다고 한다.[19] 사주번뇌의 복伏과 단斷을 구분하고 있음을 알 수 있는데, 일찍부터 응신을 두고도 지론종 내에서 분화되었다고 추정할 수 있다. 『의소』와 『오문실상론』에 사주번뇌의 끊는 계위를 두고 상위가 생긴 것은 이러한 지론종 내의 분화현상과 관련이 있다고 생각된다.

3) 불진佛盡에 대해서

불진佛盡에서는 '체장體障'을 언급한다. 체장體障은 빈번히 보이는 용어인데, 이에 관한 『의소』의 문장이 石井公成教授가 지적했듯이, 다음과 같이 『오문실상론』의 문장과 거의 일치한다.[20]

〈표 3〉

『의소義疏』 (T85.763c)	『오문실상론五門實相論』(藏外地論宗文獻集成,515-6頁)
佛盡者. 果德圓備, 體障盡. 障者. 窮實而言. 一佛備一切. 是合理之解. 若一切備一. 覆成其障. 何者是也. 調*衆果1中多百多千.即是其事.正以緣智在懷. 一佛體上分別作無量佛解.以是故, 法身不顯. 故論云,金剛藏菩薩入體性三昧,十方世界有心有相, 皆入金剛藏身中, 見智通如來, 形充法界, 周圍百萬億阿僧祇世界. 即體障盡故, 云佛盡也.	體障者, 窮實而言.一佛備一切, 是合理之解. 若一切備一, 覆成其障, 何者是也. 調果中多百多千即是其事.正以緣智在懷故, 一佛體上分別作無量佛解. 以是因緣故, 覆障法身如來, 不能圓明獨顯, 稱周法界。 是故, 地論云, 金剛藏入體性三昧, 十方世界, 有心有相, 皆入金剛藏身中, 智見通如來, 形充法界, 周圍百萬億阿僧祇世界。 論體, 實無分量之限, 寄影像以彰之.爾許調柔果,盡入智通如來身者, 因入果行也。故 云佛盡者, 即是成證也. 故名斷體障.

*調는 S.2717에 따랐다. 大正藏本은 '稠'

이와 같이 삼종진三種盡에 관해서 『의소』와 『오문실상론』이 거의 일치하는

---

19 『大乘義章』"言三心者. 一起事心. 所謂四住所起煩惱. 此惑麁強能起業事, 名起事心, 障佛化身. 菩薩修習伏結之道, 伏除此心, 故得化身. 二依本心. 謂四住地依無明起, 名依本心, 障佛應身. 菩薩修習斷結之道, 斷除此心, 故得應身"(T44.841a)

20 石井公成[2011] 前揭論文, 20-26.

것을 알 수 있다. 불진佛盡에 대해서도 『의소』와 『오문실상론』의 견해가 일치한다. 불진佛盡의 '과덕원비果德圓備'는 9종입種入의 '불진입佛盡入'에서는 '과도궁원果道窮圓'이라고 되어 있어, 표현만 약간 다를 뿐, '보살진입菩薩盡入'처럼 같은 맥락에서 '불진'을 이해하는 것을 알 수 있다. 불진은 체장體障이 다함으로써 실현된다. 어떻게 체장이 다하는지에 대해서는 『의소』에서 인용한 경론을 보면 알 수 있다. 경증經證은 『십지경론』 제12권 「법운지法雲地」의 문장이다.

爾時. 金剛藏菩薩, 即入一切佛國體性菩薩三昧. 金剛藏菩薩, 入一切佛國體性菩薩三昧時. 彼一切菩薩衆及一切天龍, 夜叉, 乾闥婆, 阿修羅, 迦樓羅, 緊那羅, 摩睺羅伽, 四天王, 釋提桓因, 梵天王, 摩醯首羅, 淨居天等, 皆自見身入金剛藏菩薩身中, 於其身內見佛國土(T26. 199a28-b4)

위 경문에서는 금강장보살金剛藏菩薩이 일체 불국佛國의 체성體性이라는 보살삼매菩薩三昧에 들어갈 때, 일체 보살중 및 일체중생이 모두 자신들이 금강장보살의 몸 가운데 들어가 있음을 보고, 또 그 몸 안에서 불국토를 보는 광경이 설해져 있다. 요약하자면, 일 보살이 일체중생을 갖추고 있으며, 일체중생은 일 보살 안에 들어가서, 일 보살신 안에 일체 세계가 갖추어져 있음을 보는 광경이 된다. 『의소』에서 경문 인용 뒤의 문장은 이러한 광경에 대한 묘사이다. 경문을 통해서는 '일비일체一備一切'의 사태(一菩薩이 一切衆生을 갖추고 있음)에서 불진佛盡이 성취됨을 알 수 있다.

〈표 3〉의 『오문실상론』에서는 『의소』보다 구체적으로 체장體障이 끊어지는 사태에 대해서 다음과 같이 설명하고 있다.

체體를 논하자면, 실제로는 분량分量의 한정이 없다. 영상影像에 의해서 체體

를 밝히기 때문이다. 여러 조유과調柔果를 얻은 보살들이 지통여래智通如來의 신신身에 완전히 들어갔다는 것은, 인因이 과果의 실천에 들어갔다는 것이다. 그러므로 '부처의 구경'은 즉 증득을 성취한 것이다. 그러므로 체장體障을 끊었다고 이름한 것이다.

이 문장에서 우선, '영상影像'이라는 것은, 『십지경론』에서 법운지法雲地를 8종류로 나누는 가운데 7번째인 지地의 영상을 말한다. 그 구체적 설명은 다음과 같다.

이 가운데 지地의 영상이라는 것은 4종류가 있다. 첫째는 지池, 둘째는 산山, 셋째는 해海, 넷째는 마니보주摩尼寶珠이다. 이로써 네 가지 공덕을 비유한 것이다. 첫째는 수행이라는 공덕, 둘째는 상승上勝이라는 공덕, 셋째는 건너기 어려운 것을 능히 건너는 대과大果라는 공덕, 넷째는 진견고盡堅固에 나아가는 공덕이다.(是中地影像者, 有四種. 一池, 二山, 三海, 四摩尼寶珠. 以況四種功德故. 一修行功德, 二上勝功德, 三難度能度大果功德, 四轉盡堅固功德) (T26.200c)

이 네 가지 비유에 대해서는 경전에 구체적으로 설해져 있지만, 그 요점을 정리하자면, 본원력本願力(池)에 의한 이타수행利他修行, 불지佛智(山)에 의한 10지의 구별, 보살행菩薩行(海)에 의한 10지의 실천행, 정지正智(摩尼寶珠)에 의한 10가지 성성聖性이 설해져 있는데, 일중일체一中一切 정도의 뜻으로 파악할 수 있다.

다음으로, "調柔果, 盡入智通如來身"이라 함은 초지에 조유과調柔果를 얻은 보살이 금강장보살신身 안에서 지통왕여래智通王如來를 보는 것을 말한다.

'불진佛盡'의 경지가 초지와 분리되지 않음을 알 수 있다. 이렇게 해서 체體에 대한 장애가 끊어지고 '부처의 구극窮極'의 경지를 성취하는 것이다.

한편, 『오문실상론』의 '단체장斷體障'이란 표현은 혜원의 『대승의장大乘義章』 과 『대승기신론소大乘起信論疏』에만 나온다.

무엇이 8지인가? 체장體障을 단제斷除하는 것이다. (中略) 바로 분별공용分別 功用의 생각을 버린다는 것이다. 공용功用을 버리기 때문에 행行이 진여眞如와 동등하여 광대하고 부동不動하여 '8지에 들어감'이라고 하는 것이다. 이렇게 덕德이 성취되었을 때 체장을 끊었다고 하는 것이다. 무엇이 8지에서 여래지 如來地에 이르는 것인가? 치상治想을 단제斷除하는 것이다. 앞의 8지는 체장을 단제하지만, 치상治想이 아직 남아 있다. 그러므로 8지에서는 이 제8지에서는 비록 장상障想이 없다고는 해도 치상治想이 없는 것이 아니다. 그러므로 이 치 상治想은 8지 이상에서 점차 단제하여 불지佛地에 이르러 다 없어지는 것이다. 저 불지佛地에서는 어떻게 끊는가? 분별이 멈추고 진리가 현전한다.

(云何八地, 斷除體障.(中略) 便捨分別功用之意, 捨功用故, 行與如等, 廣 大不動, 名入八地. 此德成時, 名斷體障. 云何八地至如來地, 斷除治想, 向 前八地, 斷除體障, 治想猶存, 故八地云, 此第八地, 雖無障想, 非無治想. 然此治想, 八地已上, 漸次斷除, 至佛乃盡. 彼云何斷, 分別息故, 眞相現 前)(『大乘義章』卷5, T44.564ab)

이처럼 혜원은 '단체장斷體障'은 제8지에서 가능하며, 치상治想까지 끊는 것 이 불지佛地에서 가능하다고 보았는데, 『의소』나 『오문실상론』에서는 불지佛地 에서 체장이 완전히 끊어진다고 본 것과 같은 견해이지만, 혜원에 이르러 '치 상治想(對治해야 할 想)'의 문제를 들어 세분화됨을 알 수 있다. 다만, 이때 끊는 것이 '분별이 멈추는 것'이라는 점에서 체장體障이 바로 '분별分別'에 그 원인이 있음을 알 수 있다.

한편,『대승의장大乘義章』에서 사용하고 있는 '제체장除體障'이란 용어는『의소義疏』에서도 2회 사용한다. 따라서『의소』,『오문실상론』,『대승의장』이 문헌적으로 밀접한 관계에 있음도 추정할 수 있다.

그런데 불진佛盡의 장애논리障碍論理가 특별하다. 그것은 "一佛備一切. 是合理之解. 若一切備一. 覆成其障"라는 구문句文이다. 일불一佛이 일체一切를 갖춘다면 도리道理에 맞는 이해이지만, 일체一切가 일一을 갖춘다고 한다면 그것으로 장애를 성립한다는 것이다. 장애가 성립하는 구체적 이유에 대해서『의소』에서는 〈표 3〉에서 알 수 있듯이 다음과 같이 설명한다.

조유과調柔果 가운데 수백, 수천의 부처를 보는 것이 바로 이런 일이다. 이것은 바로 연지緣智를 품은 상태로서 즉, 일불체一佛體 상에 분별하여 무량한 부처의 이해를 만들기 때문에 장애가 되어 법신이 드러나지 않는 것이다. 그러므로『십지경론』[21]에서 '금강장보살金剛藏菩薩이 체성삼매體性三昧에 들어가서 시방세계의 심心과 상相이 모두 금강장신金剛藏身 가운데 들어가서 지통여래智通如來와 형상形相이 법계에 충만하여 백만억 아승기 세계를 두루 둘러싸고 있음을 본다고 한 것이다. 이로 인해 바로 체장體障이 다하기 때문에 '부처의 구극窮極'이라고 한 것이다.

이처럼 체장體障이 생기는 이유의 핵심어는 초지初地에서 생길 수 있는 '연

---

21 『十地經論』卷12의 經文(T26. 199a28-b4)에서 취의함.

지緣智'에 따른 '분별'임을 알 수 있다. 「법운지法雲地」의 주석이 남아 있는 돈황 사본 『대승오문십지실상론大乘五門十地實相論』에서는 "초지에서 9지까지는 비록 진여를 증득하여 이무아二無我를 볼 수 있을지라도 다만, 분별이 완전히 없어진 것이 아니어서 일불一佛을 보고 다불多佛이라고 이해한다. 지금의 십지대사十地大士(金剛藏菩薩)는 인因의 도리道理(實踐)가 구극의 원만한 상태이며, 체장體障이 이미 다하여 분별이 없어졌다. 그러므로 다불多佛 간의 차이를 인식하지 않는다"[22]는 설명이 있다.

이 설명은 의미상 『의소』의 설명과 일치하는데, 분별이 장애의 인因이라는 점에서는 나머지 두 진盡과도 관련이 있다.

그런데 가장 분명한 원인이 되는 '연지緣智'에 따른 분별과 '일체비일一切備一'은 어떤 관련이 있는가? 우선 '연지緣智'에 대해서 검토한다. 『의소』에는 연지가 두 번 더 나온다.

① 卷1. 真實智攝者. 真如實智與理相應慧攝, 非緣智所攝.(T85.765b)
② 卷 3 但是有爲, 莫非緣智, 名之爲識(T85.771c)

위 두 예에 따르면, 연지는 진실지眞實智와 대치되는 개념이고, 무위無爲와 반대되는 개념임을 알 수 있다. 뒤에 혜원은 "妄想緣智, 名爲雜染"(X45.105b)라고 하여 연지와 망상妄想을 동치시킨다. 법상의 연지가 유위법有爲法으로 한정됨으로써 나올 수 있는 정의이다. 한편, 지론종 문헌 『법경론法鏡論』에서는 연지에 의한 수행인 연수緣修를 논하면서 분별에 초점을 맞추어 해석한

---

22 山口弘江整理, 「大乘五門十地實相論」 "從初地至九地, 雖現證真如, 見二無我, 但分別未盡, 故見一佛作多佛之解, 今十地大士, 因道窮圓, 體障以盡, 泯於分別, 是故無有數量之異也」 『藏外地論宗文獻集成"(CIR,2012,491頁)

다.[23] 이와 같은 몇 가지 예로써 연지가 분별을 본질로 삼고 있음을 알 수 있다. 그러나 이것이 '일체비일一切備一'이 장애가 되는 이유에 대한 직접적 설명은 되지 못한다.

그렇다면, 일체가 중심이 된 일一과의 관계는 어떻게 해석될까? 『십지경론』 「법운지」 경문 가운데 "或於一微塵中, 示一世界所有一切鐵圍山等(中略)然彼微塵而不增長. 乃至不可說不可說世界所有一切鐵圍山等, 入一微塵中, 然彼微塵亦不增長"[24]이라는 내용이 나온다. 이것을 통해서 볼 때 경문에는 '일비일체一備一切', '일체입일一切入一'의 사태가 설해져 있다고 볼 수 있다. 또한, 『십지경론』 「환희지歡喜地」 제7대원 경문에는 "一切佛土一佛土, 一佛土一切佛土"[25]라는 표현이 나온다. 이것을 『십지경론』에서는 동체同體의 정淨으로 해석한다. 이 부분에 대한 『의소』 부분은 일실되었지만, 혜원은 『십지론의기十地論義記』에서 이것은 동등한 법성法性, 동등한 진토眞土, 동등한 예토穢土 혹은 동등한 정토淨土라는 관점에서 사용하는 것으로 이해한다.[26] 즉, 동체同體의 관점으로 설명한 것으로 즉卽의 사유와도 비슷하다. 『의소』에서는 "一即一切. 淺深平等, 六無六相也"[27]라고 하여 일一이 중심이 되는 용법은 언제나 긍정적으로 평가된다.

한편, 『의소』에서도 일체가 일一이 되는 사태를 명언한 문장이 있다. 즉, 10지와 관련해서 본말本末의 구별을 논할 때

---

23 『十地經論』 권12의 經文(T26. 199a28-b4)에서 취의함.

24 T26.198b

25 T26.139c

26 十地論義記 "同體下, 以經帖. 一切一土, 一土一切, 釋還有三. 若准初義, 一切報應是一法性, 一法性土緣起說爲一切報應. 准第二義, 一切應土是一眞土, 彼一眞土隨物見異爲一切應. 若從後義, 一處之中具有無量差別應土, 彼應土中迭互相望, 或淨爲一, 餘爲一切, 或穢爲一, 餘爲一切, 如是等也"(X45n0753_p0099b)

27 T85.762b

有本末之別. 一體一切體, 以一體爲本、一切體爲末. 一切體一體, 一切體爲
本、一體爲末, 一地一切地. 一地爲本、一切地爲末. 一切地一地, 一切地爲
本、一地爲末. 本末有差, 體用兩別. 且論於十萬亦如之(T85.767a03)

라고 되어 있다. 일체一體가 일체一切의 체體가 된다는 것은 일체一體를 본本
으로 하고 일체一切의 체體를 말末로 할 때이고, 그 역도 마찬가지이다. 이러
한 논리로 '지地' 등이 설명되는데, 이것은 본말 차별과 체용구별體用區別 측면
에서의 논리이다. 여기서는 10지 하나 하나가 본本이 되기도 하고 말末이 되
기도 한다는 의미로서 장애는 고려되지 않는다. 『의소』에서는 '6종정견六種正
見'을 논할 때에도 일교일체교一敎一切敎, 일체일체체一體一切體를 융융의 시점
에서 본本이 되고 말末이 된다고 하듯이, 위의 예문도 6상相의 해석방법을 전
제한 사유로 보이기 때문이다.[28]

이처럼, 일체즉일一切入一, 일체일一切一의 관계에 대해서는 부정적 해석이
없다. 왜 유독 '일체비일一切備一'만 장애障碍가 성립될까? 혜원『십지론의기』
에서는 제4대원을 풀이하는 과정에서 종종의 보살행에 대해서 "初至六地, 一
行之中備具一切, 名之爲廣, 第七地中, 一切行中備具一切, 名之爲大"[29]로
풀이하며, 대원이 넓음(廣)과 큼(大)을 설명할 때 '일체비구일체一切備具一切'의
표현을 쓴다.

『십지론의기』, 『대승의장』, 『열반의기涅槃義記』, 『유마의기維摩義記』 등에서는
"一備一切, 一切成一"라는 표현을 여러 번 사용한다. 여기서도 일一과 일체
一切의 관계에서는 '비備'를 사용하지만, 일체一切와 일一의 관계에서는 의식적
으로 '비備'의 표현을 사용하지 않음을 알 수 있다. 즉 '즉卽'이나 '입入' 혹은 '성

---

28 金天鶴(2013) 前揭論文 參照.

29 X45.97c

成'의 관계에서는 일체일一切一의 관계가 성립해도, '비備'의 관점에서는 성립하지 않는 것이다. 여전히 '일체비일一切備一'이 왜 장애를 일으키는지에 대해서는 구체적 이유를 알 수 없지만, 일체一切가 일一에 즉입卽入하고, 일체一切가 통일적인 동체同體의 일一로서 성립하는 것은 가능해도, 속성屬性 혹은 덕성德性이 비일備一이 되는 것은 결핍을 의미하는 것으로 이해된 것 같다.

3. 결론

이상으로 『의소義疏』 「가분加分」의 삼종진三種盡에 대해서 검토해 보았다. 우선, 『의소』에 나오는 '동상장同相障', '별상장別相障'이란 표현은 오직 『오문실상론五門實相論』과 거의 일치하는데, 『오문실상론』의 성립연대 추정을 수용할 때, 『의소』의 삼종진三種盡에 대한 구상이 『오문실상론』에 영향을 끼친 것으로 보인다. 그런데 두 문헌에서는 두 번째 '이승부동진二乘不同盡'에서는 해석상의 차이를 보인다. 즉, 『의소』는 초지 이상에 사주번뇌四住煩惱를 끊는 반면, 『오문실상론』은 초지 이전에 끊는다고 한다. 이 문제는 지론종 계통의 문헌에서조차 통일을 보지 못한 것으로 보인다. 세 번째 불진佛盡에 대해서는 연지緣智에 의한 분별을 끊음으로써 체장體障을 극복한다고 하나, '일체비일一切備一'이 분별의 장애를 일으키는 이유에 대해서는 불분명하다. 하지만 '즉卽'이나 '입入', '성成'으로 표현될 때 이것이 동일성 혹은 동질성, 통일성을 의미하고 분별과는 멀어진 반면에, '비備'는 속성의 관점으로 볼 때 결핍의 의미가 있는 것으로 보인다. 그렇다면 장애障碍가 될 수 있다는 것을 설명할 수는 있지만, 그것이 분별과는 어떤 관련이 있는지는 역시 불분명하다.

한편, 삼종진三種盡은 보신報身, 응신應身, 법신法身의 삼신三身과 관련지어진다. 삼신은 10지와도 관련지어진다. 비록 이러한 해석이 지론종 내에서 통일적이지는 않지만, 지론종 내에 해석이 분화되는 모습이라고 생각된다.

이와 같이 『의소義疏』의 삼종진三種盡에 대한 사상은 독특한 용어를 사용하며, 초지에서 10지에 이르는 보살들의 가피加被 내용에 대해서 각 보살의 계위에 상당하는 장애를 대치對治함으로써 얻어지는 것으로 설명하고 있다. 그리고 이러한 『의소』의 설명 방식은 『오문실상론』 등 돈황사본과 관련이 있고, 체장體障를 끊는다는 표현에서도 알 수 있듯이 혜원에게 영향을 미친다. 이러한 점에서 향후 지론사상의 해명은 『의소』에 대한 철저한 분석과 지론종 돈황사본 문헌 등과의 비교 연구를 통해 많은 성과를 얻을 수 있으리라고 본다.

후기

"調衆果"는 "調柔果"의 잘못으로 보았다. 『십지경론十地經論』의 조유과調柔果에 대한 설명에서 "多百佛乃至百千億那由他佛者, 方便善巧示現多佛, 顯多數故"(T26.143c)라고 경문經文을 설명說明하고 있기 때문이다.

제4장
불성佛性과 종성種性,
중국적 사유의 형성

•

『대반열반경집해大般涅槃經集解』를 통해 본 열반사涅槃師의 불성의佛性義

하유진 (河由眞)

종성무위론의 기원에 관한 한 고찰

–『보성론』과『불성론』의 'gotra'의 번역 용례를 중심으로–

김성철 (金成哲)

정영사 혜원淨影寺 慧遠의 삼불성三佛性과 이종성二種性

오카모토 잇페이 (岡本一平)

길장吉藏의 교학과 진제眞諦 삼장

오쿠노 미츠요시 (奧野光賢)

『대반열반경집해大般涅槃經集解』를 통해 본 열반사涅槃師의 불성의佛性義

하유진(河由眞)

I. 들어가는 글

위진魏晋 남북조南北朝 시기는 불교사상이 인도불교에서 중국불교로 변모되어 가는 과정 중에 있는 매우 중요한 시기이자, 중국불교의 기본사상 및 그 방향성이 정립된 시기라고 할 수 있다. 『대반열반경집해大般涅槃經集解』는 4~6세기에 걸쳐 불성사상佛性思想 및 열반사상涅槃思想이 남조南朝의 열반사涅槃師들에 의해 수용·이해되어 가는 과정을 구체적으로 보여주는 텍스트로서, 이를 통해 이후 중국불교의 주요 흐름으로 자리 잡은 불성사상의 최초의 전개 양상을 짚어볼 수 있다. 이를테면 『대반열반경집해』「여래성품如來性品」속에는 불성佛性에 대한 중도中道적 해석 및 인과因果적 해석, 삼보三寶에 대한 논의, 『열반경涅槃經』의 우수성에 대한 교판敎判적 해석 등 『대반열반경집해』의 주요 관점들이 망라되어 있다.[1] 『대반열반경집해』에 나타난 초기 중국불교의 불성

---

1 하유진, 『大般涅槃經集解 如來性品 역주』(서울: CIR, 2013) 참고.

佛性에 대한 논의는 삼론학三論學, 지론학地論學, 화엄학華嚴學 등에 직접적인 영향을 미쳤으며, 실천수행을 중시하는 천태天台, 선종禪宗 사상의 전개 및 발전에도 중요한 이론적 토대를 마련해 주었다고 할 수 있다.

본 논문이 주요 텍스트로 삼은『대반열반경집해』는 당시 중국의 불교학계의 주요 흐름이 반야중관학般若中觀學에서 열반불성학涅槃佛性學으로 전환되어 가는 시기의 모습을 가장 잘 나타내 주는 자료이다. 특히 신명神明 개념은 불성에 대한 열반사涅槃師의 독특한 이해를 나타내 주며, 여기에는 확실히 중국적 요소가 어느 정도 가미되어 있다고 할 수 있다. 본 논문에서는 이러한 열반사의 불성의佛性義의 중국적 요소가 어디서 유래하는가, 당시 불교사상가들 간의 상호 영향관계는 어떠하였는가, 열반사들의 사상의 경전적 근거는 무엇인가 등에 대한 논의를 통하여 중국불교의 고유한 불성론佛性論의 기원과 성립에 대한 기초적 구명을 시도하고자 한다. 이러한 구명 작업은 열반사의 불성의가 이후 지론사상地論思想과 성론사상成論思想에 미친 영향을 살펴보는 데 있어서 중요한 기초자료가 될 수 있을 것이다.[2]

이상의 문제의식을 해명하기 위해 본 논문에서는 우선 열반사들의 불성의가『열반경』의 사상을 충실히 따르고 있다는 점을 확인하면서, 중도中道와 인과因果 개념을 두 개의 큰 축으로 삼아 논의를 진행할 것이다. 중도와 불성의 관계에 대한 논의를 통해서는 반야중관학에서 열반불성학으로 넘어가는 사상적 변화 과정을 추론해 볼 것이다. 인과 개념을 중심으로 한 불성의 논의를 통

---

2 『大般涅槃經集解』가 地論思想에 미친 影響은 「如來性品」의 三寶義 속에 잘 나타나 있다. 이점에 대해서는 河由眞, 「『大般涅槃經集解』「如來性品」の佛性義について」, 『印度學佛教學研究』 61卷 2號(東京: 日本印度學佛教學研究會, 2013) 참조. 涅槃師와 成論師 간의 관계는 寶亮과 法雲이 師弟 관계였다는 점을 통해서 어느 정도 짐작할 수 있다. 하지만 成論師의 思想에 관한 자료가 부족하기 때문에 전면적인 비교검토에 어려움이 있다. 보다 자세한 논의를 위해서는 成論師의 관련 문헌들에 대한 정리 작업이 선행되어야 할 것이다.

해서는 도생道生(355?~434)을 대표로 하는 전기前期 열반사에 비해 수행론修行論에 큰 비중을 두었던 승량僧亮(?~泰始 年間466~471 卒),[3] 승종僧宗(438~496), 보량寶亮(444~509) 등의 후기 열반사들의 사상에 대해 살펴볼 것이다.

II. 중도中道로서의 불성佛性

당시의 중국불교계는 구마라집鳩摩羅什이 반야중관般若中觀 계열의 경전들을 번역한 이후로 대승大乘 중관학中觀學의 지배적 영향 아래 있었으며, 열반사들 역시 반야중관 사상을 중시하여 불성론의 이론적 배경으로 삼았다. 『대반열반경집해』에 나타난 중도의를 통해서 우리는 당시 형성되기 시작한 반야중관학과 열반불성학의 결합 양상을 살펴볼 수 있다. 『대반열반경』「사자후보살품師子吼菩薩品」에서는 불성을 중도로 해석하고 있다.

일체가 공함을 보고 일체가 공하지 않음을 보지 못하면 중도라고 이름하지 않는다. 나아가 일체가 아我가 없음을 보고 일체가 아我임을 보지 못하면 중도라고 이름하지 않는다. 중도라는 것은 불성이라고 이름한다.[4]

중생이 견해를 일으키니 무릇 두 종류가 있다. 첫째는 영원함에 집착하는 견해이고, 둘째는 단멸함에 집착하는 견해이다. 이와 같은 두 견해는 중도라고

---

3 僧亮이라는 이름의 승려가 『高僧傳』에 등장하기는 하나 북위北魏 영창왕永昌王 때 사람으로 시대가 맞지 않는다.(『高僧傳』 卷11 『大正藏』 50, pp.398中-下) 후세 고가쿠(布施浩岳)의 고증에 따르면, 『大般涅槃經集解』에 언급된 승량은 『고승전』에 등장하는 승량이 아니라 道亮이다.(布施浩岳, 『涅槃宗の研究(後篇)』(東京: 國書刊行會, 昭和 48), pp.233-241)

4 『大般涅槃經』「師子吼菩薩品」(『大正藏』 12, pp.767下23-25), "見一切空不見不空, 不名中道. 乃至見一切無我不見我者, 不名中道. 中道者名爲佛性."

이름하지 않는다. 영원함도 아니고 단멸함도 아닌 것을 중도라고 이름한다.[5]

초기 열반사 가운데 한 명인 도생道生은 중도란 중생이 불성을 본래 가지고 있음(本有)을 말한다고 하였다.

생사가 곧 중도라는 것은 〔중생이 불성을〕 본래 가지고 있음을 밝힌다.[6]
십이인연이 중도라는 것은 중생이 〔불성을〕 본래 가지고 있음을 밝힌다. 만약 영원하다면 괴로움이 있어서는 안 된다. 만약 단멸한다면 성불의 이치가 없을 것이다. 이와 같이 중도로써 관하는 것이 불성을 보는 것이다.[7]

도생은 「불성당유론佛性當有論」을 지어 당과설當果說을 주장한 것으로 알려져 있는데, 위의 인용문에 따르면 본유설本有說을 주장한 것도 사실이므로, 도생이 장래에 성취하게 될 결과로서의 불성을 강조한 동시에 그러한 불성을 중생이 본래 가지고 있다는 점도 함께 중시하였음을 알 수 있다.[8] 중생이 불성을 본래부터 가지고 있는(本有) 이유에 대해 도생은 다음과 같이 설명한다.

만약 구할 수 있다면 미혹을 돌이켜 궁극으로 돌아간다. 궁극으로 돌아가 근본을 얻으니, 마치 비로소 일어나는 것 같다. 시작하면 반드시 마치게 되니 항

---

5 『大般涅槃經』「師子吼菩薩品」(『大正藏』 12, pp.768中3-5), "衆生起見凡有二種. 一者常見. 二者斷見. 如是二見不名中道. 無常無斷乃名中道."
6 『大般涅槃經集解』「師子吼品」(『大正藏』 37, pp.546中6-7), "道生曰. 卽生死爲中道者, 明本有也."
7 『大般涅槃經集解』「師子吼品」(『大正藏』 37, pp.546下13-15), "道生曰. 十二因緣爲中道, 明衆生是本有也. 若常則不應有苦, 若斷則無成佛之理. 如是中道觀者, 則見佛性也."
8 道生의 佛性論이 當有說이라고 해석한 이로는 湯用彤이 있고, 本有說이라고 해석한 이로는 藤井教公이 있다.

상함이 이로써 어두워진다. 만약 그 취지를 찾는다면 내가 비로소 그것을 깨달은 것이지 깨달아서 지금 있게 된 것이 아니다. 지금 있게 된 것이 아니라면 이보다 큰 것이 없으니 대大라고 말한다. 항상함이 되는 까닭은 항상함이 반드시 번뇌를 멸하기 때문이니 다시 반열반般涅槃이라고 말한다.[9]

시작과 마침이 있다면 그것은 더 이상 항상함이 아니다. 불성에 시작이 있는 것처럼 보이는 것은 내가 비로소 보았기 때문이며 불성이라는 궁극적 이치 자체는 원래부터 나에게 있는 것이다. 이것이 불성의 본질이다. 도생에 따르면 이치와 불성아佛性我는 사실상 일체를 이룬다.

범부의 이른바 아我라는 것은 본래 불佛에서 나온다. 지금 외도가 말한 것도 모두 이와 같음을 밝힌다. 문자와 언어가 이치에 합당하면 불佛이고, 〔이치에〕 어그러지면 범부이다. 부처의 측면에서는 모두 진실이 되고, 범부의 측면에서는 모두 속제가 된다.[10]

범부의 아我는 부처에서 나온 것이고, 부처란 곧 궁극의 이치를 가리킨다. 이렇게 볼 때, 범부의 아我란 불성을 의미함을 알 수 있다. 승종僧宗은 도생의 불성에 대한 해석을 다음과 같이 계승하였다.

불성의 이치는 만 가지 변화의 바깥에 있으며, 생사의 바깥에 있다. 그 취지가

---

9 『大般涅槃經集解』「序經題」(『大正藏』37, pp.377中12-16), "苟能涉求, 便反迷歸極. 歸極得本, 而似始起. 始則必終, 常以之昧. 若尋其趣, 乃是我始會之, 非照今有. 有不在今, 則是莫先爲大, 旣云大矣. 所以爲常, 常必滅累, 復曰般涅槃也."

10 『大般涅槃經集解』「文字品」(『大正藏』37, pp.464上27-464中1), "凡夫所謂我者, 本出於佛. 今明外道所說, 亦皆如是. 然則文字語言, 當理者是佛, 乖則凡夫. 於佛皆成眞實, 於凡皆成俗諦也."

이미 뚜렷하니 중생으로 하여금 불성이 본래 있다는 말씀을 계승토록 한다.[11] 본래 천성적으로 참된 이치를 지니고 있으니 만 가지 변화의 바깥에 있다. 행하면 가득차고 비추면 두루하니 비로소 이 이치를 이해한다. 신묘한 지혜를 떠나지 않으니 불성을 말한다.[12]

이상과 같이 도생, 승종과 같은 열반사들은 중도를 불성으로 해석하고, 본유本有로 이해하며, 이를 다시 궁극적 이치로서의 이理로 파악하였다.

중도에 대한 이해는 『대반열반경집해』 「여래성품如來性品 제3」에서 "有無中道, 實相中道, 相續中道"의 세 종류의 중도로 세분된다.[13] 유무중도有無中道란, "단견과 상견, 있음과 없음을 벗어난 중도(離斷常有無中道)"[14]로서(寶亮), "단멸하지도 영원하지도 않은 중도(不斷不常中道)"[15]의 이치를 가리킨다(智秀). 지수智秀는 실상중도實相中道에 대하여 "불이와 일가의 중도(不異一假之中道)"[16]라고 설명하였다. 보량寶亮은 실상중도實相中道에 대하여 다음과 같이 말한다.

보량이 말하였다. 이 아래로는 둘째, 실상중도를 거듭 밝힌다. 옛날의 가르침(昔敎)을 직접 말하자면 생사를 치우쳐 취하여 공과 유가 진실한 법(實)이라고 생각한다. 지금의 경전(今經, 즉 『涅槃經』)에 나아가 말하자면 신명神明의 묘한 본체를 알아 진여가 진실이라고 하고, 금강심 이전은 반드시 고·공·무상이며

---

11 『大般涅槃經集解』 「德王品」(『大正藏』 37, pp.522下1-3), "佛性之理, 萬化之表, 生死之外. 其旨已彰, 其令承本有之言."

12 『大般涅槃經集解』 「師子吼品」(『大正藏』 37, pp.543中5-7), "本有天眞之理, 在乎萬化之表. 行滿照周, 始會此理. 不離神慧, 而說性也."

13 『大般涅槃經集解』(『大正藏』 37, pp.458下12-13).

14 『大般涅槃經集解』(『大正藏』 37, pp.459上8).

15 『大般涅槃經集解』(『大正藏』 37, pp.459上18).

16 『大般涅槃經集解』(『大正藏』 37, pp.460下14).

불과佛果는 반드시 상·락·아·정임을 안다. 만약 이와 같은 깨달음을 짓는다면 두 극단에 대하여 모두 진실한 뜻을 얻고 중도의 행行을 성취한다. 그러한 까닭은 생사는 본질(體)이 공하니 또한 본래부터 둘이 아니고 다름이 없으며, 열반의 본질(體)은 여여如如하니 또한 본래 상相이 없기 때문이다. 이것이 본질(體)이니 제법의 실상의 이치를 안다.[17]

보량은 석교昔教, 즉『열반경』이전의 가르침이 무아無我만을 설하였다면, 금교今教, 즉『열반경』의 가르침은 불성아佛性我를 설한다는 점을 강조하였다.『열반경』의 취지에 대한 설명 가운데 나오는 신명묘체神明妙體란 불성의 다른 이름으로, 정인불성正因佛性을 가리킨다. 보량의 중도의 해석은 신명神明 개념이 등장하는 점이 특징이다. 보량은 상속중도相續中道에 대해서 다음과 같이 설명한다.

『반야경』을 인용하여 상속의 뜻을 증명하는 까닭은 인성가因成假의 뜻과 같기 때문이다. ……지금 상속 역시 이와 같다. 단지 하나이면 역시 상속하지 않고 만약 단지 다르다면 역시 상속하지 않는다. 앞의 법이 사라진 다음에 뒤의 법이 일어나서 이[앞의 법이] 일찍이 있었던(曾有) 곳을 보충한다. 가명중도假名中道는 상속이라는 말이므로 인因으로부터 과果에 이르니 비유하면 다섯 가지 맛(五味)이 상속하는 것과 같다.[18]

---

17 『大般涅槃經集解』(『大正藏』 37, pp.460下2-9), "實亮曰. 此下第二, 重明實相中道也. 若直談昔教, 偏取生死, 空有爲實. 若就今經爲語, 乃識神明妙體, 眞如爲實, 知金剛心已還, 必是苦空無常, 佛果必是常樂我淨. 若作如斯之解, 便於兩邊, 皆得實義, 成中道行. 所以然者, 生死體空, 亦從本來, 無二無別, 涅槃體如如, 亦本來無相. 此是體, 識諸法實相之理也."

18 『大般涅槃經集解』(『大正藏』 37, pp.461上19-25), "所以引般若經爲證相續義者, 故如因

『대반열반경집해』에서 상속중도를 설정한 것은, 불성의 체體가 현상계와 구체적으로 접촉하는 가운데 발생하는 불성의 작용의 측면에 대하여 보량을 비롯한 열반사들이 관심을 기울인 점과 무관하지 않다. 『대반열반경집해』에서는 삼가三假(因成假, 相續假, 相待假)를 인용하여 중도에 대하여 설명하고 있는데, 길장吉藏의 『대승현론大乘玄論』에 따르면 성론사成論師 역시 이와 유사한 설명 방식을 취했다고 한다. 성론사는 중도를 세제중도世諦中道 · 진제중도眞諦中道 · 진속합론중도眞俗合論中道의 세 가지로 분류하고, 그 가운데 세제중도를 삼가三假에 의거하여 설명하였다.[19] 열반사들의 중도의와 성론사의 중도의 사이에 어느 정도 관련성이 있음을 알 수 있다.

3종 중도 이외에, 『대반열반경집해』의 보량주實亮注에서는 두 종류의 중도에 대해 소개하고 있다.

그러므로 어떤 학자가 해석하여 말하였다. 무릇 중도에는 두 가지가 있으니, 이제중중도二諦中中道와 이중중도理中中道가 있다. 이제二諦 가운데의 중도中道에 대한 깨달음이 곧 연인緣因의 성품이다. 이중중도理中中道는 곧 일체 중생

成假義.……今相續亦如此. 直一亦不相續, 若直異, 亦不相續. 要是前法謝後法起, 補此曾有之處. 假名中道相續語故, 從因至果, 喩如五味之相續也."

19 『大乘玄論』(『大正藏』 45, pp.25下20~26上9), "但成論師解三種中道. 一世諦中道. 二眞諦中道. 三眞俗合論中道也. 世諦中道者. 世諦不出三假故. 依三假明中道. 一因成假不一不異明中道. 何者. 一柱攬四微爲一. 是不一而一. 四塵同成一假. 不異而假實殊故異. 故不一一故. 不異異故. 不一不異. 因成明中道也. 二相續不常不斷明中道. 但相續假不同. 一云, 補處明續假也. 二云, 前玄與後一明續假. 如識心之終想心之初當中央爲假. 三龍光傳開善云, 明續假. 後起接前, 前轉作後, 卽是生至共成假也. 雖三師說不同, 而相與續故不斷滅故不常. 不斷不常明相續中道也. 三相待假明中道. 卽是有開避相待. 如色心等法. 名爲通待. 亦名定待也. 如長短君臣父子等法. 短不自短. 形長故短. 長不自長. 形短故長. 如此相奪待. 乃至君臣父子等. 名爲別待. 亦名不定待也. 通別雖殊. 悉是相待假明中道. 假而非眞. 稱當於理故非虛. 非眞非虛. 通明世諦中道也."

이 괴로움을 피하고 즐거이 구함에 대한 깨달음이 정인불성正因佛性이다.[20]

당시 어떤 학자는 중도를 이치와 이제二諦의 두 가지 측면에서 구분하고, 이를 다시 정인불성正因佛性 및 연인불성緣因佛性 개념으로써 설명하였다. 여기서 이제중중도해二諦中中道解나 피고구락해避苦求樂解와 같은 표현은 신명神明과 관련하여 주의할 부분이다. 앞서 3종 중도가 중도에 대한 교리적 해석에 충실하였다면, 2종 중도는 중도 개념을 이인불성二因佛性으로써 설명하였다는 점이 특징적이다. 이처럼 『대반열반경집해』에 나타난 중도 개념은 정인불성 및 연인불성과 밀접한 관련이 있다.

Ⅲ. 정인불성正因佛性과 연인불성緣因佛性

인과에 의거하여 불성을 해석할 때 도생, 승량, 승종, 보량을 비롯한 열반사들은 기본적으로 인인, 인인因因, 과果, 과과果果 등 인과 과의 개념을 가지고 불성을 해석하는 데 치중하였다.[21] 더 나아가 보량 등의 후기 열반사들은 정인正因, 연인緣因, 생인生因, 요인了因, 경계인境界因 등 다양한 인因 개념을 동원하여 불성을 설명하는 경향을 보인다. 위에서 살펴본 열반사들의 불성에 대한 중도적 이해는 이러한 인 개념들과 결합하게 된다. 여러 가지 인 개념들 가운

---

20 『大般涅槃經集解』「師子吼品」(『大正藏』 37, pp.545上22-25), "故一家解云. 夫中道有二途. 自有二諦中中道. 自有理中中道. 二諦中中道解, 卽是緣因性也. 理中中道, 卽是一切衆生, 避苦求樂解, 正因佛性."
21 『大般涅槃經集解』에 나타난 涅槃師들의 因, 因因, 果, 果果 佛性 개념에 대해서는 하유진, 「중국 초기불교의 佛性사상-『大般涅槃經集解』를 중심으로」, 『불교학연구』 33호(서울: 불교학연구회, 2012)를 참조.

데 정인과 연인은 가장 근본이 되는 중요한 개념이다. 정인과 연인에 대한 설명은 『대반열반경』「사자후보살품」에 나온다.

중생의 불성에도 역시 두 종류의 인이 있다. 첫째는 정인이고, 둘째는 연인이다. 정인이란 모든 중생을 말한다. 연인이란 육바라밀을 말한다.[22]
내가 두 가지 인을 설하니 정인과 연인이다. 정인이란 불성이라고 이름한다. 연인이란 보리심을 내는 것이다. 이 두 인연으로써 아뇩다라삼먁삼보리를 얻으니 바위에서 금을 추출하는 것과 같다.[23]

경문에 따르면 정인은 중생이 지닌 불성을 가리키며, 연인은 보리심菩提心을 내고 육바라밀六波羅蜜을 닦는 것임을 알 수 있다. 정인과 연인에 대하여 여러 열반사들은 『열반경』의 취지와 기본적으로 같은 입장을 취한다.

지금 선업이 생기게 하는 바가 곧 불성임을 밝힌다. 불성은 선을 낳는 이치이다. 〔선을 생기게 하는〕 이치가 만일 없다면 선이 어디로부터 생기겠는가. 이는 불성이 선업을 짓는 근본이라는 것이다. 불성은 정인正因이다. 선업은 연인緣因이다.[24]
법요法瑤에 따르면 정인은 불성을 가리키고, 연인은 선업을 행함을 가리킨

---

22 『大般涅槃經』「師子吼菩薩品」(『大正藏』12, pp.775中28-29), "衆生佛性亦二種因. 一者正因. 二者緣因. 正因者謂諸衆生. 緣因者謂六波羅蜜."

23 『大般涅槃經』「師子吼菩薩品」(『大正藏』12, pp.778上26-28), "我說二因. 正因緣因. 正因者名爲佛性. 緣因者發菩提心. 以二因緣得阿耨多羅三藐三菩提. 如石出金."

24 『大般涅槃經集解』「如來性品」(『大正藏』37, pp.447下3-6), "今明善業所由生者, 卽佛性. 佛性是生善之理. 理若無者, 善何由生. 是則佛性是作善業之根本也. 佛性是正因, 善業是緣因也."

다. 그리고 중생이 선업을 행할 수 있는 이유는 불성이 있기 때문이다. 승량僧亮은 「여래성품」에 대한 설명 가운데 다음과 같이 말한다.

　〔「여래성품」에서는 「장수품長壽品」의〕 "어떻게 선업을 지을지 부처께서 지금 말씀해 주십시오"[25]라는 질문에 답하여 장수長壽와 금강金剛 두 과果의 인因을 자세히 밝힌다.[26]

　승량은 「장수품長壽品」의 게송에 나오는 '어떻게 선업을 지을 것인가'의 문제에 대한 해명이 「여래성품」에서 제시되어 있다고 파악하였다. 이 점은 법요法瑤도 마찬가지이다.

　"여기부터 '아我에 머무르는 것은 괴로움을 떠나지 않는다'[27]까지는 '어떻게 선업을 지을지'라는 질문에 답한 것이다. 앞의 「사의품四依品」 이래로 대체적 의미는 수행자가 선을 닦아 법을 지키는 것이 선업임을 밝힌다."[28]

　열반사들이 『열반경』 「장수품」의 게송을 근거로 하여 연인을 선업으로 해석하였음을 알 수 있다.

---

25 『涅槃經』 「長壽品」의 23게송偈頌 가운데 6번째 게송의 제1구, 제2구를 가리킨다.(『大般涅槃經』, 『大正藏』 12, pp.619下), 高崎直道, 『如來藏思想の形成 I』(東京: 春秋社, 2009), pp.168-169 참조.
26 『大般涅槃經集解』(『大正藏』 37, pp.447中27-28), "答'云何作善業, 大仙今當說', 以廣長壽金剛二果之因也."
27 『大般涅槃經』(『大正藏』 12, pp.651上26).
28 『大般涅槃經集解』(『大正藏』 37, pp.447下1-3), "從此, 訖'若我住者, 不離於苦', 答'云何作善業'也. 上四依以來, 大意明行者修善護法, 是善業也."

1. 신명神明과 정인불성正因佛性

「여래성품 제3」의 과단科段에서는 불성을 『승만경勝鬘經』의 의依·지持·건립建立의 뜻으로써 해석한다고 하였다.[29] 그런데 『대반열반경집해』에서 불성을 지持와 건립建立에 배대하여 해석한 구절은 등장하지 않으며, 다만 보량寶亮이 불성을 의依에 배대하여 해석한 구절이 있다.

'불성은 지어지는 법이 아니다'[30]라는 것은 정인불성正因佛性은 선악에 의해 감感하지 않는데 어떻게 지을 수 있느냐는 말이다. 그러므로 신명神明의 체는 근본적으로 이 법성法性을 근원으로 삼고 있음을 안다. 만약 이러한 본래의 자질이 없다면 신려神慮의 근본은 그 작용이 달라져야 하는데 그 작용이 항상할 따름이니 비로소 지은 것이 아님을 마땅히 알아야 한다. 만약 신명神明이 줄곧 업의 인연으로부터 일어나고 이것(法性)을 본체로 삼지 않는다면, 지금 어떻게 '독한 몸(사대四大의 몸)의 가운데 묘약왕(불성)이 있으며, 이른바 불성은 지어지는 법이 아니다'[31]라고 말하겠는가. 그러므로 정인正因에 의거하여 말하였음을 안다. 만약 이것이 과果의 성품이라면 독한 몸의 가운데에는 이치가 전혀 없을 것이니 다시 과로써 인에 의지하지 않아야 한다. 만약 과로써 인에 의지하는 것이라면 『승만경』에서 생사에 의지하므로 여래장이 있다고 마땅히 말해야 하는데, '여래장에 의지하여 생사가 있으니 이를 좋은 말씀이라고 이름한다'라고 말하니[32] 또

---

29 『大般涅槃經集解』(『大正藏』 37, pp.458下14).

30 『大般涅槃經』(『大正藏』 12, pp.652中11).

31 『大般涅槃經』(『大正藏』 12, pp.652中10-11).

32 『勝鬘師子吼一乘大方便方廣經』(『大正藏』 12, pp.222中6-7), "有如來藏故說生死. 是名善說."

한 여기에 들어맞는 문장이 아니겠는가.[33]

　보량에 따르면 정인불성은 선악과 같은 업의 인연에 의해 일어나는 것이
아니며, 외부의 조건에 의해 그 작용이 달라지지 않는 것으로서, 법성을 근본
으로 한다. 그러므로 인因에 의지해야지 과果에 의지해서는 안 된다는 것이다.
여기서 인이란 정인正因을 가리키며, 『승만경』에 따르면 여래장如來藏이다. 당
시 열반학자涅槃學者들이 불성의佛性義를 종지로 삼는 『열반경』뿐만 아니라 여
래장의如來藏義를 종지로 삼는 『승만경』도 함께 중시하였음을 알 수 있다. 보량
은 위의 인용문에서, "신명의 체는 법성을 근원으로 삼는다(神明之體, 根本有此
法性爲源)"라고 하였는데, 신명神明은 정인正因의 다른 말이다. 보량의 불성사
상佛性思想에서 신명 개념은 매우 중요한 부분을 차지한다.[34] 『대승사론현의大
乘四論玄義』에서는 보량의 정인에 대해 다음과 같이 소개하고 있다.

　셋째, 영미사 보량 법사가 말하였다. 진속이 함께 이루는 중생의 진여의 성품
　의 이치가 정인의 체이다. 어째서인가. 마음이 없으면 그치고 마음이 있으면
　진여의 성품 위에서 생겨남이 있기 때문이다. 평정한 진여는 정인의 체이다.
　괴로움과 무상함은 속제이다. 곧 공이 진제이니 이러한 진속은 평정한 진여
　위에서 작용하기 때문이다. 진여는 이제 밖으로 벗어난다. 만약 외부의 사물

---

33 『大般涅槃經集解』(『大正藏』 37, pp.462上25-中6), "佛性非是作法者, 謂正因佛性, 非善
　惡所感, 云何可造. 故知, 神明之體, 根本有此法性爲源. 若無如斯天然之質, 神慮之本,
　其用應改而其用常爾, 當知非始造也. 若神明一向從業因緣之所稱起, 不以此爲體者, 今
　云何言毒身之中, 有妙藥王. 所謂佛性, 非是作法耶. 故知, 據正因而爲語也. 若是果性,
　則毒身之中, 理自無也. 復不應以果來依因. 若以果來依因者, 『勝鬘經』應言, 依生死故,
　有如來藏, 而云'依如來藏, 有生死, 是名善說', 不亦卽此文乎."
34 湯用彤, 『漢魏兩晋南北朝佛教史』(北京: 北京大學出版社, 1997), pp.493-501.

이라면 비록 진여와 마주하더라도 심식이 아니므로 생겨났다가 단멸한다.[35]

『대승사론현의』에 따르면 보량은 중생의 진여성眞如性이 정인正因의 본질이
라고 보았다. 그렇다면 신명의 본질 역시 진여가 된다.(正因=眞如=神明) 다음의
인용문에서 보량은 세제世諦, 정인正因, 연인緣因에 대해 설명하고 있다.

세제는 허망한 유이며 곧 본질이 환영과 같아서 마침내 소멸하여 없어짐으로
돌아가니 어찌 끊어지지도 않고 영원하지도 않다고 하겠는가. 오직 신명의 묘
체는 법성이 무위하여 비로소 끊어지지도 않고 영원하지도 않다고 일컬을 수
있다. 마음이 이 이치에 반연하여 유와 무의 상을 취하지 않을 수 있으면 비로
소 중도라고 이름할 수 있다. 이 이치를 헤아려 깨달을 뿐만 아니라 인연이 공
허함을 알아 관조의 지혜가 생겨나니 연인불성이라고 이름한다.[36]

세제世諦는 단멸斷滅하므로 무상無常하다. 신명묘체神明妙體인 정인正因은
무위無爲하여 부단불상不斷不常하므로 중도中道이다. 연인緣因은 그러한 이치
를 관조하는 지혜이다. 여기서 신명 개념은 양무제梁武帝의 「신명성불의神明成
佛義」에 나오는 신식神識과 같은 의미이다.[37]

---

35 『大乘四論玄義』(『新纂續藏經』 46, pp.601中15~20), "第三靈味小亮法師云. 眞俗共成衆
生眞如性理爲正因體. 何者. 不有心而已. 有心則有眞如性上生故. 平正眞如正因爲體.
苦無常爲俗諦. 卽空爲眞諦. 此之眞俗. 於平正眞如上用故. 眞如出二諦外. 若外物者. 雖
卽眞如. 而非心識故. 生已斷滅也."

36 『大般涅槃經集解』(『大正藏』 37, pp.547上14~18), "世諦虛妄有. 卽體如幻. 終歸滅無. 豈
不斷不常. 唯神明妙體. 法性無爲. 始可得稱不斷不常. 能心緣此理. 不取有無相. 方得名
中道. 旣稱此理解. 便識因緣虛. 觀照智生. 卽名緣因佛性."

37 신식神識과 유사한 표현으로 신려神慮가 있다.(『大般涅槃經集解』 寶亮注) 蕭琛은 「難神
滅論」에서 식려識慮라는 용어를 사용하였다.: "神者何, 識慮也."(『弘明集』, 『大正藏』 52,

경에서 말하기를, 마음이 정인이 되어 마침내 불과를 성취한다고 하였다. 신적이 말한다. 불인을 간략히 말하면 두 가지 뜻이 있다. 첫째는 연인이고, 둘째는 정인이다. 연인은 만선을 가리키고, 정인은 신식을 말한다. 만선에는 일어나는 것을 돕는 공덕이 있으므로 연인이라고 한다. 신식은 그것의 바른 근본이므로 정인이라고 한다.[38]

양무제의 신명성불神明成佛 사상은 당시에 유행하던 신멸불멸神滅不滅 논쟁과 밀접한 관계가 있다. 양무제는 법운法雲에게 명하여 범진范縝이 「신멸론神滅論」을 제창한 이래로 계속되어온 신멸불멸 논쟁을 정리하여 편찬하도록 하니, 「칙답신하신멸론勅答臣下神滅論」이 편찬되었다.[39] 양무제는 중국의 전통사상적 입장에서 불교의 윤회설을 비판한 신멸론의 주장에 반대하여 신불멸론神不滅論을 적극 지지하였고, 그 결과 「신명성불의神明成佛義」를 저술하였음을 알 수 있다. 이상과 같이 정인불성正因佛性은 본질적 측면에서 보면 신명묘체神明妙體이며 진여성리眞如性理가 된다. 보량에 따르면 정인正因은 작용의 측면에서 보면 피고구락해용避苦求樂解用이다.

시작부터 마지막까지 항상한 깨달음(常解)을 취하여 흥하고 쇠퇴하는 작용이 없으니 정인正因(불성)이라고 기록한다. 한 찰나 중이라도 이러한 깨달음의 작용이 없었던 적이 없고 다만 부처에 도달하면 멈춘다. 그러므로 괴로움을 피하고 즐거움을 구함은 이러한 깨달음의 작용이지 선인善因이나 악인惡因에 의

---

38 『弘明集』「大梁皇帝立神明成佛義記」(『大正藏』 52, pp.54中16-17), "經云. 心爲正因, 終成佛果. 臣縝曰. 略語佛因, 其義有二. 一曰緣因. 二曰正因. 緣者萬善是也. 正者神識是也. 萬善有助發之功. 故曰緣因. 神識是其正本. 故曰正因."

39 『弘明集』「勅答臣下神滅論」(『大正藏』 52, pp.60中-68下).

하여 불러일으켜진 것이 아님을 알라. 『승만경』에서는 "[불성이] 자성청정심이다"라고 하였다. 「사자후품」에서는 "[불성이] 중도의 한 종류이다"라고 하였다. 그런데 이 작용이라는 것은 큰 이치에 어긋나지 않으니 어찌 [정인正因의] 정正이 아니겠는가.[40]

보량이 불성의 체를 정인正因으로 보고 불성의 작용을 피고구락지해避苦求樂之解라고 한 것은 『승만경』의 다음 구절과 관련이 있다. "만약 여래장이 없다면 괴로움을 싫어하고 열반을 즐거이 여겨 구할 수 없을 것이다."[41] 보량은 정인과 연인에 대하여 다음과 같이 설명한다.

안은 정인이고, 밖은 연인이다. [그 뜻을] 밝히자면 신식이 있는 자는 모두 피고구락의 깨달음을 가지고 있다. 처음부터 끝까지 작용하여 바뀌지 않으므로 [정인을] 안이라고 이름한다. 연인의 선은 외연에 기탁하여 생겨나서 어떤 때에는 있다가 어떤 때에는 없으므로 밖이라고 이름한다. [그 뜻을] 밝히자면 이 두 인 가운데에 과가 전혀 없으므로 안도 아니고 밖도 아니라고 말한다. 인 가운데 비록 과는 없으나 연인과 정인 두 인이 없는 것이 아니니 이 두 인은 미래에 반드시 불과를 얻는다.[42]

---

40 『大般涅槃經集解』「如來性品」(『大正藏』 37, pp.447下15-20), "取始終常解, 無興癈之用, 錄爲正因. 未有一刹那中, 無此解用, 唯至佛則不動也. 故知避苦求樂, 此之解用, 非是善惡因之所感也. 以『勝鬘經』云, '自性淸淨心'也. 「師子吼品」云, '一種之中道'也. 而此用者, 不乖大理, 豈非正耶."

41 『勝鬘經』(『大正藏』 12, pp.222中), "若無如來藏者, 不得厭苦樂求涅槃."

42 『大般涅槃經集解』(『大正藏』 37, pp.555上2-7), "內者正因. 外者緣因. 明有神識者. 皆有避苦求樂之解. 始終用不改. 故名爲內. 緣因之善. 託外緣而生. 有時而有. 有時而無. 故名爲外. 明此二因之中. 都無有果. 故言非內非外. 因中雖無有果. 非無緣正二因. 此二因未來必得佛果."

정인의 작용은 불과佛果를 얻을 때까지 끊어지지 않고 계속되는 반면 연인의 선善은 조건에 따라서 있기도 하고 없기도 한 것이다. 그러면 정인 · 연인 · 심心의 관계에 대해 좀 더 살펴보자.

이 지혜는 유위법과 무위법의 두 이치상에서 생겨나니 연인의 성품이다. 인연을 관조하는 지혜를 취하여 연인성이라고 이름한다. 그 체는 피고구락의 깨달음이니 정인성이라고 이름한다.[43]
마음을 일으키는 것은 정인불성正因佛性이 아니다. 불성은 상常이고, 심심은 무상無常이다. 이런 까닭에 선심善心은 어떤 때에는 있다가 어떤 때에는 없다. 오직 정인正因의 성품의 작용은 항상하여 바뀌지 않는다.[44]

정인불성正因佛性은 항상하여 바뀌지 않는다. 연인불성緣因佛性은 유위有爲와 무위無爲 상에서 생겨나 때로는 있기도 하고 때로는 없기도 한다. 심심은 무상이다. 연인이 무상한 마음에서 선한 마음을 일으켜 항상한 불성을 현실화시키는 역할을 하고 있음을 알 수 있다. 보량 이외에 승량 역시 염고구락厭苦求樂이라는 용어를 사용하였다.

승량이 말하였다. 식을 가진 부류는 괴로움을 싫어하고 즐거움을 구하는 것이 성품 가운데의 항상한 면이다. 비록 인천이라도 마찬가지로 이 성품이 다르지 않다. 미혹과 섞여 있으면 정인이라 이름하고 미혹을 제거하는 것을 연인이라

---

43 『大般涅槃經集解』(『大正藏』 37, pp.547中9-11), "此智慧於有爲無爲兩理上生是緣因性也. 取觀因緣之智, 名緣因性. 而體是避苦求樂之解. 名正因性."
44 『大般涅槃經集解』「師子吼品」(『大正藏』 37, pp.557下8-10), "發心非正因佛性也. 佛性是常, 心是無常. 是故善心有時而有, 有時而無, 唯正因性用, 常而不改."

고 이름하며 제거할 미혹이 없으면 부처라고 이름한다.[45]

승량은 염고구락이 인간의 항상한 본성의 대표적 성격이라고 보았다. 피고
구락避苦求樂(또는 厭苦求樂)을 인간의 본성이라고 해석한 이로는 승량 이외에
법운法雲이 있다. 『대승사론현의』에는 광택사光宅寺 법운法雲이 피고구락성避
苦求樂性을 정인의 체로 보았다고 소개되어 있다.[46] 그런데 다른 곳에서는, "여
섯째, 광택사 법운이 말하였다. 마음에는 진여의 성품이 있으므로 괴로움을
피하고 즐거움을 구하는 작용이 있다. 참된 성품은 정인의 체이다."[47]라고 하
여, 피고구락을 마음 가운데 있는 진여 본성의 작용의 측면으로 파악하였다.
법운은 피고구락성을 진여성으로 간주하고 정인의 체라고 해석하는 한편, 피
고구락용用이라는 표현을 통하여 진여성의 작용의 측면으로 파악하였다. 그
의 주장 속에 피고구락을 본성으로 보는 승량의 입장과 피고구락을 작용으로
보는 보량의 입장이 혼재되어 있음을 알 수 있다. 『대승사론현의』의 이어지는
글을 보면 지장智藏 역시 피고구락성에 대하여 법운과 같은 주장을 하였다고
한다.[48] 피고구락에 대한 법운과 지장의 견해에 대해서는 앞으로 추가적인 논
의가 필요하다.

이상을 종합해 보면, 보량은 정인불성을 진여성 또는 신명으로 해석하였으

---

45 『大般涅槃經集解』(『大正藏』 37, pp.555下5-7), "僧亮曰. 含識之類, 厭苦求樂, 性之常也.
雖人天同, 此性不異, 雜惑名正因, 除惑名緣因, 無惑可除, 名之爲佛."
46 『大乘四論玄義』(『新纂續藏經』 46, pp.601下4-5), "第六光宅雲法師云. 心有避苦求樂性
義爲正因體."
47 『大乘四論玄義』(『新纂續藏經』 46, pp.602下9-10), "第六光宅云. 心有眞如性故. 有避苦
求樂用. 眞性爲正因體."
48 『大乘四論玄義』(『新纂續藏經』 46, pp.602下13-14), "又云, 避苦求樂性亦是開善亦一類
也." 인용문 가운데 역일亦一은 사본의 판독자에 따라 무일無一, 또는 기기로 보기도 한
다.(崔鈆植校勘, 『大乘四論玄義記』(서울: 불광출판사, 2009), pp.352-353 참조)

며, 이는 양무제의 「신명성불의」의 취지와 맥을 같이한다. 또 보량은 『승만경』에 근거하여 정인을 피고구락해避苦求樂解 또는 피고구락해용避苦求樂解用으로 해석하여, 불성의 작용의 측면을 강조하였다. 이것은 승량 등이 불성을 피고구락성으로 해석한 점과 비교된다. 불성에 대한 보량의 견해를 표로 정리하면 다음과 같다.[49]

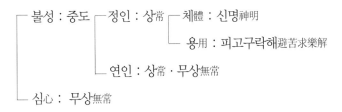

2. 만선萬善과 연인불성緣因佛性

앞 장에서 우리는 연인불성緣因佛性을 선업으로 해석하는 열반사들의 견해를 살펴본 바 있다. 보량은 연인에 대한 설명 가운데 만선萬善을 언급하고 있다.

연인緣因이라는 것은 만선萬善을 요체로 삼는다. 일념一念의 선善 이상부터 모두 수승한 과보(勝果)가 생기도록 도와 연緣을 빌어 일어나니 연인이라고 이름한다. 그런데 이 〔연인에 의한〕 깨달음이라는 것은 사고작용에 머무를 때는 항

---

49 伊藤隆壽는 양무제梁武帝의 신명성불의神明成佛義와 『대승기신론大乘起信論』의 마음 이론과의 관련성에 주목한 바 있는데, 앞으로 보량寶亮 및 양무제의 신명사상神明思想과 대승기신론의 일심이문一心二門 이론에 대하여 비교검토할 필요가 있다. 伊藤隆壽, 「梁武帝『神明成佛義』の考察-神不滅論から起信論への一視點」, 『駒澤大學佛敎學部硏究紀要』第44號(駒澤大學佛敎學部, 昭和 61年) 참조.

구적이지 않다가 비로소 생겨나 사라지지 않으니 곧 정인正因과는 다르다. 만약 이 연緣의 도움이 없다면 [타고난] 본성을 고수하여 바뀌지 않을 것이다. 이런 까닭에 [정인과 연인의] 두 가지 인因은 반드시 서로 이어져야 한다. 만일 연인緣因의 작용이 이미 충족되었으면 정인正因의 뜻 역시 만족된다. 두 가지 작용이 갖추어져 원만하니 생사윤회가 소멸한다.[50]

보량은 연인을 "以萬善爲體", "藉緣而發" 등으로 표현하고 있는데, 연인이 정인에 대하여 자연資緣, 즉 조연助緣의 의미를 지니고 있음을 알 수 있다. 따라서 일체의 수행은 연인이 되며, 수행은 선업을 쌓는 것이므로, 연인은 만선인 것이다. 연인을 만선으로 해석하는 것은 다른 열반사들도 마찬가지이다. 승종僧宗은 「사자후품」에서, "정인은 신명神明이고 연인은 만선萬善이다"[51]라고 하였다. 법요法瑤는 「가섭품迦葉品」에서, "이는 만선萬善이 연인성緣因性임을 밝힌다"[52]라고 하였다. 만선이란 선업을 쌓는 여러 가지 행위 및 그러한 행위를 통하여 얻은 결과를 지칭한다고 볼 수 있다.

만선萬善, 또는 일념선一念善 개념과 관련하여 『법화경』의 내용을 참고할 필요가 있다.[53] 『법화경』에도 일념이라는 개념이 등장하는데, 비록 경전의 한 게

---

50 『大般涅槃經集解』「如來性品」(『大正藏』37, pp.447下20-25), "緣因者, 以萬善爲體, 自一念善以上, 皆資生勝果, 以藉緣而發, 名爲緣因也. 然此解者, 在慮而不恒, 始生而不滅, 則異於正因也. 若無此緣助, 則守性而不遷, 是故二因, 必相須相帶也. 若緣因之用旣足, 正因之義亦滿, 二用俱圓, 生死盡矣."

51 『大般涅槃經集解』(『大正藏』37, pp.558下6), "正因卽神明. 緣因卽萬善."

52 『大般涅槃經集解』(『大正藏』37, pp.586中10), "此明萬善緣因性也."

53 『妙法蓮華經』(『大正藏』9, pp.9上10-25), "若人於塔廟寶像及畫像, 以華香幡蓋, 敬心而供養. 若使人作樂, 擊鼓吹角貝, 簫笛琴箜篌琵琶鐃銅鈸. 如是衆妙音, 盡持以供養. 或以歡喜心, 歌唄頌佛德, 乃至一小音, 皆已成佛道. 若人散亂心, 乃至以一華, 供養於畫像, 漸見無數佛. 或有人禮拜, 或復但合掌, 乃至擧一手, 或復小低頭, 以此供養像, 漸見

송이나 한 구절만을 들었더라도 일념으로 그 내용을 이해하고 기뻐하는 사람이라면 성불할 수 있다는 것이다.[54] 여기서 『법화경』의 한 구절을 듣는 행위는 『대반열반경집해』에서 말하는 한 터럭의 선善을 쌓는 행위에 해당된다. 도생道生 역시 『법화경』에 대한 주석 가운데 일념선과 유사한 일호지선一毫之善이라는 용어를 사용하고 있다.

대승이란 평등한 큰 지혜를 말한다. 하나의 선에서 시작하여 궁극의 지혜에서 마치는 것이 이것이다.[55]

만약 시작과 마지막을 통섭하여 논한다면 한 터럭의 선이 모두 이것이다.[56]

중생에게 과거불의 때에 모든 선근을 심어놓았음을 밝힌다. 한 터럭의 선을 모두 쌓아 도를 성취한다.[57]

수행의 누적("積之")을 전제로 한 '일호지선一毫之善' 개념은 점오漸悟와 관련

無量佛. 自成無上道, 廣度無數衆, 入無餘涅槃, 如薪盡火滅. 若人散亂心, 入於塔廟中, 一稱南無佛, 皆已成佛道."

54 『妙法蓮華經』「法師品」(『大正藏』9, pp.30下4-9), "모든 부처님 앞에 나아가 『묘법연화경』의 한 게송이나 한 구절을 듣고 일념으로 따라서 기뻐하는 이에게는 내가 모두 수기를 주어 아뇩다라삼먁삼보리를 얻게 하리라. 부처님께서 약왕보살에게 말씀하셨다. 또 여래께서 멸도하신 후에 만일 어떤 사람이 『묘법연화경』의 한 게송이나 한 구절을 듣고 일념으로 따라서 기뻐하는 이라면 내가 또한 아뇩다라삼먁삼보리의 수기를 주리라. 咸於佛前, 聞妙法華經一偈一句, 乃至一念隨喜者, 我皆與授記, 當得阿耨多羅三藐三菩提. 佛告藥王. 又如來滅度之後, 若有人聞妙法華經, 乃至一偈一句, 一念隨喜者, 我亦與授阿耨多羅三藐三菩提記."

55 『法華經疏』(『新纂續藏經』27, pp.1中24-下1), "大乘者, 謂平等大慧, 始於一善, 終乎極慧, 是也."

56 『法華經疏』(『新纂續藏經』27, pp.1下2-3), "若統論始末者, 一豪之善, 皆是也."

57 『法華經疏』(『新纂續藏經』27, pp.5中20-21), "明衆生於過去佛, 殖諸善根. 一豪一善, 皆積之成道."

이 있다. 도생은 일반적으로 돈오설을 주창한 것으로 알려져 있지만, 도생의 돈오설은 사실상 점오를 바탕으로 한 돈오頓悟라고 할 수 있다.[58] 보량을 비롯한 열반사들이 연인 개념을 중시하여 선업이나 만선으로 해석한 것은 그들이 깨달음의 이치만을 중시한 것이 아니라 깨달음을 얻기 위한 수행의 과정 역시 매우 중요하게 여기고 이를 불성 개념과 결합시켜 이해하고자 하였음을 보여준다. 이상과 같이 열반사들은 『열반경』과 『법화경』의 내용을 바탕으로 연인을 선업 또는 만선으로 해석하였으며, 이를 통해 연인 개념이 현실적인 실천수행과 밀접한 관련을 맺고 있음을 알 수 있다.

3. 생인生因, 요인了因, 경계인境界因과 정인正因, 연인緣因

『열반경』에 등장하는 인因 개념으로 정인正因와 연인緣因 이외에 생인生因과 요인了因이 있다. 『열반경』에 따르면, 결과로서의 법을 생기게 하는 직접적인 원인이 되는 것을 생인이라고 하며, 법을 생기게 하는 간접적인 원인을 요인이라고 한다. 이것을 실천수행과 관련지어 살펴보면, 육바라밀六波羅蜜과 수능엄삼매首楞嚴三昧 등의 수행은 생인이며, 불성은 요인이다.[59] 『대반열반경집해』에 나타난 승량, 승종, 보량 등의 생인과 요인에 대한 입장은 대체로 『열반경』의 견해와 다르지 않다. 열반사들은 생인과 요인의 관계에 대해 다음과 같이

---

58 이 점에 대해서는 하유진, 「道生의 頓悟說」, 『불교학연구』 29호(서울: 불교학연구회, 2011) 참조.

59 『大般涅槃經』(『大正藏』 12, pp.774下23-775上3), "因有二種. 一者生因. 二者了因. 能生法者是名生因. 燈能了物故名了因.……如穀子等是名生因. 地水糞等是名了因. 復有生因. 謂六波羅蜜阿耨多羅三藐三菩提. 復有了因. 謂佛性阿耨多羅三藐三菩提. 復有了因. 謂六波羅蜜佛性. 復有生因. 謂首楞嚴三昧阿耨多羅三藐三菩提. 復有了因. 謂八正道阿耨多羅三藐三菩提. 復有生因. 所謂信心六波羅蜜."

설명한다.

> 승량이 말한다. 본래 없다가 지금 있는 것이 생인이다. 본래 있다가 지금 드러
> 나는 것이 요인이다. 예컨대 무상에서 상이 드러나는 것이 생인이다. 무상에
> 서 무상이 드러나는 것이 요인이다.[60]
> 승종이 말한다.……과를 맞이하는 뜻이 강한 것이 생인이다. 생인이란 무
> 를 맞이하여 유이게끔 하는 것이다. 요인이란 이미 있는 것을 밝히는 것이
> 다.…… 불성이 비록 정인이지만 만약 과를 맞이하는 힘을 말한다면 단檀 등의
> 육바라밀이 아니면 과를 얻을 수 없다. 요了에 비해 강하다는 뜻을 생生이라고
> 말한다.[61]
> 보량이 말한다.……다만 과에 대한 힘이 강하므로 생인이다. 약한 것은 요인
> 에 속한다.[62]
> 보량이 말한다. 육바라밀은 보리의 뜻을 취하는 힘이 강하므로 생인이라고 이
> 름한다.[63]

열반사들의 견해에 따르면, 생인이란 본래 없던 것을 생기게 하는 원인이
고, 요인은 본래 있던 것을 드러나도록 하는 원인이다. 결과에 미치는 영향력
이 강하면 생인이라고 하고, 그렇지 못하면 요인이라고 한다. 결과를 내는 직

---

60 『大般涅槃經集解』(『大正藏』 37, pp.554中2-3), "僧亮曰. 本無今有. 是生也. 本有今見.
   是了也. 如無常見常是生. 無常見無常是了也."

61 『大般涅槃經集解』(『大正藏』 37, pp.554上14-19), "僧宗曰.……以拜果義强. 爲生因也. 生
   者能拜無令有也. 了者己有也.……佛性雖爲正因. 若語拜果之力. 非檀等諸度. 則不得
   果. 於了爲强. 義說生也."

62 『大般涅槃經集解』(『大正藏』 37, pp.554上6-7), "寶亮曰.……但使於果力强, 便是生因. 弱
   者屬了因也."

63 『大般涅槃經集解』(『大正藏』 37, pp.554上10-11), "寶亮曰. 六度取菩提義力强. 故名爲生因."

접적인 힘은 구체적인 수행으로부터 나오는 것이며, 이를 생인이라고 함을 알수 있다.

『열반경』에서는 정인과 요인에 대하여, "예컨대 부처께서 말씀하시니 두 종류의 인이 있다. 첫째는 정인이고, 둘째는 요인이다. 니구타의 씨앗이 땅과 물과 거름으로 요인을 지으므로 가는 것을 거칠게 한다."[64]라고 하였다. 씨앗이 정인이라면, 씨앗을 둘러싼 조건들은 요인이다. 연인과 요인에 대해서는, "연인이란 곧 요인이다. 세존이시여. 어둠 속에 먼저 여러 물건이 있는데 물건을 보려고 등불로 비추는 것과 같다. 만약 본래 없는 것이라면 등불로 무엇을 비추겠는가. 마치 진흙 속에 병이 있으므로 사람과 물과 물레와 노끈과 작대기 등이 요인인 것과 같다. 니구타의 씨앗이 땅과 불과 거름으로 요인을 짓는 것과 같다. 젖 속의 효모와 따뜻함도 이와 같이 요인을 짓는다. 그러므로 비록 먼저 성품이 있어도 요인을 빌린 뒤에야 볼 수 있다."[65]라고 하였다. 연인과 요인은 공통적으로 조건과 관련된 개념임을 알 수 있다. 정인과 요인에 대하여 열반사들은 다음과 같이 설명한다.

승량이 말한다. 정인불성은 과를 취하는 힘이 약하므로 오직 요인만을 지을 수 있다.[66]

보량이 말한다.……연인이 요인일 뿐만 아니라 정인 역시 요인이다. 어째서인

---

64 『大般涅槃經』「師子吼菩薩品」(『大正藏』 12, pp.777中3-5), "如佛所說有二種因. 一者正因. 二者了因. 尼拘陀子以地水糞作了因, 故令細得麤."

65 『大般涅槃經』「師子吼菩薩品」(『大正藏』 12, pp.776中4-9), "緣因者卽是了因. 世尊. 譬如闇中先有諸物. 爲欲見故以燈照了. 若本無者燈何所照. 如泥中有瓶故須人水輪繩杖等而爲了因. 如尼拘陀子須地水糞而作了因. 乳中酵煖亦復如是須作了因. 是故雖先有性要假了因然後得見."

66 『大般涅槃經集解』(『大正藏』 37, pp.554上19-20), "僧亮曰. 正因佛性, 取果力不如. 故唯得作了因也."

가. 만약 중생이 괴로움을 싫어하고 열반을 즐거이 구하는 마음이 없다면 일념의 선으로도 지을 수 없을 것이다. 이 깨달음이 있기 때문에 숙과를 얻을 수 있다. 이런 이유로 정인 역시 멀리 보면 부처가 되는 요인이다.[67]

정인正因은 생인生因에 비해 결과에 미치는 힘이 미약하므로 요인了因이 된다. 결과를 직접적으로 생기게 하는 원인이라는 생인의 입장에서 보았을 때 정인은 요인이고 연인緣因은 생인이다. 결과에 영향을 미치는 조건이라는 요인의 입장에서 보았을 때 정인도 요인이고 연인도 요인이다. 열반사들의 정인과 요인, 연인과 요인에 대한 견해 역시 대체로 『열반경』의 입장을 따르고 있음을 알 수 있다.

이상에서 살펴본 정인과 연인, 생인과 요인 등의 이인불성二因佛性은 『대반열반경』에 등장하는 개념인 반면, 정인과 연인에 경계인을 더한 삼인불성三因佛性의 형식은 『열반경』에는 없고 『대반열반경집해』에만 나타나는 것이다. 『대반열반경집해』「여래성품」에 대한 보량의 과단科段을 보면 경계성이라는 용어가 등장한다.: "만약 경계성에 대해 논하면 그 취지가 곧 통하지만 연緣의 도움을 받는다는 점은 마찬가지이므로 다시 별도로 설명하지 않는다."[68] 승종에 따르면 경계성은 십이인연을 가리킨다. 그는 "是因非果如佛性"이라는 『열반경』의 경문에 대하여, "십이인연이 경계성이라는 것이다"[69]라고 주석하였고, "十二因緣名爲佛性"이라는 『열반경』의 경문에 대해서는, "〔이 구절은〕경계

---

67 『大般涅槃經集解』(『大正藏』 37, pp.553下29-554上3), "寶亮曰.……非但緣因是了因. 正因亦是了因. 何者. 若衆生無厭求樂心者. 一念善不能作也. 由有此解故. 可得熟果. 是故正因亦遠爲佛作了因也."
68 『大般涅槃經集解』「如來性品」(『大正藏』 37, pp.447下29-448上1), "若論境界性者, 其旨則通, 但同是緣助, 不復別開也."
69 『大般涅槃經集解』(『大正藏』 37, pp.548上22-23), "謂十二因緣境界性也."

성을 말한다"[70]라고 주석하였다. 경계성과 관련하여 『대반열반경집해』에는 경계인境界因 개념이 있다.[71] 『대반열반경집해』에서 경계인은 정인, 연인과 함께 언급된다.

승종이 말한다. ······답 가운데 무릇 세 종류의 인이 있다. 첫째는 정인을 밝힌다. 둘째는 연인을 밝힌다. 셋째는 경계인을 밝힌다.[72]

승량이 말한다. 경계인을 설명한다. 생사만을 설명하고 열반을 설명하지 않은 것은 다르기 때문이다. 무명은 현재의 괴로움의 근본이고, 애착은 미래의 괴로움의 근본이다. 현재와 미래의 괴로움은 미혹을 근본으로 하니 모두 일체가 공임을 밝힌다.[73]

승량이 말한다. 인에는 세 종류가 있다. 정인과 연인은 구별되고 경계인은 공통된다.[74]

---

70 『大般涅槃經集解』(『大正藏』 37, pp.549中28), "謂境界性也."

71 境界性은 다른 곳에서 因으로 해석된다. 吉藏은 『法華玄論』에서 다음과 같이 말한다. "乘體謂因佛性. 乘果謂果佛性. 不說果果性者, 果果性還屬果門. 不說境界性者, 屬因門故也."(『法華玄論』, 『大正藏』 34, pp.391上8-10) 吉藏은 乘體는 因佛性이고, 乘果는 果佛性이며, 果果性은 果門에 속하고, 境界性, 즉 因因性은 因門에 속한다고 하였다. 이렇게 볼 때, 吉藏은 境界性을 因因佛性에 해당하는 개념으로 사용하였음을 알 수 있다. 『大乘四論玄義』에서는 境界性을 다음과 같이 해석하였다. "第四句云. 非因非果, 名爲佛性者, 正因性也. 若爾因則境界性. 因因則是觀智. 雖有兩性並是因門. 果則菩提智性. 果果即是大涅槃."(『大乘四論玄義』, 『新纂續藏經』 46, pp.610中3-5) 즉, 因은 境界性이고, 因因은 觀智이며, 果는 菩提智性이고, 果果는 大涅槃이다. 이를 통하여 『大乘四論玄義』는 境界性을 因으로 간주하였음을 알 수 있다.

72 『大般涅槃經集解』(『大正藏』 37, pp.545上12-13), "僧宗曰.······答中凡有三種. 初明正因. 第二明緣因. 第三明境界因."

73 『大般涅槃經集解』(『大正藏』 37, pp.546中7-9), "僧亮曰. 說境界因也. 但說生死. 不說涅槃爲異耳. 無明是現在苦本. 愛是未來苦本也. 明二世之苦. 以惑爲本. 其一切空也."

74 『大般涅槃經集解』(『大正藏』 37, pp.561上19), "僧亮曰. 因有三種. 正因緣因則別. 境界因

보량이 말한다. 선은 연인이다. 선하지 않음은 경계인이다.[75]

이상의 인용문을 통하여 열반사들은 정인 · 연인 · 경계인이라는 세 종류의 인因에 대해 논하였으며, 경계인境界因에 대한 설명이 승종 · 승량 · 보량의 주석에서 발견되고 있음을 알 수 있다. 그 내용을 종합하면 다음과 같다.

인에는 정인, 연인, 경계인이 있다.(僧宗 · 僧亮 공통) 정인과 연인은 구별되지만 경계인은 두 인에 공통적인 것이며, 경계인은 생사와 관련된다.(僧亮)〔정인正 因은 신명神明이고,〕연인은 만선萬善이며, 경계인은 불선不善이다.(寶亮)

경계인에 대한 설명은 『대반열반경집해』에서 더 이상 보이지 않으며, 구체적인 설명은 다른 곳에서 찾을 수 있다. 경계인에 대하여 『대승사론현의大乘四 論玄義』에서는 다음과 같이 말한다.

지금 십이인연이 경계인이다. 이는 팔불八不이 인연임을 밝히기 때문이다. 십이인연은 생기지도 않고(不生) 소멸하지도 않으며(不滅), 영원하지도 않고(不常) 끊어지지도 않으며(不斷), 같지도 않고(不一) 다르지도 않으며(不異), 오지도 않고(不來) 가지도 않는다(不出)는 것을 뜻한다. 모두 『중론』에서 말한 것이다. 보살이 도량에 앉아 있을 때에 십이인연이 생기지도 않고 소멸하지도 않는 것이 마치 허공과 같음을 관찰하였다. 이것이 경계인의 성품이니, 관찰하는 지혜를 생기게 할 수 있다. 관지는 경계인으로부터 생기니, 인의 인이다.[76]

則共也."

75 『大般涅槃經集解』(『大正藏』37, pp.586上), "寶亮曰. 善是緣因. 不善是境界因也."
76 『大乘四論玄義』(『新纂續藏經』46, pp.610上13-17), "今十二因緣爲境界因. 此明八不爲

십이인연이 생겨나지도 않고 소멸하지도 않음을 관찰하도록 하는 것이 경계인境界因의 성품이라는 것이다. 앞에서 인용한 『대반열반경집해』에서 경계인을 십이인연이라고 하였는데, 그에 대한 설명이 위의 인용문에 제시되어 있음을 알 수 있다. 『대반열반경집해』에서는 경계인을 정인, 연인과 함께 언급하는 데 비해, 『대승사론현의』에서는 경계인을 료인과 함께 이인二因으로 분류하고 있다.

인에는 두 가지가 있다. 첫째는 경계인이니, 곧 이제이다. 둘째는 요인이니, 곧 관지이다. 관지는 곧 반야이고, 반야는 곧 이지이다.[77]

경계인은 이제二諦이며, 요인은 관지觀智, 즉 이지二智이다. 경계인은 대상적 진리이고, 요인은 진리를 파악하는 주관적 지혜라는 도식이 성립함을 알 수 있다.

경계인이라는 이름은 요인으로부터 성립한다. 왜냐하면, 정인의 마음은 익히고 배움을 밝히지 않으므로 대상을 수고로이 설명할 필요가 없다. 요인은 닦고 익힘을 밝히므로 반드시 대상에 의탁하여 생긴다. 그러므로 경계라는 이름은 요인으로부터 성립한다.[78]

因緣故. 十二因緣義不生不滅不常不斷不一不異不來不出. 具中論說. 菩薩坐道場時觀十二因緣不生不滅如虛空. 此爲境界因性. 能生觀智. 觀智從境界因生. 爲因因."

77 『大乘四論玄義』(『新纂續藏經』 46, pp.605下17-19), "因有二. 一境界因, 即是二諦. 二了因, 即是觀智. 觀智即是般若. 般若即是二智."

78 『大乘四論玄義』(『新纂續藏經』 46, pp.607上15-17), "境界因名者, 從了因而立. 所以然者. 正因之心, 不明習學, 故無勞說境. 了因既明脩習, 必託境而生. 故境界名從了因而立."

경계인이란 요인으로부터 그 의미가 성립하는데, 요인은 익히고 배우는 의미를 지닌 인 개념이므로 익히고 배우는 대상을 설정해야 한다. 그 대상을 지칭하는 것이 바로 경계인이라는 것이다.『대승사론현의』에는 경계인과 연인에 대한 설명도 보인다.

그러므로 연인은 이지이고, 경계인은 이제이다. 이제와 이지는 불성을 근본으로 삼는다.[79]

이제는 경계인을 근본으로 삼는다. 이지는 연인을 근본으로 삼는다. 이는 작용으로 나아가 근본을 밝힌 것이다.[80]

연인을 근본으로 한 것이 이지二智이고, 경계인을 근본으로 한 것이 이제二諦이다. 연인과 경계인은 작용의 측면에서 불성을 밝힌 것이다. 반면 정인은 체體의 측면에서 불성을 밝힌 것이다. 이상의 인용문들을 종합해 보면, 인식의 차원에서 불성을 해명할 때 인식의 대상으로서의 진리가 경계인이 되며, 그 대상을 인식하는 주체로서의 지혜는 연인緣因 또는 요인了因이 됨을 알 수 있다.

『대반열반경집해』에 따르면 승량僧亮, 승종僧宗, 보량寶亮 등의 열반사들은 불성을 정인과 연인, 생인과 요인, 정인과 요인, 연인과 요인 등과 같은 두 종류의 인因으로 파악하기도 하고, 정인·연인·경계인이라는 세 종류의 인因으로 보기도 하였다. 정인正因은 불성의 본성적 측면을 강조한 개념이고, 연인緣

79 『大乘四論玄義』(『新纂續藏經』 46, pp.623下21-22), "故緣因則二智. 境界因卽二諦. 二諦二智以佛性爲本."
80 『大乘四論玄義』(『新纂續藏經』 46, pp.624上5-6), "二諦以境界因爲本. 二智以緣因爲本. 此就用明本."

因은 불성이 외부의 조건과 만나 수행을 통해 현실화되는 측면을 강조한 개념이며, 경계인境界因은 인식적 차원에서의 불성의 대상성을 강조한 개념이고, 생인生因은 불성이 실제로 생겨나는 측면을 강조한 개념이라고 할 수 있다.

Ⅳ. 마치는 글

열반사涅槃師들이 중도中道로써 불성을 이해한 것은 불성사상이 대승불교의 반야중관학般若中觀學 교리敎理에 기반하고 있음을 증명하기 위하여 필요한 과정이었던 것으로 볼 수 있다. 『열반경涅槃經』에서는 인과 개념을 통해 불성을 해석하고 있는데, 열반사들이 이인불성二因佛性이나 삼인불성三因佛性으로써 불성을 해석한 것을 통해 열반사들이 성불成佛의 원인에 대한 논의를 매우 중시하였음을 알 수 있다. 선업善業이나 만선萬善 개념은 성불의 방법, 즉 수행론에 대한 중시를 나타낸다. 열반사들이 성불의 원인 및 원인으로부터 결과에 이르는 과정에 주목하였음을 알 수 있다.

전기 열반사인 도생道生이 불성의 본유설本有說을 주장하고 불성을 절대적 진리 개념으로 설명함으로써 불성의 불변적 성격을 강조하였다면, 후기 열반사인 보량寶亮 등은 이러한 주장이 불성에 대한 집착으로 흐를 것을 염려하여 불성이 구체적인 수행을 통해 어떻게 현실화되고 중생이 열반에 이르게 되는가의 과정에 주목하였다. 이러한 경향은 불성과 현상적인 마음과의 관계에 대한 분석이라든가, 불성을 여러 종류의 인因으로 세분하거나, 불성을 체體와 용用으로 구분하고 작용의 측면을 강조하는 방식 등으로 나타난다. 불성이 구체적인 마음 가운데에 있음을 강조하기 위해 보량 등은 불성의 동의어로 신神, 려慮, 식識 등의 단어를 사용한다. 이들 단어는 인간의 마음 중에서 사고작용을 하는 의식적인 부분을 염두에 둔 표현이다.

열반사들은 『열반경』에 나타난 정인正因, 연인緣因, 생인生因, 요인了因 등의 개념에 대해서 경전의 입장을 충실히 따르는 한편, 신명神明, 피고구락避苦求樂, 경계인境界因 등의 새로운 개념을 도입하여 『열반경』의 불성사상에 대한 보완적 해석을 시도하였다. 이러한 시도는 열반사의 불성사상이 불성을 심식心識으로 이해한 지장智藏(458~522), 불성을 피고구락避苦求樂으로 이해한 법운法雲(467~529), 불성을 아리야식阿黎耶識이나 자성청정심自性淸淨心으로 이해한 지론사地論師와 섭론사攝論師 등의 주장으로 변모해 가는 단계에서 나타난 과도기적 양상으로 파악된다. 하지만 유식사상에 대한 전면적인 이해가 아직 미흡할 수밖에 없는 시대적 상황 아래에서 열반사들이 불성과 식識 개념 간의 명확한 사상적 절충점을 찾기는 쉽지 않았을 것으로 보인다. 때문에 열반사들은 불성사상과 현상적 마음의 결합의 지점을 중국 전통사상에서 유래한 신神 개념에서 찾은 것이 아닌가 생각된다.

앞으로 『대반열반경집해』뿐만 아니라 다른 문헌들에 나타난 열반사들의 저술을 함께 참고하여 열반사의 사상에 대해 전면적으로 연구할 필요가 있다. 예를 들면 돈황사본 『의기義記』(杏雨書屋 271)[81]에는 열반사들의 견해가 실려 있다. 또한 『열반경』과 관련된 기타 돈황사본들에 대한 추가적인 연구 역시 필요하다. 아울러 열반사와 성론사와의 관계, 길장吉藏의 『대승현론大乘玄論』이나 혜균慧均의 『대승사론현의大乘四論玄義』 등에 나타난 당시 불교학자들의 열반사에 대한 평가 역시 면밀한 검토가 요구된다.

---

81 『敦煌秘笈』影片冊 4(公益財團法人步田科學振興財團, 2011)에 수록.

종성무위론의 기원에 관한 한 고찰[*]
-『보성론』과『불성론』의 'gotra'의 번역 용례를 중심으로

김성철(金成哲)

서론

논자는 이전 논문에서 현존하는 산스크리트본 『보성론』의 종성 개념을 검토하면서, 적어도 현존하는 산스크리트본 『보성론』에는 종성을 무위로 간주할만한 어떤 근거도 없다는 결론에 도달하였다. 그럼에도 불구하고 몇몇 현대학자들의 견해를 포함하여, 티벳과 동아시아 여래장 사상 전통에서는 종성을무위로 간주하는 견해가 나타난다.[1]

---

[*] 이 논문은 『불교연구』 38집(2013)에 실린 논문을 재수록한 것이다.

[1] 티벳에서 RGV의 종성 개념을 법성 곧 무위로 간주하는 견해에 대해서는 총카파의 gSer phreng(339,8ff.=高崎 直道, 『高崎直道著作集 第7卷 - 如來藏思想 · 佛性論 II』(東京: 大藏出版, 2010), p.332f. 참조. 하지만 그가 인용하여 종성무위론의 근거로 삼고 있는 RGV I-113송은 현존하는 RGV의 I-113송과 일치하지 않는다. 곧 gSer phreng에 인용되어 있는 I-113b는 dri med bshag dang bsal med chos nyid kyang(=中村 瑞隆, 『藏和對譯 究竟一乘寶性論研究』(東京: 鈴木學術財團, 1967), p.123이지만, 이는 현존하는 RGV I-113bc의 'acintyam akṣayyadharmāmala-'와 일치하지 않는 것이다. 高崎(2010: 346, n.103)는 운율을

본고의 주목적은, 특히 동아시아 여래장 사상 전통에서, 현존하는 산스크리트본 『보성론』에는 보이지 않는 종성무위론이 어디에서 유래하고 있으며, 그 배경은 무엇인지 고찰하고자 하는 것이다. 이전 논문에서 비판적으로 살펴본 현대 학자들의 종성무위설은, 기실 티벳과 동아시아 전통의 해석을 무의식적으로 현존하는 산스크리트본 『보성론』의 종성 개념 해석에 적용한 것으로 보이기 때문이다.

따라서 본고는 동아시아에서 이러한 종성무위론 전통의 한 연원으로서 한역 『보성론』의 번역 용어 문제와, 특히 진제(499~569) 역 『불성론』의 3종 불성 관련 구절을 검토하고자 한다.

우선 현존하는 산스크리트본 『보성론』(Ratnagotravibhāga, 이하 산스크리트 본 『보성론』은 RGV로 약칭한다)에 나타나는 'Gotra'라는 산스크리트 단어를 한역 『보성론』(늑나마제 역, 511년)과 『불성론』(진제 역, 567년?)이 어떻게 번역했는가 하는 점을 먼저 살펴본다. 그리고 이러한 번역 용어가 후대의 몇몇 동아시아 불교인들에게 미친 영향을 간략히 고찰해 보고자 한다.

다른 한편으로 『불성론』에 나타나는 3종 불성론, 특히 주자성(佛)성 개념의 변용과 그 기원에 대해 고찰해 본다. 『불성론』의 3종 불성론은 『보성론』에는 보이지 않는 『불성론』 독자의 개념이다. 이 3종 불성론은 이후 동아시아 불교인들에게 영향을 미친 점도 확인된다. 이 점에서 주자성불성을 진여로 간주하는

고려하지 않은 채, 이 구절을 다음과 같이 환범하고 있다: *nopaneyāpaneyadharmatā. 그러나 현존하는 RGV의 구절이 한역 『보성론』(大正藏 31, 815b8: 有不可思議 無盡法寶藏)과는 일치한다는 점에서, 티벳 역 혹은 그 저본이 전승 과정에서 법계 혹은 법성을 종성으로 간주하는 경향에 의해 수정되었을 가능성을 배제할 수 없을 것이다. 한편 티벳에서 본성주종성(prakṛtistha-gotra)을 법성 혹은 진여로 간주하는 데 대한 『현관장엄론』의 영향에 대해서는 차상엽, 「『보성론』에 나타난 여래장의 세 가지 의미」, 『보조사상』 39(서울: 보조사상연구원, 2013), n.60 + n.61 참조.

『불성론』의 언급 또한 종성무위론의 한 연원으로 보인다. 하지만 주자성불성을 진여로 간주하는 것은 그 배경이 불분명하며, 이 점에 대한 하나의 고찰이 본 논문의 또 하나의 목적이 될 것이다.

I. 『보성론』 종성무위설의 재검토[2]

야마베(1997: 199)는 전형적인 여래장 사상의 논서인 RGV에서는 유위와 무위에 대한 명확한 구별이 엄격하게 나타나지 않는다고 지적한다. 그는 그 예로 붓다의 행위가 무위로부터 발생한다는 것을 인정하고 있다고 보는 문장을 제시한다. 게다가 그는 RGV가 본래 상태의 종성(prakṛtisthagotra)을, 진여와 동의어인 여래장과 동일시하고 있는 것으로 간주하고 있다.[3] 이러한 견해는 종성을 진여와 동일시하는 견해의 하나로 볼 수 있다.

---

2 이하의 논의는 본고의 이해를 돕기 위해 김성철, 「종성의 본질에 대한 유가행파와 여래장 사상의 해석」, 『불교학리뷰』 10(서울: 씨아이알, 2011), p.56ff.; 김성철, 「『보성론』에 나타난 종성의 성격」, 『보조사상』 38(서울: 보조사상연구원, 2012), p.391ff.를 일부 수정 보완하여 다시 소개하는 것이다.

3 RGV의 종성 특히 본성주종성을 법계 혹은 진여 등 무위로 간주하는 현대학자로는 Yamabe 외에 高崎와 小川을 들 수 있다. 高崎 直道, 『インド古典叢書 - 寶性論』(東京: 講談社, 1989), p.326, n.2는 본성주종성을 법계이자 본성청정으로 간주하고 있으며, 小川 一乘, 『小川一乘佛敎思想論集 - 第2卷 佛性思想論 II』(京都: 法藏官, 2004), p.100도 본성주종성을 진여로 간주하고 있다. 그러나 高崎와 小川의 종성무위론은 그 근거가 명확하지 않다. 한편 Nobuyoshi Yamabe, *The Idea of Dhātu-vāda in Yogācāra and Tathāgatagarbha Texts, Pruning the Bodhi Tree*, ed. by Jamie Hubbard & Paul L. Swanson (Honolulu: Unversity of Hawaii Press, 1997), p.449, n.40은 본성주종성을 진여와 동일시하는 것이 『대보적경』 「가섭품」의 영향을 받은 것일 수 있지만, 역으로 여래장 사상의 영향으로 「가섭품」의 원 단어가 대체되었을 수도 있다고 본다.

여기에서 그가 본래 상태의 종성을 진여와 동의어인 여래장과 동일시하고 있다는 전거로 제시하는 문장을 재검토해 보자. 그가 제시하는 문장은 여래장의 열 가지 의미 중 열 번째인 불가분리성(asambheda)의 의미를 설명하는 부분에서 나타난다. 불가분리성을 설하는 I-84송 ab구는 궁극적으로 청정한 상태에 도달한 여래장이 공덕과 분리되지 않는다는 설명(cd구)에 앞서, 청정한 상태에 도달한 여래장의 네 가지 동의어를 나열하고 있는 구절이다.[4] 곧 법신, 여래, (4)성제, 궁극적 의미의 열반이 그것이다. I-86송은 그 네 가지 동의어의 의미를 설명하고 있는데, 그 중 두 번째인 여래라는 단어의 의미를 보여주는 것이 I-86송 b구인 '그것(법신)의 종성이 그와 같이 전래하는 것'[5]이다. 곧 여래(tathāgata)란 단어는 '그와 같이 전래하는 것(tathāgama)'이라는 의미를 갖고 있으며 그 전래의 주체가 '그것(법신)[6]의 종성'이며, 전래의 방식이 '그와 같이'라는 것이다. 이 게송은 산문주석에서 다음과 같이 재서술된다.

그것(법신)의 종성 (곧) 본성이 불가사의한 방식으로 완성된다는 의미다.[7]

곧 '종성'이 '본성(prakṛti)'으로, '그와 같이'가 '불가사의한 방식(acintyaprakāra)'으로, '전래'가 '완성(samudāgama)'이라는 의미로 해석되며 또한 이것이 여래라는 단어의 의미가 되는 것이다.[8] 이상의 의미에 대한 경전적 뒷받침으로서 본래

---

4 RGV 55,3-6: sa dharmakāyaḥ sa tathāgato yatas tad āryasatyaṃ paramārthanivṛtiḥ / ato na buddhatvam ṛte 'rka-raśmivad guṇāvinirbhāgatayāsti nivṛtiḥ //84//

5 RGV 55,12: tadgotrasya tathāgamaḥ/

6 대명사 tad를 법신을 가리키는 것으로 이해하는 것에 대해서는 김성철(2011: 57) 참조.

7 RGV 55,15-16: tadgotrasya prakṛter acintyaprakārasamudāgamārthaḥ/: 이 구절 전체는 각주 5)의 게송과 동일하게 『보성론』(大正藏 31, 835b25 + 835b29)에서는 '彼眞如性'이라고 번역된다. 이 구절에 대한 동아시아적 이해의 변용 양상에 대해서는 이하의 논의 참조.

8 이러한 유사어원적 설명은 MSA IX-37송을 연상시킨다: ……tathatā śuddhim āgatā/

상태의 종성에 대한 〈보살지〉의 정의가 인용되고 있다.

그것과 관련하여 〔다음과 같이〕 설해졌다. 〔본래 상태의 종성이란〕 6처의 특별한 양태다. 그것은 그와 같이 무한한 과거로부터 흘러온 것이며 자연적으로 획득된 것이다.[9]

이는 I-150송이 본래 상태의 종성이 법신의 발생을 위한 원인이라고 간주하는 점[10]과도 잘 일치한다. 비록 6처의 특별한 양태라는 구체성은 상실하였음에도 불구하고, 본래 상태의 종성이 법신을 획득하기 위한 원인으로 간주되고 있는 것이다.[11] 하지만 여기에는 본래 상태의 종성 그 자체가 법계와 동일시되고 있다고 주장할 수 있는 근거는 보이지 않는다. 이 문장의 인용 의도는 여래라는 단어의 어의 해석에 대한 경전적 근거를 제공하는 데 있을 뿐 (tathāgama = tādṛśaḥ paraṃparāgata = tathāgata), 종성의 성격에 대한 어떤 논의도 포함하고 있지 않다. 따라서 이 구절을 근거로 본래 상태의 종성을 법계와 동일시하는 야마베의 주장은 수긍하기 힘들다.[12]

tathāgatatvam…(…여래란 청정에 도달한 진여다…) 그러나 MSA의 경우 도달의 주체가 진여인 반면 RGV는 종성이라는 점에 결정적 차이가 있다. 그러므로 다시 한번 종성이 유위인가 무위인가 하는 점이 문제가 된다. 이 게송은 『보성론』(RGV 71,16-17)에서도 여래장의 3자성 중 진여를 설명하면서 인용된다.

9 RGV 55,16-17: yam adhikṛtyoktam/ ṣaḍāyatanaviśeṣaḥ sa tādṛśaḥ paraṃparāgato 'anādikāliko dharmatāpratilabdha iti/

10 RGV 72,1-2: buddhakāyatrayāvāptir asmād gotradvayān matā/ prathamāt prathamaḥ kāyo…

11 이상의 설명은 김성철(2011: 56ff.) 참조.

12 그러나 이하에서 살펴보겠지만, 이 구절은 동아시아 불교인에게는 여래장 사상에서 종성 무위설의 근거로 받아들여지고 있다.

II. 『보성론』과 『불성론』의 Gotra 번역 용례

이하는 현존하는 RGV의 I장 후반부, 곧 I-27송 이하에 나타나는 'gotra'의 용례를 한역 『보성론』 및 『불성론』에 나타나는 번역 용어와 대조한 것이다. 대조의 범위를 I장 후반부로 제한한 것은 여래장의 세 가지 측면과 관련한 gotra 개념은 I장 전반부에는 나타나지 않기 때문이다.[13] 또한 RGV 28,1과 35,10, 36,12에 나타나는 aparinirvāṇagotra(ka)라는 용례와 35,11에 나타나는 śamaikāyanagotra는 제외하였다. 이들 개념은 여래장 3의 중 종성 개념과는 다소 거리가 있기 때문이다.[14] 종성(gotra)의 번역 용례는 한역 『보성론』의 번역 용례를 기준으로 하여, 불성佛性 혹은 여래성如來性으로 번역한 경우, 진여불성眞如佛性 혹은 진여성眞如性으로 번역한 경우, 성性으로만 번역한 경우, 그 외의 단어로 번역한 경우나 번역이 누락된 경우로 크게 나누어 볼 수 있다. 『보성론』에 번역이 누락되어 있을 경우에는 대응하는 『불성론』의 번역 용례를 기준으로 하였다.

한편 동그라미 안의 숫자는 종성이라는 단어가 나타난 순서를 의미한다. 이중 ①-③은 여래장 10의를 설명하기 전에 여래장의 3의를 먼저 제시하는 부

---

13 D. Seyfort Ruegg, The Meanings of the Term "Gotra" and the Textual History of the "Ratnagotravibhāga", *Bulletin of the School of Oriental and African Studies,* University of London, Vol. 39, No. 2, 1976, p.348은 I장 26송 이전의 종성 개념은 7종 금강구 중 뒤의 4종 금강구인 유구진여, 무구진여, 붓다의 공덕, 붓다의 행위 전체를 가리키는 개념인 데 비해, 27송 이후의 종성 개념은 7종 금강구 중 네 번째 금강구인 유구진여 곧 여래장의 세 가지 본질 혹은 측면 중의 하나를 가리키는 개념이라고 지적한다. 전자를 넓은 의미의 종성이라고 한다면 후자는 좁은 의미의 종성이라고도 할 수 있다.

14 다만 이 경우 『보성론』과 『불성론』에서 번역이 누락된 35, 11(aparinirvāṇagotra)과 35, 12(śamaikāyanagotra)의 번역을 제외한 다른 두 경우에는 모두 무반열반성無般涅槃性으로 번역이 되어 있다.

분이다. ④는 여래장 10의 중 첫 번째인 본질(svabhāva)을 여래장의 3의와 관련시켜 설명하는 부분이고,[15] ⑤-⑪은 여래장 10의 중 작용(karma)에 해당하는 부분이다. ⑫-⑭는 여래장 10의 중 무차별(asambheda)에 해당하는 부분이고, ⑮-⑲는 여래장의 3의를『여래장경』의 9유와 관련시켜 설명하는 부분이다. 마지막으로 ⑳은 여래장에 대한 믿음을 강조한 부분이다. 이로써 알 수 있듯이 종성이라는 단어는 여래장의 3의와 관련한 ①-③와 ④ 및 ⑮-⑲에 가장 많이 나타나고, 다음으로는 여래장의 10의 중 작용을 설명하는 부분에서 보이는 것을 확인할 수 있다.

1. 불성佛性 혹은 여래성如來性으로 번역한 용례

②

R(26,6): *gotrataś* ca sadā sarve buddhagarbhāḥ śarīriṇaḥ //28cd//

『보』(828a26): 皆實有佛性 是故說常有

『불』: 해당 번역어 없음

④

R(27,8): tathāgata*gotre* sattvakaruṇāsnigdhasvabhāvatāṃ svalakṣaṇam ārabhya vārisādharmyaṃ veditavyam /

『보』: 해당 번역어 없음[16]

---

15 여래장 10의 중 본질과 관련한 이 단락은 티벳 역과는 일치하지만, 한역『보성론』과는 다소 차이가 있다. 한역『보성론』에는 여래장의 3의와 관련한 자세한 설명이 나타나지 않는 대신, 현존하는 산스크리트본에는 보이지 않는 "思者, 依如來法身, 所思所修, 皆悉成就故"(大正藏 31, p.282b29)로 대체되어 있다.
16 『보성론』에는 여래장 10의 중 본질에 대한 설명이 매우 간략하게만 이루어지고 있어 해당

『불』(796c17-19)：三潤滑性者, 辯如來性, 於衆生中, 現因果義. 由大悲於衆生, 軟滑爲相故.

⑦

R(36,9)：*agotrāṇāṃ* na tad yataḥ[17] //41d//

『보』(831a22)：若無佛性者 不起如是心

『불』(799c19)：若無清淨之性, 如是二事, 則不得成.

⑨

R(36,11-12)：yadi hi tad *gotram* antareṇa syād…

『보』(835a25)：離佛性

『불』：해당 번역어 없음

⑮

R(69,19)：svabhāvo dharmakāyo 'sya tathatā *gotram* ity api /144ab/

『보』(838b4) 法身及眞如 如來性實體

『불』(808a15)：三種自性者, 一者法身, 二如如, 三佛性.

⑯

R(70,1)：trividhabuddhakāyotpatti*gotra*svabhāva iti /

『보』(838b11)：能生三種佛身, 示現如來性.

『불』(808a16-17)：後五譬佛性.

하는 번역 용례를 찾을 수 없다. 각주 15) 참조.

17 Lambert Schmithausen, Philologische Bemerkungen zum Ratnagotravibhāga, *Wiener Zeitschrift für die Kunde Südasiens* 15, 1971, p.145에 따라 vidyate를 이와 같이 수정하였다.

⑰

R(71,18)：*gotraṃ* tad dvi-vidhaṃ jñeyaṃ /149a/

『보』(839a1)：佛性有二種

『불』(808b15)：佛性有二種

⑱

R(72,1)：buddhakāyatrayāvāptir asmād *gotra*dvayān matā /150ab/

『보』(839a4)：依二種佛性 得出三種身

『불』(818b16-17)：諸佛三身, 因此二性, 故得成就.

⑳

R(73,10)：niyata*gotra*svabhāvaḥ

『보』(839b7)：畢竟定佛性體

『불』: 해당 번역어 없음

이상과 같이 'gotra'를 '불성' 혹은 '여래성'으로 번역하는 용례는『보성론』과
『불성론』을 막론하고 가장 많이 나타난다. 문제는 'gotra'를 '종성種姓' 혹은 그
에 준하는 다른 용어[18]가 아닌 '불성'이라는 용어로 번역한 점이다.『보성론』도
입 이전,『열반경』의 해석에서 출발하는 동아시아 불성사상에서 '불성'이라는
한역어의 원어는 'tathāgatagarbha' 특히 'buddhadhātu'임이 이미 지적되어 있

---

18 종성種姓이라는 역어 자체는 이미 179년 지루가참(Lokakṣema)이 번역한『도행반야경』(大
正藏 8, 460b25+464b1)에 나타난다. 또한 종성種性이라는 번역어도 축법호(Dharmarakṣa)
가 286년에 번역한『광찬경』(大正藏 8, 199a1 등)뿐 아니라『열반경』의 역자인 담무참
(Dharmakṣema)이 현시 3년~15년(414~426년)에 번역한『보살지지경』(大正藏 31, 888b3:
性種性, 習種性)에 다수 나타난다.

다.[19] 그러나 여래장 사상의 맥락에서 '종성(gotra)'이라는 개념이 전혀 나타나지 않는 『열반경』의 'tathāgatagarbha' 혹은 'buddhadhātu'의 번역어로 이미 정착한 '불성'을 『보성론』의 'gotra'의 번역어로 채택한 것에는 문제가 없지 않다. 여래장 사상의 이론화/체계화를 시도하는 『보성론』에서는 '여래장(tathāgatagarbha =tathāgatādhātu)'이라는 상위 개념의 세 가지 측면 중 하나로, 다시 말해 여래장의 하위 개념의 하나로 '종성(gotra)'을 다루고 있기 때문이다. 『보성론』의 한역자 라트나마티가 '종성'에 대한 번역어로서 기존의 '불성'이라는 단어를 채택함으로써 이후 동아시아 여래장 사상에서는 상위 개념으로서 '불성' 개념과 하위 개념으로서 '불성(=종성)' 개념의 혼용을 불러온 것으로 보인다.[20]

2. 진여불성眞如佛性 혹은 진여성眞如性으로 번역한 용례

③

R(26,8-9): tathāgata*gotra*sadbhavārthena[21] ca /

『보』(828b5): 三者, 一切衆生, 皆悉實有, 眞如佛性.[22]

---

19 水谷 幸正,「佛性について」,『印度學佛敎學硏究』4-2(東京: 日本印度學佛敎學會, 1956), p.552; 小川(2004: 74) 참조. 한편 小川(2004: 70)는 『보성론』의 경우에서 '불성'의 원어로서 'buddha-gotra'는 지극히 타당한 단어라고 평가한다. 그러나 dhātu와 gotra라고 하는 대단히 밀접하지만 엄연히 다른 개념을 동일한 용어로 번역한 것은 일차적으로는 윤문 과정이 불충분하게 이루어졌다는 느낌을 지울 수 없다.

20 이에 비해 RGV(72,10)에서는 원인으로서 tathāgatadhātu 개념이 gotra와 관련되어 사용될 때는 엄격히 원인이라는 의미로 한정되어 있다. 이와 관련한 논의는 김성철(2012: 397f.) 참조. 한편 gotra 개념의 도입 이유는 이와 같은 다의적인 dhātu 개념 중 원인의 측면을 독립된 단어로 표현하기 위해 도입한 것이라고 해석할 수도 있다.

21 Schmithausen(1971: 141)에 따라 -saṃbhāvārthena를 이와 같이 수정하였다.

22 이 문장은 『종경록』(大正藏 48, 871b8f)에 인용되어 있다.

『불』: 해당 번역어 없음

⑧

R(36,10-11)：…etad api śuklāṃśasya pudgalasya *gotre* sati bhavati…/

『보』(831a25)：此二種法, 善根衆生, 有一切依因, 眞如佛性.[23]

『불』(800a7)：故淨分人, 由淸淨性, 此觀得成.

⑫

R(55,12)：tadgotrasya tathāgamaḥ /86b/

『보』(835b25)：及彼眞如性[24]

『불』：二者, 一切處皆如.

⑬

R(55,15)：tad*gotra*sya prakṛter acintyaprakārasamudāgamārthaḥ /

『보』(835b29)：及彼眞如性者

---

23 이 문장은 법장(643-712)의 『대승법계무차별론소』(大正藏 44, 68c16)에 인용되어 있다.

24 여기에서 피진여성彼眞如性 전체가 tadgotra의 번역어인가에 대해서는 의문의 여지가 없지 않다. 다른 경전의 인용이기는 하지만 ⑭에서는 tadgotra를 피성彼性으로 번역하고 있고, ⑬의 『불성론』도 차성此性이라고 번역하여 진여眞如라는 단어는 보이지 않는다는 점이 이를 지지할 수 있다. 高崎, 『寶性論』(東京: 大藏出版, 1999), p.170, n.8도 피진여성彼眞如性에 해당하는 산스크리트 원문으로 'tadgotrasya tathāgamaḥ' 전체를 제시하고 있다. 하지만 이 경우 진여가 'tathāgama'의 번역어에 해당하는지 의문이며, 번역어의 순서가 바뀌어 있는 이유도 설명하기 어렵다. 반대로 피진여성이 tadgotra의 번역어라면 tathāgama에 해당하는 번역어가 누락되어 있는 점을 설명하기 어렵다. 이 문제에 대해서는 좀더 고찰의 여지가 있으나, 편의상 여기서는 진여성眞如性을 gotra의 번역어로 보고 서술한다. (김성철, 2012, p.408). 이 경우 진여성眞如性은 진여불성眞如佛性이라는 번역어에서 운율상의 이유로 불佛을 생략한 것으로 이해할 수 있을 것이다.

『불』(812a2): 此性一切處皆如者

이미 이전 논문(김성철 2012: n.47)[25]에서 다루었듯이, 이 '진여불성'이라는 용어는 『보성론』에서 모두 9번 등장한다. 그 중에서는 단독으로 사용된 gotra를 번역한 경우도 2회 나타난다. 따라서 여기서도 gotra라는 한 단어를 번역한 것으로 간주한다. 하지만 『보성론』에서 진여불성으로 번역된 단어는 gotra보다는 dhātu가 1회 많다. 곧 의미있는 차이라고 보기는 힘들지만 진여불성은 gotra보다는 dhātu의 번역어로 더 선호된 것이다.

현재로서는, ③과 ⑧에 왜 '진여불성'이라는 번역어가 채택되었는가를 해명하기 어렵다.[26] 이와 비슷한 예는 '진여성'이라는 번역어의 경우에도 나타난다. ⑫와 ⑬을 포함하여 진여성이라는 단어는 『보성론』을 통틀어 모두 9회 나타난다. 그중 ⑫와 ⑬을 제외한 나머지 용례는 다음과 같다. 먼저 계송본인 816a25에 나타나는 '진여성'은 'buddhadhātu'(RGV 77,14)의 번역어로서 산문주석과 함께 나타나는 840c1에서는 '여래성'으로 번역되어 있다. 다음으로 832c2의

---

25 이 논문의 집필 과정에서 금강대학교 불교문화연구소 이케다 마사노리 선생님으로부터 이미 大竹 晋, 『金剛仙論』上, 下(東京: 大藏出版, 2011), p.279가 동일한 작업을 해 놓았다는 사실을 지적받았다. 이케다 선생님의 가르침에 감사드린다.

26 김경남, 「보리류지 譯 諸經論의 역어에 대하여」, 『불교학리뷰』 6, 논산: 금강대학교 불교문화연구소, 2009(=「菩提流支譯諸經論の譯語について」, 『地論思想の形成と變容』, 東京: 國書刊行會, 94-117, 2000 = 「보리류지 역 제 경론의 역어에 대하여」, 『지론사상의 형성과 변용, 서울: 씨아이알, 124-151, 2000), p.54, n.23)에 따르면, 鍵住(1968)가 번역어가 아닌 眞如는 보리류지 이전에 도안에 의해 사용되고 있다는 점을 지적하였지만, tathatā의 역어로서 진여라는 단어는 보리류지에 의해 확정되었다는 점이 이미 지적되어 있다(鈴木 1928; 赤沼 1929)고 한다. 또 김경남(2009: 59)은 진여라는 단어는 보리류지가 즐겨 사용한 용어로서 대응어가 없는 경우에도 진여를 보충한다든가 하는 경향을 보이고 있음을 증명하고, 이는 특히 『금강선론』에서 현저하다고 지적한다. 보리류지의 이와 같은 경향이 한때 공동작업자였던 늑나마제의 『보성론』 번역에도 나타난 것일지 모른다.

'(여래)진여성'은 (tathāgata-)dhātu(RGV 42,4)의 번역어이고, 840a14의 '진여성'도 'tathāgatadhātu'(RGV 76,6)의 번역어이며, 840c12의 '진여성'은 'dhātu'(RGV 78,6)의 번역어이다. 840c23의 '진여성'은 대명사 'tad'(RGV 78,17)를 번역한 것이지만 내용상 840c12의 '진여성' 곧 'dhātu'를 가리킨다. 마지막으로 841a4의 진여성은 대명사 'sā'(RGV 79,4)를 보충한 것으로서 내용상 '무구진여(nirmalā tathatā, RGV 79,2)'를 가리킨다.

이상에서도 알 수 있듯이 '진여성'이란 번역어는 ⑫와 ⑬ 그리고 대명사 'sā'를 보충한 경우를 제외하고는 모두 (tathāgata/buddha-)dhātu의 번역어로 사용되었다는 것을 확인할 수 있다.

3. 성性으로 번역한 용례

⑥

R(36,9)：*gotre* sati bhavati etad /41c/

『보』(831a21)：此依性而有

『불』: 해당 번역어 없음

⑩

R(36,13)：na ca bhavati tāvad yāvad āgantukamalaviśuddhi*gotraṃ* trayāṇām anyatamadharmādhimuktiṃ na samudānayati…

『보』(831a28ff)：以性未離一切客塵煩惱諸垢, 於三乘中, 未曾修習一乘信心.

『불』(800a15-16)：是淸淨性, 不爲客塵之所染汚, 隨三乘中未起一乘信樂.

⑪

R(37,3-4)：na khalu kaścit prakṛtiviśuddhi*gotra*saṃbhavād atyantāviśuddhidharmā bhavitum arhati /

『보』(831b8-9)：以彼實有淸淨<u>性</u>故, 不得說言, 彼常畢竟無淸淨性.

『불』(800c18019)：若有衆生, 有自性淸淨<u>性</u>,[27]永不得解脫者, 無有是處.

⑭

R(55,19)：nityaṃ tad*gotraṃ* samadharmatayeti /

『보』(835c4)：彼<u>性</u>本際來常, 以法體不變故.[28]

『불』(812a9)：<u>性相常然</u>(?)

⑲

R(72,8)：…trividhabuddhakāyotpatti*gotra*svabhāvārtham…

『보』(839a12-13)：…生彼三佛法身, 以依自<u>體性</u>…[29]

---

27 문맥상 淨을 性으로 수정하였다.

28 이 구절은 『대집경』「무진의보살품」(大正藏 13, p.197b15-19: 云何第一義諦. 若於涅槃法 終不忘失. 何以故. 如與法界其性常故)과 일치한다. RGV의 일역본에서 高崎(1989: 302f. n.3)은 中村(1967: 110, n.3)가 제시한 티벳 역 『무진의소설경』에 의거하여 이를 확인하고 있다. 다만 高崎도 지적하듯이 티벳 역 『무진의소설경』의 문장 또한 현존하는 RGV와 완전히 일치하지는 않는다. 나아가 高崎는 『무진의소설경』의 이 구절의 출전이 『보적경』「가섭품」이라고 제시하고 있다. 하지만 한역 『보성론』의 일역본에서 高崎(1999: 356)는 이전의 견해와는 달리 이 구절이 『무진의소설경』 및 『보적경』「가섭품」과는 다른 자료를 인용한 문장일 가능성도 인정하고 있다.

29 김성철(2012: 408)에서는 여래성을 gotra의 번역어로 간주했으나, 수정을 요한다. 하지만 자체성의 경우에도 svabhāva만을 번역한 것인지 gotrasvabhāva를 번역한 것인지는 명확하지 않다. 高崎 直道(1999, p.245, n.17)은 '自の體性'이라고 번역하면서도, 두 가지 가능성을 모두 제시하고 있다. 다만 ⑳의 용례로 비추어 보아, 비록 어순이 반대지만, svabhāva를 자

『불』: 해당 번역어 없음.

4. 기타 용례

①『보』와『불』모두 번역어가 없는 경우

R(26,3-4): bauddhe *gotre* tatphalasyopacārād uktāḥ sarve dehino buddhagarbhāḥ //27cd//

『보』(828b10-11): 依一切諸佛 平等法性身 知一切衆生 皆有如來藏

『불』: 해당 번역어 없음

⑤『보』에서 정인正因으로 번역한 경우

R(36,2-3): tatra samāsato buddhadhātuviśuddhi*gotraṃ* mithyātvaniyatānām api sattvānāṃ dvividhakāryapratyupasthāpanaṃ bhavati /

『보』(831a11-12): 略說, 佛性淸淨正因, 於不定聚衆生, 能作二種業.

『불』(799c17): 此淸淨性, 事能有二.

이상『보성론』과『불성론』의 'gotra'의 번역 용례를 살펴보았다. 이 중에서 가장 특이한 점은 ③과 ⑧에서『보성론』이 gotra를 '진여불성眞如佛性'이라고 번역한 것과 ⑫와 ⑬에서 '진여성眞如性'이라고 번역한 것이다.

위에서 이미 지적하였듯이 이 두 번역어 모두 'dhātu'와 'gotra'라는 두 가지 상호 밀접히 연관되어 있지만 엄격하게 구별되는 두 단어의 역어로 사용되었다. 그리고 사실상 후자보다는 전자의 역어로 더 선호되었다는 것을 확인할

체自體로 gotra를 성性으로 번역했을 개연성이 높아 보인다.

수 있었다.

하지만 'gotra'를 이와 같은 진여불성 혹은 진여성이라고 번역한 것은 원래의 의미를[30] 상실한 채, 동아시아 불교인들에게 받아들여졌던 것으로 보인다. 곧 '진여'라는 부가어를 통해, 여래장 사상의 종성 개념을 무위로 간주하는 입장의 근거가 된 것이다. 우리는 그러한 이해의 대표적인 경우를 원효(617~686)[31]와 법장(643~712)[32]의 저술에서 확인해 볼 수 있다. 특히 법장의 경우 명시적으로 종성을 유위무상의 측면과 무위상주의 두 측면으로 나누고, 후자의 근거로 ⑬의『보성론』문장을 제시하고 있다. 이 구절은 I장에서 살펴보았듯이 야마베가 RGV의 종성 개념을 무위로 간주하면서 제시했던 바로 그 문장에 대응하는『보성론』의 구절이다. 현대 학자들의 종성무위론에는 바로 이러한 동아시아의 전통적 이해 방식이 배경에 있는 것이다. 그리고 동아시아적 종성무위론의 형성에는『보성론』의 번역 용어 곧 'gotra'의 번역어에 '진여'가 부가된 것이 큰 역할을 하고 있는 것을 확인할 수 있다.

---

30 특히 '眞如性'으로 번역된 게송과 산문주석의 원래 맥락과 의미에 대해서는 I장 참조.

31 『열반종요』(大正藏 38, 249b8-11): 第六師云. 阿摩羅識・眞如・解性, 爲佛性體. 如『經』言: "佛性者, 名第一義空, 第一義空, 名爲智惠."『寶性論』云: "及彼眞如性者, 如『六根聚經』說: '六根如是, 從無始來, 畢竟究竟, 諸法體故.'"

32 『화엄경탐현기』(大正藏 35, 197a1-7): 種性義略作三門. 一釋名……二出體有二, 一性種性, 二習種姓. 性種有二門, 一就有爲無常門, 如『瑜伽』云: "六處殊勝無始展轉法爾所得(云云)." 二約無爲常住門, 如『寶性論』云: "眞如性者, 如『六根聚經』中說(云云)." 이와 같은 법장의 견해는 정영사 혜원(523-592)의『대승의장』(大正藏 44, 651c21-26)으로 거슬러 올라 갈 수 있다: 名字如何? 性種性者, 從體爲名. 無始法性, 說之爲性. 此之法性, 本爲妄隱, 說之爲染. 隨修對治, 離染始顯, 說以爲淨. 始顯淨德, 能爲果本, 目之爲種. 此乃顯性, 以成種故, 名爲性種. 種義不壞, 故復名性. 故『論』說言: "性種性者, 無始法爾." 이 중 "性種性者, 無始法爾"라고 한 것은『보살지지경』(大正藏 31, 888b4-5: 性種性者. 是菩薩六入殊勝. 展轉相續. 無始法爾.)의 문장으로서 위의 원효와 법장이 인용하는『보성론』의 문장 곧 ⑬에 이어지는 문장과 동일하다.

하지만 번역 용어상의 문제는 별개로, RGV의 'gotra'의 용례와 대응하는 부분의 『보성론』과 『불성론』 자체의 내용으로만 판단해 보면, 『보성론』과 『불성론』에서도 'gotra'를 무위로 이해한 흔적은 발견되지 않는다. 종성을 명시적으로 무위로 간주하는 구절은 RGV와는 대응하지 않는 『불성론』의 독자적인 부분에 나타난다.33

III. 『불성론』의 주자성불성(prakṛtisthagotra) 개념에 대하여

이상으로 'gotra'의 번역 용례를 통해 동아시아 불교의 종성무위론의 한 연원이 'gotra'의 번역용어상의 문제와 관련되어 있다는 것을 살펴보았다. 이 절에서는 『불성론』에 나타나는 3종불성론 특히 '주자성불성(prakṛtisthagotra)' 개념을 중심으로 종성무위론의 또다른 기원을 살펴보고자 한다.

RGV에서 prakṛtistha(-gotra)이라는 단어는 I-149송에 단 한번 나타난다.34 이어지는 게송에서 그것은 법신의 원인으로 간주되지만, 더 이상 어떤 설명도 나타나지 않는다. 이에 비해 『불성론』은 3인(불성)과 3종 불성이라는 형태로 두 가지 불성 혹은 세 가지 불성 개념을 다루고 있다.35 RGV에 대응하는 부분은 없지만, 이때 주자성성과 인출성이라는 용어의 산스크리트 원어가

---

33 김성철(2012) 참조. 김성철(2012)는 RGV에 나타나는 종성 개념만을 다루었지만, 『보성론』과 『불성론』의 대응하는 번역 문장에서도 종성무위론의 흔적을 찾을 수는 없다.

34 대응하는 『보성론』에서는 이에 해당하는 번역이 나타나지 않는다.

35 『불성론』(大正藏 31, 794a8-21)에서는 3인과 3종불성을 다루고 있고, 『불성론』(808b15-c28)에서는 『여래장경』의 아홉 가지 비유와 관련한 여래장의 3의를 설명하면서 주자성성과 인출성이라는 두 가지 불성을 자세히 다루고 있다.

'prakṛtisthagotra'와 'samudānītagotra'라는 점은 명확해 보인다.[36] 따라서 두 가지 종성 개념을 세 가지 불성 개념으로 확장시켜 논의하는 것이 『불성론』에서 유래하는 것에는 이론의 여지가 없을 것이다.

『불성론』은 먼저 불성의 개념을 세 가지 원인〔으로서의 불성〕과 세 가지 종류의 불성으로 구분한다. 그 중 세 가지 원인〔으로서의 불성〕에 대해 『불성론』은 다음과 같이 정의하고 있다.

세 가지 원인〔으로서 불성〕이란 첫째 획득해야 할 것의 원인(應得因, *prāpya-hetu), 둘째 노력의 원인(加行因, *prayoga-hetu), 셋째 완전함의 원인(圓滿因, *paripūrṇa-hetu)이다. 〔그 중에서〕 획득해야 할 것의 원인이란 〔아공과 법공이라는〕 두 가지 공〔성〕으로 특징 지워지는(*prabhāvita)[37] 진여다. 이 공〔성〕을 원인으로 하여 보리심(*bodhi-citta)과 노력(*prayoga) 등과 〔수행〕도〔를 마친 이〕후의 〔궁극적 결과인〕 법신(dharma-kāya)까지 획득해야 한다. 그러므로 획득해야 할 것〔의 원인〕이라고 칭한다.[38]

이 인용문에서 먼저 눈에 띄는 부분은 획득해야 할 것의 원인(應得因)의 정

---

36 高崎 直道, 『佛性論 · 大乘起信論』(東京: 大藏出版, 2005), p.121, n.8-10도 이 두 번역어의 산스크리트 원어로 prakṛtisthagotra와 samudānītagotra를 제시하고 있지만 세 번째 지득성至得性이라는 용어에 대해서는 원어가 불명확하다고 한다. 주자성성과 인출성의 원어가 prakṛtisthagotra와 samudānītagotra였을 가능성은 여래장의 3의와 관련하여 주자성성과 인출성을 설명하는 『불성론』(808b15-c28)에서 명확히 드러난다.

37 이공소현二空所顯이란 용어는 당대 이전의 문헌에는 『불성론』과 진제 역 『섭대승론석』이외에는 나타나지 않는다. 石井 公成, 「眞諦關與文獻の用語と語法-NGSMによる比較分析」, 『眞諦三藏研究論集』(船山徹編)(京都: 京都大學人文科學研究所, 2012), p.111.

38 『불성론』(大正藏 31, 794a8-12): 復三因者. 一應得因. 二加行因. 三圓滿因. 應得因者. 二空所現眞如. 由此空故. 應得菩提心. 及加行等. 乃至道後法身. 故稱應得.

의다. 그것은 응득인이 일반적으로 대승불교의 기본적인 사상으로 간주되는 인무아와 법무아 곧 두 가지 공성의 동의어이자 긍정적 표현인 진여로 정의된다는 점이다. 『불성론』의 앞 부분에서는 이와 동일한 구절이 불성의 정의로도 나타난다.[39] 이 진여를 원인으로 다른 두 가지 원인인 노력의 원인(加行因) 곧 보리심과 완성의 원인(圓滿因) 곧 노력이 획득된다. 이어지는 설명에서 획득해야 할 것의 원인은 무위로, 노력의 원인과 완성의 원인은 유위로 분류되고 있다.

이 세 가지 원인 〔중에서〕 앞의 한 가지는 무위의 진실한 이치를 본질로 하고, 뒤의 두 가지는 유위의 서원과 행을 본질로 하고 있다.[40]

다시 말해 무위인 진여가 유위인 보리심(bodhicitta), 노력(prayoga), 법신(dharmakāya)을 획득하기 위한 가장 근본적인 원인 혹은 기반이 된다고 간주하는 것이다.

다음으로 주목할 만한 점이 바로 무위로 간주되는 응득인이 3종불성을 갖추고(具有) 있다고 설명하는 것이다.

세 가지 불성(*buddha-gotra)이란 획득해야 할 것의 원인(=진여) 중에 갖추어진 세 가지 〔불〕성이다. 〔그것은〕 첫째 본래 상태의 〔불〕성(住自性性, prakṛtistha-gotra), 둘째 개발된 〔불〕성(引出性, samudānīta-gotra),[41] 셋째 〔결과를〕 획득한 〔불〕성(至得

---

39 『불성론』 「연기분」(大正藏 31, p.787b4-5)에서는 '불성이란 곧 이 인과 법의 2공으로 특징 지어지는 진여다(佛性者, 卽是人法二空所顯眞如)'라는 구절이 보인다.

40 『불성론』(大正藏 31, 794a16-18): 此三因. 前一則以無爲如理爲體. 後二則以有爲願行爲 體.

41 앞의 두 가지 종성에 대한 설명은 『유가사지론』 「보살지」(BoBh 3,1-4: tatra gotraṃ katamat.

性, *(phala-)prāpta-gotra)이다.[42]

이 세 가지 불성은 명백히 RGV k.149-150에서 설하는 두 가지 종성을 전제로 하고 있다.[43] 하지만 『불성론』에서 RGV k.149-150의 번역에 해당하는 부분은[44] 단지 두 가지 불성 곧 본래 상태의 불성과 개발된 불성만을 인정하고 있다는 점과는 일치하지 않는다. 나아가 위 인용문을 포함한 단락 전체가 RGV에 대응하는 부분이 없다.[45] 따라서 세 번째 종성인 결과에 도달한 불성은 RGV에서는 확인할 수 없는 『불성론』 독자적인 개념으로 보아야 할 것이다.[46]

---

samāsato gotraṃ dvividham. prakṛtisthaṃ samudānitaṃ ca. tatra prakṛtisthaṃ gotraṃ yad bodhisattvānāṃ ṣaḍāyatanaviśeṣaḥ. sa tādṛśaḥ paramparāgato 'nādikāliko dharmatāpratilabdhaḥ. tatra samudānitaṃ gotraṃ yat pūrvakuśalamūlābhyāsāt pratilabdham.)에서 유래한다.

42 『불성론』(大正藏 31, 794a18-19): 三種佛性者. 應得因中具有三性. 一住自性性. 二引出性. 三至得性.

43 RGV(71,18-72,2): gotraṃ tad dvividhaṃ jñeyaṃ nidhānaphalavṛkṣavat anādiprakṛtisthaṃ ca samudānitam uttaram //149// buddhakāyatrayāvāptir asmād gotradvayān matā / prathamāt prathamaḥ kāyo dvitīyād dvau tu paścimau //150//

44 『불성론』(大正藏 31, 808b15-16): 佛性有二種. 一者住自性性. 二者引出性.

45 이어지는 주석적 설명에서는 주자성불성을 범부 단계, 인출불성을 수행 과정에 있는 수행자 단계, 지득불성을 무학의 성자로 설명하고 있다. 『불성론』(大正藏 31, 794a19-21): 記曰. 住自性者. 謂道前凡夫位. 引出性者. 從發心以上. 窮有學聖位. 至得性者. 無學聖位.; 인출불성에 관한 동일한 설명이 『불성론』(大正藏 31, 808a1-3: 二者引出佛性. 從初發意. 至金剛心. 此中佛性名爲引出.)에도 나타난다. 곧 『불성론』은 두 가지 혹은 세 가지 불성 곧 종성을 수행 단계별로 배치하고 있는 것이다. 종성을 수행 단계로 구분하는 발상은 RGV에는 나타나지 않는 『불성론』 독자의 것으로 보인다. 그러나 종성을 수행단계로 구분하는 것이 붓다의 3신의 산출과 어떤 관계가 있는지는 명확하지 않다.

46 혹은 RGV k.149의 마지막 구절인 uttaram을 samudānitam을 수식하는 것이 아니라 별개의 단어로 해석한 것일 수 있다. 高崎(2005: 121, n.10)은 『대승장엄경론』에 나타나는 paripuṣṭagotra에 해당하는지 모르지만 의미는 인출불성과 다르지 않다고 보고 있다.

이 세 가지 불성 중 앞 두 가지 불성은 명백히 그 원어가 'prakṛtisthagotra'와 'samudānītagotra'라는 사실은 이미 지적하였다. '구유具有'라는 단어의 의미가 정확히 무엇을 의미하는지는 분명치 않지만,[47] 적어도 세 가지 불성을 진여의 범주에 포함시켜 이해하고 있다는 점은 명확해 보인다. 다시 말하면 이 문장은, 비록 불성이라는 용어로 번역되었지만, 내용적으로는 종성과 진여 개념을 융합하고 있거나 혹은 진여를 종성으로 간주하고 있는 것으로 해석할 수 있는 것이다. 특히 도입부에서 본래 상태의 종성과 관련하여 여래장의 세 가지 의미 중 능섭장을 설명하는 다음과 같은 문장은 이를 명백히 보여준다.

> 붓다는 본래 상태(*prakṛtisthā)의 〔종성 곧〕如如(tathatā)〔住自性如如〕에 근거하여(*adhikṛtya) 〔『여래장경에서』〕 "모든 중생은 이 여래장이다(sarvasattvās tathāgatagarbhāḥ)"라고 설했다.[48]

이 문장은 핵심적인 한 단어를 제외하면 RGV에서 여래장의 세 가지 본질을 설명하기 위한 도입문과 정확히 일치한다.[49] 곧 유구진여(samalā tathatā)가 주자성여여(*prakṛtisthā tathatā)로 대치되어 있는 것이다. 또한 주자성여여(*prakṛtisthā tathatā)란 위에서 본 두 가지 혹은 세 가지 종성 중 본래 상태의 종성(prakṛtisthagotra) 이외의 다른 것을 가리킨다고는 생각할 수 없을 것이다. 이 지점에서 주자성불성(prakṛtisthagotra)는 주자성여여 혹은 〔유구〕진여와 등치된다.

이러한 종성과 진여의 동일시는, 『보성론』과 『불성론』이 소개되기 이전의

---

47 '구유'는 기본적으로 포함을 의미하겠지만, 내용적으로는 3인과 3종불성은 대응관계를 가진다고 이해할 수 있다.

48 『불성론』(大正藏 31, 795c24-25): 佛說約住自性如如, 一切衆生是如來藏.

49 RGV 25,18: tatra samalāṃ tathatām adhikṛtya yad uktaṃ sarvasattvās tathāgatagarbhā iti …

동아시아적 불성 논쟁의 영향을 일단 차치한다면,[50] 적어도 다음과 같은 두 가지 이유로 설명할 수 있을 것이다.

첫째 여래장을 법신과 진여와 종성으로 삼분하여 이해하기 이전의 보다 오래된 형태를 보여주는 기본 게송(śloka)의 사상에 충실한 해석으로 볼 수 있다. RGV의 기본 게송에는 정신적 성향을 의미하는 유가행파적 의미의 종성 개념은 나타나지 않는다. 대신 유구진여(samalā tathatā)와 무구진여(nirmalā tathatā)의 관계로만 삼보의 발생을 설명하고 있다.[51] 이러한 구도에서는 RGV의 주석게송과 산문주석에서 나타나는 유가행파적 종성 개념, 곧 3승의 어느 하나에 대한 믿음으로 표현되는 정신적 성향이라는 의미의 종성[52]의 역할은 미약할 수밖에 없다. 만약 진제가 이러한 입장에 서 있었다면 그것은 현존하는 산스크리트본『보성론』과는 미묘한 해석상의 차이를 보여준다고 할 수 있다.

둘째 당시에 발전하기 시작한『현관장엄론』과 아리야 비묵티세나의『현관장엄론주』에 보이는 종성 관념의 영향일 가능성도 배제할 수 없다.[53] 6세기 초

---

50 이와 관련하여, 법장의 저술에 나타나는 진여수연(眞如隨緣)이라는 개념을 고찰한 石井 公成,「隨緣の思想」,『北朝隋唐中國佛教思想史』(荒牧典俊編著)(京都: 法藏館, 2000), 특히 pp.163-171의 논의가 흥미롭다. 石井(2000: 169)는 "心을 중심으로 하는 진여수연의 도식이 정착해 온 것에는『승만경』『열반경』등의 불성·여래장설,『능가경』의 여래장설에 기초한 심식설, 및 중국 사상과의 결합이 큰 역할을 한 것으로 추측"하고 있다.『보성론』과『불성론』에서 불성 혹은 여래성이라는 번역어로 새롭게 소개된 여래장 사상의 종성설은 이러한 맥락을 배경으로 수용된 것이라고 볼 수 있다.

51 RGV 21,3-4: samalā tathatātha nirmala vimalā buddhaguṇā jinakriyā / viṣayaḥ paramārthadarśinām śubharatnatrayasargako yataḥ //23//

52 RGV 36,13-14: na ca bhavati tāvad yāvad āgantukamalaviśuddhigotraṃ trayāṇām anyatamadharmādhimuktim na samudānayati …

53 이러한 견해는 다소 후대의 아바야카라굽타(ca. 1100)에게서도 나타난다. Ruegg(1976: 286, 299, 302.) 참조. 이러한『현관장엄론』의 견해가 티벳에서『보성론』의 종성 개념에 대한 해석에 영향을 미쳤다는 사실은 이미『현관장엄론』에 대한 총카파의 주석에서도 확인하였다(각주 1 참조). 따라서 티벳불교의 여래장 사상 전통에서 종성을 무위인 법계로 간주

에 활약한 아리야 비묵티세나(Ārya Vimuktisenā)는 본래 상태의 종성을 6처의 특별한 양태라고 주장하는 유가행파의 종성론을 비판하고, 수행의 기반(pratipatter ādhāra) 곧 종성을 무위에 속하는 법계라고 주장한다.

그러므로 이 (『현관장엄론』 1-5cd구[54]에) 의해, 〔법계가〕 성스러운 법의 원인이기 때문에, 법계만이 본래 상태의 종성(prakṛtistham gotram)이자 바른 〔정신적〕 실천의 기반(pratipattyādhāra=gotra)이라고 가르친다.[55]

다른 사람들(유가행파)은 다음과 같이 주장한다. "종성이란 6처의 특별한 양태이고, 그것은 두 가지다. 〔첫째는〕 조건에 의해 개발〔된 종성이고, 둘째는〕 본래 상태〔의 종성〕이다." 그들은 '본래 상태의 종성(prakṛtistha-gotra)'에서 '본래(prakṛti)'라는 단어의 의미를 설명해야 한다. 〔본래라는 말의 의미가〕 원인과 동의어라고 〔주장〕한다면, 그 〔본래 상태의 종성〕 또한 조건에 의해 개발된 〔종성과 같은 의미가 될〕 것이다. 그렇다면 〔두 종성에는〕 어떤 의미의 차이가 있겠는가? 그러나 〔prakṛti가〕 법성(dharmatā=dharmadhātu)의 동의어라고 한다면, 그런 오류는 존재하지 않는다. 그들(유가행파)의 〔종성 개념은〕 언어적인 것(prajñaptika)이지만, 우리의 〔종성 개념은〕 확정적인 것(lākṣaṇika)이다. 따라서 그들과 우리〔의 종성 개념 해석〕은 일치하지 않는다.[56]

하는 것은 『현관장엄론』의 영향에 의한 것이 확실해 보인다.

54 『현관장엄론』(AA 17,9): ādhāraḥ pratipatteś ca dharmadhātusvabhāvakaḥ //5//; Yamabe(1997: 202, n.49) 참조.

55 『현관장엄론주』(AAV 76,17-18): tad anena dharmadhātur evāryadharmānām hetutvāt prakṛtistham gotram pratipattyādhāra ity upadarśayati /; Yamabe(1997: 202, n.52) 참조.

56 『현관장엄론주』(AAV, 76,24-77,4): ṣaḍāyatanaviśeṣo gotram tac ca* dvividham: pratyayasamudānītam, prakṛtyavasthitam cety apare / taiḥ prakṛtisthagotre prakṛtyabhidhānasyārtho vācyaḥ / kāraṇa-paryāyaś cet tad api pratyayasamudānītam / iti ko 'rtha**-viśeṣaḥ / dharmatā-paryāye punar eṣa doṣo nāsti /

이 인용문에서 아리야 비묵티세나는 본래 상태의 종성에서 본래(prakṛti)라는 단어를 법계(dharmadhātu) 혹은 법성(dharmatā)과 동의어로 보고, 본래 상태의 종성 (prakṛtisthagotra) 또한 법계 혹은 법성이라고 간주하고 있다. 비록 인식대상으로만, 그리고 성스러운 가르침의 원인으로만 한정되지만,[57] 무위인 법계가 본래 상태의 종성으로 간주되는 것은 『현관장엄론』[58]에서 유래하는 것으로 보인다.[59]

한편 안혜는 진여를 종성으로 간주하는 설을 소개하고 있다는 점도 주목할 만하다.[60] 이때 진여를 종성으로 간주하는 사람들이 누구인지는 불명확하

<hr />

prajñpatikaṃ vā teṣām gotram, idaṃ tu lākṣanikam / iti*** na tenādaḥ saṃgacchate /; Yamabe(1997: 202, n. 50 + n.52) 참조.

* AAV: tad; Lee(forthcoming)에 따라 수정하였다.

** AAV: kim artha-; Lee(forthcoming)에 따라 수정하였다.

*** AAV: ato; Lee(forthcoming)에 따라 수정하였다.

57 nanu ca dharmadhātor gotratve* sarvo gotrasthaḥ prāpnoti, tasya sāmānyavartivāt. yathā cālambyamāna āryadhārmāṇāṃ hetur bhavati, tathā gotram ucyata** iti kim atrātiprasaṅgaṃ mṛgayati /

* Yamabe(1997: 202, n.52), Lee(forthcoming)에 따라 gotratvam을 gotratve로 수정하였다.

** Yamabe(1997: 202, n.52)에 따라 단다를 제거하였다.

번역은 Yamabe(1997: 202 + n.52) 참조. 종성을 무위로 간주하더라도 그것을 인식대상 곧 소연연으로만 한정하는 『현관장엄론』의 입장은, 동아시아 불성사상에서 무위를 인연으로 확대해 이해하는 태도와 엄격히 구분된다.

58 사실 『현관장엄론』의 종성론은 1종성설(ekagotra)의 입장에서 3종성설(trigotra)을 통합 주의(Inclusivism)적으로 절충한 것으로 볼 수 있다. AA k.40: dharmadhātor asambhedād gotrabhedo na yujyate / ādheyadharmabhedāt tu tadbhedaḥ parigīyate // 40 //

59 高崎 直道, 『如來藏思想の形成』(東京: 春秋社, 1974), p.754, 773은 9-11세기에 걸쳐 『현관장엄론』이 유행하고 이 시기에 『보성론』이 부활함으로써, 중관 철학을 기조로 하는 종성 무위설이 전개된다고 지적하고 있다. 이러한 종성무위설의 기원은 『현관장엄론』 그 자체, 그리고 그에 대한 아리야 비묵티세나의 주석에서 찾을 수 있을 것이다.

60 『중변분별론석소』(MAVṬ 56,4-6): sarvasattvasya tathāgatagotratvād atra gotram iti tathatā* jñeyam ity anye /

* Yamabe(1997: 445, n.29)에 따라 Yamaguchi의 환범 tathātvaṃ을 tathatā로 고쳐 읽었다.

지만, 적어도 종성을 진여로 간주하는 견해는 안혜에게도 알려져 있었음이 확인된다. 안혜와 진제의 관련성을 염두에 놓고 볼 때[61] 진제 역시 종성무위론을 알고 있었을 가능성이 높다. RGV에는 나타나지 않음에도 불구하고, 진제가 그의 『불성론』에서 종성 특히 본래 상태의 종성을 무위인 진여로 간주하는 것은 이와 같이 『현관장엄론』의 영향이거나, 적어도 그와 같은 사고 방식을 공유하고 있었던 결과라고 추측해볼 수 있을 것이다.

결론

이상 고찰의 내용을 요약하면 다음과 같다.

먼저, 몇몇 현대 학자 특히 일본 학자들이 주장하는 여래장 사상의 종성무위론은 현존하는 산스크리트본 『보성론』에서는 그 근거를 찾을 수 없다. 그럼에도 불구하고 그들이 『보성론』의 종성 개념을 무위로 간주하는 데는 티벳과 동아시아에서 형성된 종성무위론을 무의식적으로 현존하는 산스크리트본 『보성론』에 투영한 것으로 보인다.

다음으로 동아시아 전통에 나타난 여래장 사상의 종성무위론은 『보성론』의 번역용어상의 문제와 진제 역 『불성론』에서 유래하는 것으로 보인다. 『보성론』과 『불성론』은 'gotra'를 '종성'이 아니라 '불성'으로 번역한다. 『보성론』은 여기서 한발 더 나아가 '진여불성' 혹은 '진여성'으로 번역함으로써 후대 동아시아 불

---

61 진제는 우자이니 출신으로 안혜가 활약한 발라비와 지역적으로 가깝다. 진제는 또한 안혜의 스승인 덕혜의 『수상론』을 번역하기도 하였다. 하지만 진제와 안혜의 관계에 대해 般山徹, 「眞諦の活動と著作の基本的特徵」, 『眞諦三藏研究論集』(船山徹編)(京都: 京都大學人文科學硏究所, 2012), p.5f는 보다 신중할 것을 요구하기도 한다.

교인에게 종성을 진여로 간주할 수 있는 근거를 마련하였다.

『불성론』은 『보성론』의 초역이자 강의와 주석이 부가된 일종의 『보성론』 주석서의 성격도 가진다. 게다가 『불성론』에는 『보성론』에는 보이지 않는 독창적인 설도 발견된다. 3인 불성론과 3종 불성론도 그 중 하나다. 『불성론』은 3인 중의 하나인 응득인을 진여로 정의하고 3종의 불성이 이 응득인에 포함된다고 명시적으로 주장한다. 나아가 3종 불성의 하나인 주자성성(prakṛtistha-gotra)을 주자성여여(*prakṛtistha-tathatā)로 간주함으로써 이를 재확인하고 있다. 따라서 동아시아 여래장 사상 전통에서 명시적으로 종성을 진여로 해석하는 것은 『불성론』에서 유래한다고 볼 수 있다.

마지막으로, 『보성론』과 『불성론』 이전의 동아시아적 논의를 일단 별개로 한다면, 이러한 종성무위론의 연원은 두 가지로 추측할 수 있다. 그 중 하나는 『보성론』의 주석게송이나 산문주석보다는 기본 게송을 보다 중시한 경향의 반영일 수 있다. 다른 하나는 유가행파 계통의 종성 개념이 아니라 『현관장엄론』 계통의 종성 개념의 영향일 가능성이다.

AA   *Abhisamayālaṃkālāloka Prajñāpāramitāvyakhyā,* ed by U. Woghihara, Tokyo, the Toyo Bunko, 1932(repr. 1973)

AAV   *L'Abhisamayālaṃkālavṛtti di Ārya-Vimuktisena: Primo Abhisamaya,* eds. Pensa, Corado, Roma: Istituto Italiano per il Medio ed Estremo Oriente, 1967.

BoBh   *Bodhisattvabhūmi,* ed., by U. Wogihara, Tokyo, 1930-1936(repr. Tokyo, 1971).

MAVṬ   *Sthiramati, Madhyāntavibhāgaṭīkā,* par S. Yamaguchi, Nagoya, 1934(repr. Tokyo, 1941).

MSA   *Mahāyānasūtrālaṃkāra,* tome Ⅰ texte, éd. par Sylvain Lévi, Bibliothèque de l'Ecole des Hauts études, Paris, 1907.

gSer phreng   *Shes rab kyi pha rol tu phyin pa'i man ngag gi bstan btses mngon par rtogs pa'i rnyan 'grel ba dang bcos pa'i rgya cher bshad pa legs bshad gser gyi phreng ba zhes bya ba bzhugs so,* 青海: 青海民族出版社, 1986.

RGV/R   *The Ratnagotra-vibhāga Mahāyānottaratantraśāstra,* ed. by Edward H. Johnston, Patna: The Bihar Research Society, 1950.

『광찬경』   서진 축법호 역, 大正藏 8, No.222.

『도행반야경』   후한 지루가참 역, 大正藏 8, No.224.

『대집경』   수 승취 합, 大正藏 13, No.397.

『보살지지경』   북량 담무참 역, 大正藏 30, No.1581.

『불성론』/『불』   진제 역, 大正藏 31, No.1610.

『보성론』/『보』   후위 늑나마제 역, 大正藏 31, No.1611.

『화엄경탐현기』   당 법장 술, 大正藏 35, No.1733.

『열반종요』   신라 원효 찬, 大正藏 38, No.1769.

『대승법계무차별론소』   당 법장 찬, 大正藏 44, No.1838.

『대승의장』   수 혜원 찬, 大正藏 44, No.1851.

『종경론』   송 연수 집, 大正藏 48, No.2016.

정영사 혜원淨影寺 慧遠의
삼불성三佛性과 이종성二種性

오카모토 잇페이(岡本一平)

제1절 문제의 소재

　정영사 혜원(淨影寺 慧遠, 523~529)은 『대승의장大乘義章』 권 제1의 「불성의佛性義」[1] 등에서 '법불성法佛性', '보불성報佛性', '응불성應佛性'으로 이루어지는 3종의 불성설을 주장하고 있다.[2] 이 '삼불성三佛性'설은 그 명칭에서 알 수 있듯이, 불성을 법신法身 · 보신報身 · 응신應身의 삼신三身에 대응시킨 것이다. 혜원은 「불성의」에서 경론에서 설해지는 불성에 대한 다양한 설을 정리하고 있다. 이

1 　졸고 「『大乘義章』の硏究(二)—「佛性義」の註釋硏究—」(『駒澤短期大學佛敎論集』 第12号, 2006年), 56~57p, 73p, 주 98~107 참조.

2 　혜원의 '삼불성三佛性'과 '이불성二種性'에 관한 선행 연구로는 耿晴의 「淨影寺慧遠における「仏種姓」と「仏性」に對する論議」(第1回, 本學術大會用冊子, 2012年 6月 22日 · 23日, 日本語譯)이 있다. 그러나 정식 논문으로서 출판되어 있지 않으므로, 유감이지만 구체적으로 언급할 수는 없었다. 중복 부분의 해석에 관해서는 대조하기를 바란다. 또한 경칭(耿晴)의 논문에는 필자의 견해에 관한 비판도 포함되어 있으므로 앞으로 답변하고 싶다. 졸론을 비판해 준 耿晴 씨에게 감사의 뜻을 표하고 싶다.

'삼불성'설도 그 하나인데 법불성, 보불성, 응불성이라고 하는 용어는 한역 경론에서는 확인되지 않는다. 따라서 이 '삼불성'의 각 용어는 혜원이 창시한 조어라고 추정할 수 있다.[3]

필자의 문제의식은 다음과 같다. 혜원이 불성佛性을 삼신三身에 대응시킨 이유는 부처를 삼신에 의거해 해석하는 인도 유가행파의 사상적 동향을 반영했기 때문이라고 추정할 수 있다. 그런데 필자가 이해하는 한 일반적으로 불성은 법신法身의 동의어이지 보신報身과 응신應身의 동의어는 아니다. 또한 삼신은 부처에 관한 규정이기에 그 모두를 무루법無漏法이라 할 수 있을지도 모르겠지만, 많은 경우 법신은 무위법無爲法, 보신과 응신은 유위법有爲法으로 여겨진다. 따라서 불성에 삼신을 대응시킨다면 불성이라는 동일한 명칭 하에 성질이 전혀 다른 법(dharma), 즉 무위법과 유위법을 혼재시켜 버리게 된다. 이와 같은 '삼불성' 개념의 복잡함은 혜원 개인의 사상에 기인하는가, 그렇지 않으면 인도 여래장如來藏 사상에서도 존재하였던 것인가? 이제 불성과 삼신을 결합하는 배경을 포함하여, 이 삼불성설三佛性說에 관하여 고찰하고자 한다.

나는 '삼불성'의 각 용어와 개념은 혜원이 창시한 것이지만, 그 필연성은 인도의 여래장如來藏 사상의 형성 단계로 소급될 수 있다고 생각한다. 즉 용어가 중국에서 쓰여진 것이라 해서 반드시 그것이 인도와 관계가 없다는 것은 아니라는 말이다. 나는 '삼불성'설의 사상적 배경이 인도의 여래장 사상에 존재한다고 가정하고 있다. 우선 본 논문에서는 먼저 혜원의 삼불성설을 고찰한다. 그 다음에 삼불성설과 밀접하게 관련되는 2종의 종성種性(gotra)에 관하여 논구한다.[4] 그리고 마지막으로 이 세 가지 불성佛性과 두 가지 종성을 결합시킬 필

---

3 따라서 산스크리트어로는 환원 불가능하다고 생각된다. 또한 혜원 이전에 중국에서 만들어진 용어였을지도 모른다.
4 졸고 「淨影寺慧遠の佛性思想」 上(『駒澤大學佛教學部硏究紀要』 第65号, 2007年), pp.

연성을 『보성론寶性論』으로 소급시킬 것이다.

제2절 혜원의 삼불성설三佛性說

우선 혜원의 삼불성설三佛性說에 관하여 고찰하겠다. 다음의 인용문 〔1〕은 『대승의장大乘義章』 권제1 「불성의佛性義」의 1절이다. 여기에는 '법불성法佛性'과 '보불성報佛性' 두 가지 불성만이 설명되고 있다.

〔1〕四對果分二. 一法佛性, 二報佛性. 法佛性者, 本有法體. 与彼法佛, 體無增減. 唯有隱顯淨穢爲異. 如鑛中金与出鑛時, 體無多少. 亦如凍水与消融時, 體無增減.

報佛性者, 本無法體. 唯於第八眞識心中, 有其方便可生之義. 如鑛中金有可造作器具之義, 非有器具已在現中. 如樹子中未有樹體. 唯有方便可生之義. 若無生性, 雖以無量百千方便, 佛不可生. 如燋種中, 樹不可生.

如勝鬘說. 「如來藏中, 具過恒沙一切佛法」. 如來藏経說. 「衆生中, 具足如來一切種德」. 馬鳴論說. 「從本以來, 具足一切性功德法」. 華嚴経說. 「一切衆生, 心微塵中, 具無師智・無礙智廣大智等」. 三佛性說知, 皆是法佛之性. 如涅槃說. 「衆生身中, 未有德體. 如樹子中, 未有樹體. 「箜篌之中, 未有聲體」. 如是等言, 當知, 皆是報佛之性. (大正藏 44, 472下26行~473上13行)

177~192, 「淨影寺慧の佛性思想」 下(『駒澤大學佛教學部論集』 第38号, 2007年), pp. 309~332. 이 가운데 후자에 있어서, 이종二種의 종성에 관한 고찰을 예고해 두었다(p. 326). 본 논문은 그 일부이다.

이 인용문 [1]에 의하면, 혜원은 '법불성法佛性'에 대해 "법불성法佛性이란 본래 법체法體로서 존재한다. 그 법불法佛(=法身)과 체體에는 증감이 없다. 다만 은현隱顯과 정예淨穢에 상위가 있다"고 정의하고 있다. '본유법체本有法體'란 '본래 존재하는 법체法體'라는 의미이고, 이것은 '법불성'을 의미하는 동시에 '법불法佛'=법신法身을 함의한다. 이렇게 이야기하는 것도, 양자 사이에 '체體에 증감이 없기' 때문이다. 양자는 동일한 존재를 그 양태에 따라서 명칭을 구별한 것에 지나지 않는다. 양태상에서 '숨어 있는가 나타나 있는가(隱顯)', '청정한가 오염되어 있는가(淨穢)'의 차이가 있을 뿐이다. 따라서 '법불성'은 '법불'=법신이 숨어 번뇌에 의해 오염되어 있는 양태를 의미하고, '법불'은 '법불성'이 현현하여 번뇌의 오염으로부터 청정하게 된 양태를 의미한다.

이에 대응하여, 혜원은 '보불성'을 '보불성이란 본래 법체法體로서는 존재하지 않는다. 다만 제8의 진식심眞識心 가운데 그 방편가생方便可生의 뜻(=그 報佛性)은 있다'고 정의한다. '본무법체本無法體'라는 것은 '본래 법체로서 존재하지 않는다'라는 것을 의미하며 '보불성'을 가리킨다. 곧 '보불성'은 '법불성'과는 다르며, 미리 '법체'로써 존재하지 않는다(本無法體). 그러나 '방편가생의方便可生義'는 존재하고, 이것은 '제8 진식심眞識心' 가운데 존재한다. 따라서 이 '방편가생의'는 본래적으로 존재한다고 생각된다(다만 '법체法體'는 아니다). 이렇게 이야기하는 것도, 혜원은 "만약 생성生性이 없다면, 무량백천無量百千의 방편을 사용하더라도 불佛(=報身)은 나타날 수 없다. 타버린 씨앗에서 나무가 생겨나지 않는 것과 같다."고 서술하고 있기 때문이다. 이 혜원의 주장에서 알 수 있듯이, 그는 무언가가 생기하는 경우 완전한 무無로부터의 생기를 인정하지 않았다. 이 '생성生性'이라는 것은 '방편가생의'의 다른 말이다.

그런데 이 「불성의佛性義」 [1]에서 다음의 두 가지 점은 엄밀하게 이해되지 않는다. 첫째로, '보불성報佛性'과 '방편가생의'의 동이同異이다. '其方便可生之

義'를 '보불성報佛性의 방편가생의方便可生義'로 해석하면, '보불성'·'방편가생지의'이고, '방편가생의' → '보불성'이라는 인과관계가 상정될 수 있다. 이에 대하여, '기방편생지의其方便可生之義'='보불성'이라고 해석하는 것도 가능하다. 나는 후자의 해석을 채택하는데, 그 이유는 인용문 (2)를 음미하면서 설명하고자 한다.

둘째로, 법불성은 "본유법체本有法體", 보불성은 "본무법체本無法體"라 양자는 다르다. 그렇다면 이 두 불성은 전혀 다른 존재인 것일까? 유일한 접점은 '방편가생지의方便可生之義'='생성生性'이 '제8 진식심眞識心' 가운데 있다고 하는 점이다. 이제 다음과 같이 『대승의장大乘義章』 권제19 「삼불의三佛義」를 참조하여 이에 기반해 '법불성'과 '보불성'의 관계에 관하여 고찰하고자 한다.

〔2〕八識心體, 是法佛性. 彼心體上, 從本已來, 有可從緣生報佛義. 名報佛性. 更無別體.(大正藏 44, 843下16~17行)

이 「삼불의三佛義」 (2)에 의하면, "'8식의 심체(八識心體)'는 '법불성'이다. 그 '심체心體' 위에, 과거로부터 '가종연생보불의可從緣生報佛義'가 존재한다. 그것은 '보불성報佛性'이라고 명명되고, 또한 〔법불성法佛性〕과 별체는 아니다"라고 설명되고 있다. 이 중 "연(緣, 방편, 수습)에 의하여 보불을 생하는 것이 가능한 의義(可從緣生報佛義)"라는 것은, 「불성의佛性義」 (1)의 '방편가생의方便可生義'='생성生性'과 동일한 존재로 고려된다. 「불성의」 (1)에서는 "中", 「삼불의」 (2)에서는 "上"으로, '방편가생의'='가종연생보불의'가 존재하는 장소와의 관계에서 표현은 약간 다르다. 그러나 양자가 같은 의미라면 그것이 존재하는 장소도 동일해야 할 것이다. 「삼불의」 (2)에서는 그 존재하는 장소에 관하여 '심체心體'라고 부른다. 이것은 '8식심체'의 약칭이다. 그리고 (2)에서는 "'8식심체'란

'법불성法佛性'이다"라고 명기하고 있으므로, (1)의 '제8 진식심'='법불성'이라고 이해할 수 있다. 다만 「삼불의」 (2)에는 '보불성'의 규정으로서 「불성의」 (1)에 포함되지 않는 내용이 있다. 그것은 "명보불성名報佛性"과 "갱무별체更無別體"이다.

'명보불성名報佛性'이란 '가종연생보불의可從緣生報佛義'를 가리키고 있다. 따라서 (2)에 있어서 '보불성'='가종연생보불의'라고 상정되고 있는 것이 된다. 이렇게 이야기하는 것도, '가종연생보불의'라는 것은 '보불報佛'을 일으키는 것이고, 그것은 '보불성'이라고 칭하는 것이 가능하기 때문이다. 이러한 해석이 타당하다면 (1)에 있어서 '방편가생지의'는 "방편方便에 의해서 (보불)을 생하는 것이 가능한 뜻"이라는 의미이고, '방편가생지의'='보불성'이다. '방편가생지의'로부터 '보불성'이 생기하지는 않는 것이다. 따라서 (1)과 (2)의 기술은 다음과 같이 정리할 수 있다.

'報佛性'='方便可生義'='生性'='可從緣生報佛義'는, '法佛性'='第八 眞識心'='八識心體'의 中(혹은 上)에 있다.

다음으로 '갱무별체更無別體'의 의미는, "보불성은 법불성과 별체가 아니다"라고 하는 것이겠다. 따라서 혜원은 '법불성'과 '보불성'을 '체'로서는 구별하고 있지 않은 것이 된다. (1)과 (2)에 의하면 '보불성'은 '법불성'에 의존하고, '보불성'은 '법불성' 중中(혹은 上)에 존재한다. 그 의미에서 양자는 능의(能依, '報佛性')와 소의(所依, '法佛性') 관계에 있다. 그리고 (2)에 의하면 양자는 '갱무별체'라고도 할 수 있으므로, '보불성'의 '법체法體'로서의 독립성은 불충분하다. 이 '법체'='체體'의 의미는 알 수 없지만, 아마도 법法(dharma)의 실재성을 강조하는 말이라고 추정된다. 곧 혜원은 '보불성'의 실재성을 '법불성'보다도 약하게 상정하지만 완전히 존재하지 않는다고는 주장하고 싶지 않으므로, 이와 같은 미묘한 표현을 채용한 것이라 하겠다.

이 두 불성佛性의 관계에 관하여, 혜원은 〔1〕에 있어서 "광맥 중의 금과 장신구(器具)"의 비유를 사용하여 설명하고 있다. 그 의미는, "'금'은 광맥 중에 본래 존재하지만, '금'에 의해서 제작된 '장신구'는 광석 중에 미리 존재하지 않는다"는 것이다. 이 '금'은 '법불성'='법불法佛', '기구'는 '보불報佛'로 비유한 것이리라. 그러나 '금'이 '장신구'로 변화하는 것은 금세공사의 일('방편')만이 아니라, '금' 자체의 성질에 기인한다. 따라서 '보불성'='방편가생지의'라는 것은 '제8 진식심'에 존재하는 성질로서 상정되고 있는 듯하다. 이와 같은 해석이 타당하다면 '보불성'은 '법불성'으로부터 완전히 독립한 존재는 아니다. '보불성'과 '법불성'은 '능의能依와 소의所依의 관계'로서 일단 구별되고 있지만, 혜원은 비유를 통해 설명하여 그 함의를 애매하게 만들고 있다.

마지막으로 '응불성應佛性'에 관하여 간단히 고찰해 두고자 한다. '응불성'의 용례는 다른 '두 불성佛性'(二佛性)에 비하여 적다. 필자의 조사에 의하면 「불성의佛性義」〔3〕 이외에는 『대승기신론의소大乘起信論義疏』[5]에 1개소밖에 없다. 따라서 〔3〕의 서두 부분에서는 '법불성', '보불성', '응불성'이라고 열거되지만, 혜원 자신은 '응불성'을 중시하고 있지 않다고 추정된다.

〔3〕四對果論三. 一者法佛性. 二報佛性. 三応佛性. 法報兩性義, 如前釋. 応佛性者, 応佛有二. 一者, 法応. 以得現化法門力故. 普門皆現. 二者, 報応. 以本大悲大願力故. 隨物異示. 法応家性, 本有法體. 如來藏中, 現像起法

---

5 『大乘起信論義疏』에 "隨衆生根, 下明応佛性也."(大正藏 44, 185中3行)라고 되어 있다. 본 저작에는 진위 문제가 있는데, 이 '응불성應佛性'이라는 단어는 『大乘義章』「佛性義」와의 관련이 예상된다. 본 저작의 성립에 관해서는 별고에서 논술할 예정이다.

門. 是其體也. 報応家性, 本無法體. 唯有方便可生之義.(大正藏 44, 473中 4~10行)

　이 「불성의」 (3)에 의하면, '응불성'은 '법응가성法應家性'과 '보불報應가성(報應家性)'의 두 종류로 구별되고 있다. 양자의 구별은 '응불應佛'=응신에 '법응法應'과 '보응報應'의 두 종류가 존재한다는 것으로 대응된다. '법응'은 '현화법문력現化法門力', '보응'은 '대비본원력大悲本願力'에 의하여 획득된다. 이 2종의 '힘(力)'은 부처가 중생을 구제하는 능력이다.

　그러나 이 '법응'과 '보응'은 기묘한 표현이다. 아마도 혜원은 '법불法佛'과 '보불報佛'로부터 '응불應佛'을 독립시키고 싶지 않은 것이리라. '법응가성法應家性'과 '보응가성報應家性'이라는 표현도 마찬가지이다. '법응가성'은 '응불應佛' 중의 '법응法應'을 획득하기 위하여 필요한 것이라고 사료된다. 그리고 그 '법응가성'은 "'법응가성'이란 본래 법체法體로서 존재한다. 여래장 중의 현상기법문現像起法門이다"라고 규정되고 있다. 이 규정은 난해하다. 필자의 이해로는, "如來藏中, 現像起法門"이라는 한 절을 제외하면 '법불성法佛性'의 규정을 답습하고 있다. 아마도 "如來藏中, 現像起法門"이라는 것은 '여래장'='법불성' 중에 존재하는 '응불'을 생하는 덕德의 일종이겠다. 이와 같은 덕을 상정하는 것에 의하여 '법불성'으로부터 직접적으로 응불應佛이 생기하는 것을 회피했다고 사료된다.

　또한 '보응가성報應家性'은 "'보응가성'은 본래 법체로서 존재하지 않는다. 다만 방편가성方便可生의 뜻이 있다"라고 규정되고 있다. 이 규정은 '보불성報佛性'과 동일하다. 곧 '법응가성'과 '보응가성'은 실질적으로 '법불성'과 '보불성'을 전제로 하고, 불성을 삼신三身에 대응시키기 위하여 형식적으로 구상된 것이라고 사료된다. 앞서 '응불성應佛性'이 「불성의」 (3)의 용례 이외에 하나의 사례밖에 존재하지 않음을 기술하였다. 이에 대하여 '응불'='응신'이 '법응法應'과 '응법應法'의 2종으로 구별되는 것은 『대승의장大乘義章』 중의 다른 작품에도 산재적으로 인정되고 있다.[6] 거기에서는 '법응'은 '법신', '보응'은 '보신'을 소의所依로서 생기하는 것이 서술되고, '법응가성'과 '보응가성'과 같은 '응불성應佛性'은 상정되고 있지 않다.

이상과 같은 고찰의 결과에 의하면, '삼불성三佛性'은 서로 독립된 관계가 아니며, 그 기본이 되는 '법불성'과 '보불성'은 '능의能依와 소의所依의 관계'였다. 또한 '법체法體'라고 하는 관점으로부터 이야기한다면, '보불성'은 법法(dharma)으로서의 독립성도 불충분하다. 따라서 혜원에 있어서, 불성佛性의 기본개념은 어디까지나 '법불성'에 존재한다. 또한 「불성의」 (1) '광맥'의 비유에 의하면 양자는 불가분리의 관계이다. 다시 「삼불의」 (2)에서 '보불성'은 〔법불성法佛性과〕 更無別體"라고 규정되고 있었다. 이 점을 중시한다면 '보불성'이 '법불성'과는 다른 법이라고 해석하는 것도 곤란하게 된다.

아마도 혜원은 불성과 법신을 무위無爲로 간주하는 까닭에, '법불성'을 불성의 기본이라고 간주하려는 것이겠다. 그러나 불성을 부처의 삼신에 대응시키는 경우 보신과 응신은 반드시 무위법이라고는 할 수 없다. 그래서 '보불성'과 '응불성'이라고 하는 개념을 창조할 필요가 있었다고 사료된다.

---

6 『大乘義章』「二種生死義」(大正藏 44, 617上 25~29행. 이것은 "오종신五種身" 중의 기술이다. '오종신'은 '이종성二種性'과 밀접한 관계가 있으므로 별도로 논할 예정이다. '오종신'은, 『大乘義章』「二種生死義」(大正藏 44, 617上13行~中6行), 『勝鬘義記』(新纂續藏 19, 881下11~18行), 『十地義記』(新纂續藏 45, 31中3~12行), 『涅槃義記』(大正藏 12, 856下 8~17行에 되풀이하여 해설되고 있다.

제3절 이종성二種性에 관하여

'법불성法佛性'과 '보불성報佛性'에 관하여 혜원은 『대승의장大乘義章』권 제9 「이종종성의二種種性義」에서도 언급하고 있다. 그 이유는 혜원이 이 「이종종성의」라는 작품의 주제인 '성종성性種性'과 '습종성習種性'에 '두 불성(二佛性)'이 밀접하게 관련된다고 상정하였기 때문이다. 제4절에서 논구하고 있듯이 이 상정은 중요하다. 그러나 혜원이 참조할 수 있었던 담무참曇無讖 역『보살지지경菩薩持地經』에는 번역상의 난점이 있다. 혜원의 '이종성二種性' 설의 난점은 『보살지지경』의 번역에서 유래하므로 여기에서는 담무참 역『보살지지경』((4))과 현장玄奘 역『유가사지론瑜伽師地論』((5))을 인용하여 두고자 한다.

〔4〕云何爲種性. 略說有二. 一者, 性種性. 二者, 習種性. 性種性者, 是菩薩六入殊勝, 展轉相續, 無始法爾. 是名性種性. 習種性者, 若從先來修善所得. 是名習種性. 又種性名爲種子. 名爲界, 名爲性.(大正藏 31, 888中2~7行)

〔5〕云何種姓. 謂略有二種. 一本性住種姓. 二習所成種姓. 本性住種姓者,謂, 諸菩薩六處殊勝, 有如是相, 從無始世展轉伝來, 法爾所得. 是名本性住種姓. 習所成種姓者, 謂, 先串習善根所得. 是名習所成種姓. 此中義意, 二種皆取. 又此種姓, 亦名種子, 亦名爲界, 亦名爲性.(大正藏 31, 478下12~18行)

이미 마츠모토 시로(松本史朗)가 범본, 구나발마(求那拔摩) 역, 담무참 역, 현장玄奘 역을 대조하여 지적하고 있듯이,[7] 여기에서 '성종성性種性'과 '습종성習

---

7 松本史朗「瑜伽行派とdhātu-vāda」(同『佛教思想論』上,所收,2004年), 특히 pp. 67~69 참조. 松本의「本性住種姓」에 대한 해석의 특징은 본성(prakṛti)과 종성(gotra)이 동의어가 아니라는 점을 지적한 기반에서, 양자를 '於格的 관계'로 간주하고, gotra⊥prakṛti로 표현하였다(p.

種性'의 원어는 prakṛti-sthaṃ gotram과 samudānītaṃ gotram이다. 이것을 마츠모토는 순서대로 "본성에 있어서 존재하는 종성"과 "(수습에 의하여) 완성되는 종성"이라고 일본어로 번역하였다. 마츠모토의 지적에 의하면 담무참 역의 난점은 현장이 '주住'라고 번역한 stham의 번역이 없고, '성종성性種性'에 있어서 '성性'과 '종성種性'의 관계가 명확하지 않은 것에 있다.

나아가 필자의 관점에서는, 담무참 역 (4)의 난점은 "……法爾. 是名性種性"이라고 번역하고 '법이法爾'='성종성'이라고 읽는 것에 있다. 현장 역 (5)에서는 "……法爾所得. 是名本性住種姓"과 "所得"이라는 말이 있고, 어디까지나 '법이소득法爾所得'='본성주종성本性住種性'이라고 규정하고 있다.

그리고 담무참 역에 의거한 결과, 혜원의 '성종성'과 '습종성'에 대한 어의 해석은 극히 복잡하게 되어 버렸다. 「이종종성의二種種性義」에는 「취위분별就位分別」과 「취행분별就行分別」의 2개소에 이들 어휘의 어의 해석이 있는데, 여기에서는 이불성二佛性이 제시되는 「취행분별」 쪽의 어의 해석을 인용해 두고자 한다.

〔6〕名字如何. 性種性者, 從體爲名. ⓐ無始法性, 說之爲性. ⓑ此之法性, 本爲妄隱. 說之爲染. 隨修對治, 離染始顯. 說以爲淨. 始顯淨德, 能爲果本. 目之爲種. ⓒ此乃顯性, 以成種故名爲性種. ⓓ種義不壞, 故復名性. 故論說言.「性種性者, 無始法爾」.

習種性者, 從因爲名. 方便行德, 本無今有. ⓔ從習而生, 故名爲習. ⓕ習成行德, 能生眞果. 故名習種. ⓖ性義同前. 故論說言.「若從先來修善所得. 名

---

67). 필자에게는 논증의 타당성을 판단할 능력이 없지만, 설득력 있는 논증이라고 생각하고 있다. 다만 『菩薩持地經』에 근거한 혜원의 해석은, '성性'·'종성種性'이어서, 마츠모토와는 다른 이해이다.

習種性」. 名義如是.(大正藏 44,651下21~29行)

우선 "습종성習種性"의 어의 해석으로서 궁금해지는 것은 '성종성'의 구분 방식이다. 혜원의 해석이 복잡한 이유는 원어로부터 판단하여 성종성은 '성'과 '종성'의 두 어휘로 구분되어야 함에도 불구하고 혜원은 성종성을 '성性' (ⓐ)과 '종種'(ⓑ)과 '성性'(ⓓ)의 세 어휘로 구분하고 다시 '종성種性'이 아니라 '성종性種'(ⓒ)을 하나의 어휘로 해석하는 점에 있다. 이 작품의 명칭은 「이종종성의」이므로, 혜원은 '종성'이 하나의 어휘라는 점을 알고 있다. 그럼에도 불구하고 과감하게 혜원이 '성'과 '종성'의 두 어휘로 구분하지 않는 것은, 원어를 알고 있지 못하기 때문만은 아니라 독자적인 해석을 제시할 준비가 되어 있기 때문이라 하겠다. 그렇다면 '성종성'에 관하여 고찰해 보도록 하자.

우선 필자의 견해를 서술해 두겠다. 혜원은 성종성을 각 어휘 단위로 구별하여 어의를 해석해 나가면서도 결론으로서 성종성을 "무시無始'의 '법이法爾' (dharmatā)"라고 해석한다. 이것은 〔6〕 ⓓ "故論說言. 性種性者, 無始法爾"의 부분에 의거하면 더욱 명백하다. 이 논論은 〔4〕『보살지지경』의 "無始法爾. 是名性種性"의 어순을 역전시켜서 인용한 것이다.

혜원의 해석적 문제점은 원어 prakṛti-sthaṃ gotram에는 prakṛti와 gotra라는 중요한 두 어휘가 포함되어 있음에도 불구하고 이 두 어휘를 구별하지 않고 '성性(prakṛti)'과 '종성種性(gotra)'의 쌍방을 '법성法性'='법이法爾'로 간주하는 것에 있다. 또한, 이 해석은 '성종성'에서 첫 번째 '성'의 해석과 모순되는 듯 보인다. 〔6〕 ⓐ에는 "無始法性, 說之爲性"이라고 되어 있다. 이 '무시법성無始法性'이 '무시법이無始法爾'와 동의어라면, '법이法爾'는 '성종성' 자체를 정의하는 어휘이고, 동시에 최초의 '성性'만을 정의하는 어휘이기도 하다. 물론 '법이'와 '법성'이 완전히 일치되지 않는 어휘라고 한다면 그러한 모순은 회피 가능하겠지만, 그 가능성은 낮을 것이다. 그렇다면 다른 유일한 해결 방법은 '성性(prakṛti)'과 '종성種性(gotra)'을 동의어라고 간주하는 것이다.

혜원은 이 해석을 채용했다고 사료된다. 이렇게 말할 수 있는 것은 〔6〕ⓑ의 '종種'의 해석 부분에서 "이 '법성法性'은 본래 망妄〔心 또는 識〕 중에 숨겨져 있어서 오염되어 있다. 수습과 대치에 따라서 오염을 떠나 비로소 현현하여 정淨하게 된다. 최초로 정덕淨德을 드러내고, 〔불〕과〔佛〕果의 본本으로 된 것을 '종種'이라고 명한다"라고 서술하고 있기 때문이다. '법성法性'='성性(prakṛti)'과 '종種(gotra)'에는 '은현隱顯'과 '염정染淨'의 차이는 있지만, '법성'='성(prakṛti)'이 '정덕淨德'을 현현한 최초의 단계를 '종(gotra)'이라고 명명한 이상, 양자에는 양태상의 구별밖에 없다. 〔6〕ⓒ에 나타난 '성종性種'의 어의 설명도 마찬가지이다. 따라서 혜원은 '성(prakṛti)' '종(gotra)'이라고 해석한 셈이 된다.

〔6〕ⓓ는「성종성性種性」의 말미의 '성性'에 대한 해석 부분이다. 이것은 '종성種性'을 '종'과 '성'으로 구별한다는 점에서 문제가 남아 있다. 다만 이것은 '종'의 의미에 대한 보충적인 설명이므로, gotra라고 하는 하나의 존재를 두 가지로 나누고 있는 것이 아니기에 그다지 큰 문제는 되지 않을 것이다. 여기에서 혜원은 뒤의 '성'을 "종種의 의미는 무너지지 않는다는 것이므로, 또한 '성性'이라고도 명명한다(種義不壞, 故復名性)"라고 설명하고 있다. 이 한 구절은 난해하다. 이렇게 이야기하는 것도 '부명성復名性' 부분을 본다면 혜원은 '성종성性種性'에서 처음과 끝의 '성性'을 동일시하고 있다고 해석할 수 있기 때문이다. 그러나 이 해석은 타당하지 않다고 생각된다. 왜냐하면 〔6〕ⓖ에는 '습종성習種性'의 '성'의 설명으로서 '성의동전性義同前'이라고 되어 있기 때문이다. 이 '전前'이라는 것은 현재 고찰하고 있는 〔6〕ⓓ "種義不壞, 故復名性"에 해당한다. 그러나「습종성習種性」에서 '성性'이라는 어휘는 한 번밖에 사용되지 않고 있다. 만약 이 '부復'가 '성종성性種性'에서 첫 번째 '성性(prakṛti)'에 대한 것이라면, '습종

성습種性'의 '종種(gotra)'도 '성(prakṛti)'과 동일한 존재를 의미하는 것이 되겠다. 확실히 혜원은 '성종성'의 '성(prakṛti)'과 '종(gotra)'을 동일한 존재에 있어서 양태 상의 상위相違로 간주하고 있다. 그러나 이 해석은 '습종성'의 '종'에까지 반영 되고 있다고는 생각하기 어렵다. 따라서 '부명성復名性'이라고 일컬어지는 이 유는 '종種'에 '불괴不壞'의 의미가 있고 이 의미가 '성性'과도 공통되기 때문일 것으로 생각된다.

이 '불괴不壞'는 "자기동일성을 유지하는 것"을 의미한다고 보인다.『열반의 기涅槃義記』에는 '보불성報佛性'을 설명하는 비유로서 "亦如樹子, 不腐不壞. 有 可生義"[8]라는 표현이 나타난다. 여기에서 '불괴'는 '불부不腐'와 병기되고 있듯 이, 그 특징을 상실하지 않는다는 점을 의미하고 있다. '수자樹子'(수목의 종자)가 부패하고 무너져 버리면 결코 수목으로 되지 않기 때문이다.

그리고 이와 같이 '성종성'을 해석한 바탕에서 혜원은 "性種性者, 無始法 爾"라고 규정한다. 따라서 혜원은 '성종성'의 해석에 있어서 '종(gotra)'을 '성 (prakṛti)'의 한 형태로 이해하고 있는 셈이 된다. 그리고 이 '성종성'은 '체體'로 규정되고 있다.

혜원이 이용한『보살선계경菩薩善戒經』[4]은 "又種性名爲種子, 名爲界, 名 爲性"이라고 번역하고 있다. 이 부분은 "또한 종성種性(gotra)은 종자種子(bīja), 계界(dhātu), 그리고 성性(prakṛti)이라고 명명된다"라고 해석할 수 있다.[9] 주어는 '종성種性'이다. 아마도 혜원이 '성(prakṛti)'과 '종(gotra)'을 같은 의미라고 간주하 는 근거는 이 부분에 있을 것이다. 그는 '성종성'을 '체'로 규정하는데, 이는 '법 불성法佛性'이 '본유법체本有法體'로 간주되고 있는 것과 같은 것이겠다.

---

8 慧遠『涅槃義記』(大正藏 44, 837 중 12~13행).

9 이 부분의 원의에 관해서는 마츠모토의 앞의 논문 (앞의 주 7), p. 68, p. 82 참조. 마츠모토 는 본성과 종성이 동의어가 아니라고 판단하고 있다.

「이종종성의」〔6〕의 '습종성'의 어의 해석도 '성종성'과 마찬가지로 용어의 구분에 난점을 내포하고 있다. 그 원어 samudānītaṃ gotram으로부터 판단하여 '습習'과 '종성'의 두 어휘로 구별하는 방식이 적절하다고 생각되지만, 혜원은 '습종習種'과 '성'의 두 어휘로 나누어 어휘 해석을 부여하기 때문이다.

여기에서도 우선 나의 이해를 제시하고자 한다. 우선 주목하고 싶은 것은, 〔6〕 ⑧의 "故論說言. 若從先來, 修善所得. 名習種性"이라는 부분이다. 이것은 『보살지지경』〔4〕의 '습종성' 인용이고, 혜원은 '습종성'에 대한 결론으로 삼고 있다. 그 의미는 "따라서 『논』에는 〔습종성習種性이란〕과거로부터의 수선修善에 의하여 얻어진 것이다. 〔이것을〕 '습종성'이라고 명명한다"이다. 곧 '습종성'이란 "수선修善에 의하여 얻어진 것"이다. 이 부분의 번역에 큰 문제는 없다. 그리고 혜원의 '습종성' 해석의 특징은 이와 같은 '습종성'을 '인因'으로 간주하는 점에 있다.

〔6〕 '습종성'의 서두 부분에서는 "습종성은 인因이라는 것에 의하여 명명된다"고 서술되고 있다. 이것은 '습종성'의 총론적인 규정일 것이다. 그러나 어떤 '인因'인지 명료하지는 않다. 〔6〕 ⑤단을 참조하면 거기에 '진과眞果'라고 있어서 아마도 '진과眞果'='보불報佛'에 대한 '인因'이라고 생각된다. 후술하는 바와 같이, '습종성'은 '보불성'에 대응한다. 또한 '보불성'은 '생인生因'이라고도 불리므로,[10] 이 '습종성'이 '인因'이라고 불리는 것은 '보불報佛'에 대한 '생인'을 의미하는 것이겠다.

나아가, 〔6〕 「습종성」의 서두 부분에 "방편의 '행덕行德'은 본래 존재하지 않

---

10 『大乘義章』「佛性義」에는 "望方便果,報佛之性,是其生因.眞心體上,從本已來,有可生義.生彼果故."(大正藏 44, 476下29~477上2行)라고 되어 있다. '보불성報佛性'이 생인生因인 경우, '법불성法佛性'은 요인了因이라고 불린다. 생인生因과 요인了因에 관해서는, 앞의 졸고(앞의 주1), p. 92~94, p. 95~99, 주292~320 참조.

지만 지금 존재한다(本無今有)"라고 서술되어 있는 것은 이 '습종성'='행덕行德'은 '성종성'과 달리 본래적으로 존재하지 않는다는 것을 의미하고 있다.

〔6〕ⓔ단에 의하면 "〔습종성習種性은〕 수습에 의하여 생하므로 '습習'이라고 명명한다"라고 서술되어 있다. 다시 그 다음의 〔6〕ⓕ단에 의하면 "수습에 의하여 성립하는 행덕은 '진과眞果'를 잘 생한다. 그러한 까닭에 '습종習種'이라고 명명한다"라고 되어 있다. 필자는 이 '행덕行德'을 '습종성'의 별칭이라고 생각하고 있다. 왜냐하면 '행덕'은 후술하는 바와 같이 "이종성二種性과 이불성二佛性의 관계를 논하는 부분(「約時辯異」에서 '此二種性, 在外凡時, 但名佛性, 不名行德')"이라고 서술되고 있기 때문이다(7). 이에 의하면, 성종성性種性과 습종성習種性의 이종성二種性은 외범外凡을 넘어선 단계에서 '행덕行德'이라고 칭해진 것이 된다. 이 용례로부터 판단하여, 〔6〕ⓕ "습성행덕習性行德"의 '행덕行德'은 습종성의 별칭이라고 해석할 수 있다.

이와 같은 습종성의 해석은 『보살지지경』〔4〕의 원의를 답습한 것이지만, '보불성報佛性'과 대응시키는 것에 의하여 차이가 있는 측면도 존재한다.

제4절 이불성二佛性과 이종성二種性

이제 다음으로 「이종종성의二種種性義」에서 '이불성二佛性'과 '이종성二種性'의 관계에 관하여 고찰해 보도록 하자.

〔7〕次, 第四門, 約時辯異. 此二種性, 在外凡時, 但名佛性. 不名行德.

佛性有二. 一法佛性. 二報佛性. 法性者, 是性種因. 報佛性者, 是習種因.

二性何別. 法佛性者, 本有法體. 与彼果時, 體無增減. 唯有隱顯, 淨穢爲異.

報佛性者, 本無法體. 但有方便可生之義.此二, 如前『佛性章』中, 具廣分別.
是二佛性, 依至性地, 名二種性.法佛之性, 轉名性種. 報佛之性所生行德,
名爲習種. 是二種性, 至解行中, 名得方便及淸淨向. 彼習種性, 至解行中,
名得方便. 彼性種性, 至解行中, 名淸淨向. 彼得方便及淸淨向, 至初地上,
轉名二道. 彼得方便, 轉名敎道. 彼淸淨向, 轉名証道. 敎道至果, 轉名報
佛 · 方便菩提 · 方便涅槃.証道至果, 轉名法佛 · 性淨菩提 · 性淨涅槃. 此
等雖復隨時變改, 其義不殊. 二種種性, 辯之麤爾.(大正藏 44, 652中17行~
下4行)

이 「이종종성의」(7)은 "시간의 관점에서 차이를 변별한다"(約時辯異)라고
명명된 부분이고, '이종성二種性'과 '이불성二佛性'을 수습하는 단계에 의하여
그 차이를 구별하는 것을 주목적으로 하고 있다. 다만 그 내용은 양자의 관계
만으로 한정되지 않고, 수습의 단계에 따르는 다른 명칭도 열거되고 있다.

　우선 주목하고자 하는 것은 (7)의 문구 말미에 "이것은 수습의 단계(時)에
따라서 (그 명칭은) 개변된다고 하더라도, 그 대상은 달라지지 않는다"라고 서
술되고 있는 부분이다. 이 부분의 포인트는 '변개變改'='변화하는 것'과 '불수不
殊'='변화하지 않는 것'의 구별이다. '변개變改'의 주어는 생략되어 있지만, 필자
는 '명칭'이라고 상정하였다. 이렇게 이야기하는 것도 이 (7)의 많은 부분이 'A
명名(또는 轉名) B'라는 형식으로 서술되고 있기 때문이다.

　"是二佛性, 依至性地, 名二種性. 法佛之性, 轉名性種. 報佛之性所生行
德, 名爲習種."이라고 되어 있는 부분도 마찬가지이다. 그 의미는 "이 '이불
성二佛性'은 '종(種) 성지性地'에 도달하는 것에 의하여 '이종성二種性'이라고 명
명된다. '법불法佛의 성性'은 달리 말하여 '성종性種'이라고 명명된다. '보불報
佛의 성性'의 소생所生인 '행덕行德'은 '습종성習種性'이라고 명명된다"이다. 여

기에서 '변화하는 것'은 명확히 명칭이다. 그것에 대해서 '변화하지 않는 것(不殊)'은 명칭과 대비되고 있으므로, '명칭에 의하여 지시되고 있는 대상'이라고 판단하였다. "수습의 단계에 의하여, '성종성性種性' 등은 명칭은 변화하지만 그 대상은 변화하지 않는다"고 하는 것이 혜원의 주장이다. 다만 엄밀하게 '습종성'에 관하여서 그 대상이 변화하지 않는다고 말할 수 있을 것인가? 왜냐하면 만약 수습의 단계에 의하여 변화하지 않는다고 한다면 '습종성'은 그 최후적인 결과 곧 '보불報佛'과 동일한 존재를 의미하는 것이 되기 때문이다. 여기에 "此等, 雖復隨時變改, 其義不殊"라고 하는 단순한 정리 방식의 난점이 있다. 이 수습의 단계[11]에 의한 명칭 변화를 도표에 의하여 정리하면 다음과 같이 된다.

《명칭 변화 도표》

外凡(因)	〔種〕性地	解行	初地以上	果
法佛性	性種性	清淨向	證道	法佛, 性淨菩提, 性淨涅槃
報佛性	習種性	得方便	敎道	報佛, 方便菩提, 方便涅槃

'이불성二佛性'과 '이종성二種性'의 관계에 논점을 한정한다면, '법불성法佛性'과 '보불성報佛性'은 '외범外凡'에 있어서의 명칭, '성종성性種性'과 '습종성習種性'

---

11 이 修習의 단계는 『菩薩地持經』 「畢竟方便處地品」에 "如上所說十三住, 次第爲七地. 六是菩薩. 一是菩薩如來共地. 一者種性地. 二者解行地. 三者淨心地. 四者行迹地. 五者決定地. 六者決定行地. 七者畢竟地."(大正藏 30, 954上8~11行)라고 되어 있는 「칠지七地」에 상당한다. 혜원慧遠의 '종성지種性地'의 해석은 『大乘義章』 「七地義」에 "種性地者, 習種·性種同名種性. 行本達立, 能生因果. 故名爲種. 種義不壞. 目之爲性. 以性別地, 名種性地."(大正藏 44, 716上27~29行)라고 되어 있다. 또한 "淨心地者, 在初地中"(同, 716中3行)라고도 서술하고 있다. 따라서 본문에서 인용된 〔7〕의 "초지상初地上"은 淨心地, 行跡地, 決定地, 決定行地에 상당한다. '해행解行'은 '해행지解行地', '과果'는 '필경지畢竟地'이다. 이 도표는 경칭의 도표를 참조했다.

은 '종種 성지性地'에 있어서의 명칭이다. 보다 구체적으로 이야기하자면, 혜원은 "法佛性者, 是性種因. 報佛性者, 是習種因"이라고 서술하고 있는 바와 같이, '이불성'과 '이종성'의 사이에 일종의 인과관계를 상정하고 있는 듯하다. 그러나 '법불성'과 '성종성', '보불성'과 '습종성'은 명칭의 차이이고, 그 내용에 큰 상위점은 없다. 따라서 '성종인性種因'이나 '습종인習種因'이라고 하는 표현은 다소 부적절하게 생각된다.

이와 같은 '이불성'과 '이종성'의 관계는 담무참 역『보살지지경』또는 그 외의『보살지菩薩地』에는 설해지고 있지 않다. 이렇게 이야기하는 것은, 앞서 서술한 바와 같이, '삼불성三佛性'의 명칭은 한역된 제 문헌에서는 확인할 수 없고, 물론 담무참 역을 포함하는『보살지』에도 나타나고 있지 않기 때문이다.

그럼에도 불구하고 왜 혜원은 양설의 대응관계를 구상한 것일까? 혜원은 이 점에 관하여 명확히 말하고 있지 않다. 따라서 추론에 의존할 수밖에 없다. 필자의 추론에 의한다면, '삼불성'은 혜원의 조어이고, 한역 불교 문헌에 직접적인 전거는 불충분하기 때문에『보살지지경』에 명료한 전거를 가지는 '이종성'에 결부시킨 것이라고 사료된다.

오늘날에도 상황은 변하고 있지 않은데, 불교는 부처의 말씀(buddha-vacana)[12]을 계기로 하고 있는 이상, 삼장三藏 또는 그에 준하는 문헌에 근거가 없는 학설은 불교의 학설로서 정통성을 의심받는다. 한 명의 학승의 해석에 지나지 않는 셈인 것이다.『보살지지경』은 인도 유가행파의 문헌이고, 부처의 말씀은 아니다. 그러나 이 학파의 사상을 존중하는 학승에 있어서, 이 작품은 기본 문헌 중 하나이고, 중국의 한 학승의 창조에 의한 '법불성'과 '보불성'이라

---

12 佛教＝buddha-vacana에 관해서는 袴谷憲昭「『發智論』の「佛教」の定義」(『駒澤短期大學佛教論集』第12号, 2006年), pp. 23~31, 同「唯識思想の経証としての『厚嚴経』」(同『唯識文獻研究』所収, 2008年), pp. 195~200 참조.

는 말에 비하여 '성종성'과 '습종성'이라는 말은 훨씬 권위를 지닌다. 곧 혜원은 삼장에 전거가 없는 어휘인 '법불성'과 '보불성'을 『보살지지경』에 근거를 두는 '성종성'과 '습종성'의 권위에 의하여 공고히 하고자 했던 것은 아닐까? 이러한 창안은 이미 『보성론寶性論』에서 확인할 수 있다. 혜원과 『보성론』의 학설은 완전히 일치하는 것은 아니지만 그 의도는 극히 유사하다.

제5절 『보성론寶性論』에 있어서 『여래장경如來藏經』의 아홉 가지 비유(九喩)

다음으로 혜원의 삼불성설三佛性說의 연원에 관하여 고찰하고자 한다. 우선 직접적인 관계가 너무 멀다고 생각될 수도 있겠지만, 필자는 이 문제의 원인을 멀리 소급하자면 『여래장경如來藏經』에서 유래한다고 생각하고 있다. 『여래장경』은 여래장(tathāgata-garbha)이라는 어휘를 최초로 사용하고, 이 어휘에 기초하여 『승만경勝鬘經』과 『열반경涅槃經』의 사상이 전개되었다.

일반적으로 그러한 것이 여래장 사상이라고 불리고 있다. 『여래장경』에는 많은 선행 연구가 존재하지만[13] 필자는 다소 다른 관점에서 『여래장경』에 관하여 고찰하고자 한다.

『여래장경』은 세존이 비구들에게 "무수한 연꽃 중에 존재하는 부처"를 신묘한 변화로서 시현하고, 그 신묘한 변화의 의미를 9종류의 비유(九喩)에 의하여 해설하는 경전이다. 각현 역 『여래장경』에서는 신묘한 변화를 시현하는 개소

---

13 高崎直道, 『如來藏思想の形成』(春秋社, 1974年), 同 『如來藏系経典』(大乗佛典 12, 1975年), pp. 5~41, pp. 365~373, 松本史朗, 「蓮華藏と如來藏—如來藏思想の成立に關する一考察」(『禪思想の批判的研究』所收, 1994年, 大藏出版) 참조.

에 다음과 같은 표현이 있다.

〔8〕一切花內, 皆有化佛.(大正藏 16, 457中1行)

이 "化佛"에 관하여 세존은 다음과 같은 비유에 의하여 해설하고 있다(ⓐ는 비유, ⓑ는 그 해설)

〔9〕ⓐ佛言. 善男子. 如佛所化無數蓮花忽然萎變. 無量化佛在蓮花內. 相好莊嚴, 結加趺坐, 放大光明. 衆覩希有靡不恭敬.

　　ⓑ如是善男子. 我以佛眼觀一切衆生, 貪欲恚癡諸煩惱中, 有如來智, 如來眼, 如來身, 結加趺坐儼然不動. 善男子. 一切衆生,雖在諸趣煩惱身中, 有如來藏, 常無染汚. 德相備足, 如我無異.(大正藏 16, 457中29行~457下3行)

이 〔9〕는『여래장경』의 9유喩 중에서 첫 번째 비유이다.[14] 다만 이 비유는 부처가 최초로 시현한 신묘한 변화를 답습하는 것이니, 과연 비유로서 성립하고 있는 것일까?[15] 비유라는 것은 난해한 사태를 사람들의 친근한 사태로 치환하여 납득시키는 기술이다. 〔9〕ⓐ에 보이는 "연꽃 가운데 부처가 존재한다"라는 것이 사람들의 친근한 사태에 속할리는 없다. 바로 그렇기 때문에 신묘한 변화로서 회좌에 모인 사람들을 경악시키는 효과를 지니는 것이다.

　　그러나 이보다 중요한 것은, 〔9〕ⓑ의 해설 부분이다. 여기에는 "중생의 번뇌 가운데 '여래의 지혜', '여래의 눈', 그리고 '여래의 몸'이 존재하는 것", "중생

14　이 부분에 관해서는 마츠모토의 앞의 논문 (앞의 주 13), 특히 pp. 486-493 참조.

15　『寶性論』권제4에 "以出世間法, 世中無譬喩. 是故依彼性, 還說性譬喩"(大正藏 31, 838中26~27行)라고 되어 있다. 이것은 순서대로 보면, 제1유喩를 해설한 것이라고 생각되는데, 여기에 '세중무비유世中無譬喩'로서 비유의 한계가 서술되고 있다. "彼性"은 '여래如來(tathāgata)'를 가리킨다.

의 번뇌 가운데 '여래장'이 존재하여 오염됨이 없다는 것", 그리고 그것은 "덕
상을 완전히 갖추고, 나(=세존)와 동일함"이 설시되고 있다. 중생의 번뇌 가운
데 있는 것은 '여래의 지혜', '여래의 눈', '여래의 몸' 그리고 '여래장'으로 다양
하게 표현되고 있지만, 최후의 부분에 "德相備足, 如我無異"라는 표현이 있
다. 단적으로 말하자면 이것은 '중생 가운데 존재하는 것'이 '여래'라는 것이
다. 그래서 문제가 되는 것은, 이 '여래'는 무엇인가라는 의문을 야기한다. 그
러면서도『여래장경』은 이 '여래'에 관하여 어떻게도 해설하고 있지 않다. 나머
지 여덟 비유를 읽어도 사정은 변하지 않는다. 따라서『여래장경』은 "중생 가
운데 여래가 존재한다"고 하는 중요한 주장을 제시하면서도 그 '여래'에 관해
서는 후대의 과제로서 남긴 듯하다.

『보성론寶性論』은 이 '여래'의 문제에 도전한 문헌이다. 그래서『보성론』의 9
유喩와 종성(gotra)에 관한 부분을 고찰하고자 한다. 늑나마제 역『보성론』권제
4「무량번뇌소전품無量煩惱所纏品」의 다음과 같은 게(범본 I 144게)[16]와 산문에서
는『여래장경』의 9유를 분류하고 있다.[17] (이하, 게를 연이어서 인용한다)

〔10〕三種實體者, 偈言,

法身及眞如, 如來性實體, 三種及一種, 五種喩示現.

此偈明何義. 初三種喩, 示現如來身応知. 三種譬喩者, 所謂,「諸佛」「美蜜」

「堅固」, 示現法身. 偈言法身故. 一種譬喩者, 所謂,「眞金」, 示現眞如. 偈言眞

---

16 게의 번호는 高崎直道 역주,『寶性論 法界無差別論』(新國譯大藏經, 論集部 1, 大藏出版,
    1999年)을 따랐다.
17 본 논문 완성 직전에 松本史朗,『佛敎思想論』下(大藏出版, 2013年 5月 15日)를 입수했
    다. 이 저서에 수록된 第4章「『宝性論』の種姓論」에는 이후의 필자의 논술과 중복되는 부분
    에 대한 해석이 담겨 있다(特に65~73頁). 그러나 시간의 제약상 전혀 언급할 수 없는 점
    을 마츠모토 씨에게 사과드린다.

如故. 又, 何等爲五種譬喩. 一者「地藏」 二者「樹」 三者「金像」 四者「轉輪
聖王」 五者「宝像」. 能生三種佛身. 示現如來性. 偈言如來性故.(大正藏 31,
838中3~12行)

이『보성론』〔10〕에 의하면 '삼종실체三種實體'로 총칭되는 법신法身(dharma-
kāya), 진여眞如(tathatā), 여래성如來性(gotra)에 의하여『여래장경』의 9유를 분류하
고 있다. 그 분류를 정리하면 다음과 같다.

법신法身(dharma-kāya)… 제1유喩「제불諸佛」, 제2유「미밀美蜜」, 제3유「견고堅固」
진여眞如(tathatā)… 제4유「진금眞金」
여래성如來性(gotra)… 제5유「지장地藏」, 제6유「수樹」, 제7유「금상金像」, 제8유
「전륜성왕轉輪聖王」, 제9유「보상寶像」

곧 이『보성론寶性論』〔10〕에 의하여,『여래장경』의 9유는 '세 종류의 실체'로
교의적인 의미를 부여받게 된다. 여기에서 문제로 다루고자 하는 것은, 특히
'여래성如來性(gotra)'에 관한 제5유부터 제9유까지이다.
우선 제5유 '지장地藏'과 제6유 '수樹'에 관해서는, 다음과 같은 게(범본 I 149
게)에 의하여 설명되고 있다.

〔11〕佛性有二種. 一者如「地藏」, 二者如「樹果」. 無始世界來, 自性性淨心 修
行無上道.(大正藏 31, 859上1~3行)

늑나마제〔11〕의 번역은 의역이고, 원어의 어감이 꽤 상실되어 있지만, 중
요한 용어만 원어를 확인해 두자면, '불성佛性(gotra)'과 '자성성정심自性性淨心

(prakṛti-stham (gotram))'과 '수행무상도修行無上道(samudānītaṃ(gotram))'이다.[18] 따라서 이것은『보살지지경菩薩地持經』의 '성종성性種性'과 '습종성習種性'의 2종의 종성에 상당한다.『보성론寶性論』의 작자는『보살지지경』곧『보살지菩薩地』의 학설을 전용轉用한 것이 된다.[19] 그 이유는 뒤의 기술을 보면 명확하겠는데, '불성(gotra)'을 2종으로 구별하는 것에 의하여 '불성'과 '삼신三身'을 대응시키기 위해서이다.

『보성론』〔11〕의 '지장地藏'은 제5유, '여수과如樹果'는 제6유에 상당한다. 곧『보성론』의 작자는 제5유는 prakṛti-sthaṃgotram, 제6유는 samudānītaṃgotram을 의미한다고 해석한 것이 된다.

다음으로『보성론』의〔12〕(범본 I 150게)에서는 "삼종三種의 불신佛身은 이 '이종二種의 불성佛性(gotra)'에 의지하여 얻어진다"라고 서술하고 있다.

〔12〕依二種佛性, 得出三種佛身. 依初譬喩故, 知有初法身. 依第二譬喩, 知有二佛身.(大正藏 31, 859上4~6行)

늑나마제 역〔12〕에는 "初譬喩"(「地藏」)와 "第二譬喩"(「樹果」)가 있고, '비유'의 방식을 중시하는 번역으로 되어 있는데, 범문에서는 단순히 제일第一과 제이第二이고, 순서대로 prakṛti-sthaṃgotram과 samudānītaṃgotram을 지시하고 있다.[20] 곧『보성론』에서는 prakṛti-sthaṃgotram은 법신法身을, samudānītaṃgotram은 보신과 응신應身을 획득하는 소의로 규정되고 있는 것

---

18 中村瑞隆,『梵漢對照・究竟一乘宝性論研究』(山喜房佛書林, 1961年), p. 141, 1행.
19 高崎直道 역주,『寶性論』(インド古典叢書, 講談社, 1989年), p. 126, pp. 362~363, 주 2 참조. 高崎 역주(앞의 주 16), p. 244, 주 8, p. 361 보주補註 참조.
20 中村, 전게서(앞의 주 18), p. 141, 2~3행.

이 된다.

여기에서 주목하고자 하는 것은, 『보성론』의 발상이 혜원의 발상과 유사하다는 점이다. 『보성론』〔12〕은 '이종불성二種佛性(gotra)'과 '삼종불신三種佛身'의 대응을 주장하고 있다.

이것에 대비해서, 혜원은 「이종종성의二種種性義」〔7〕에서 '이종성'과 '이불성', '이종二種의 불과佛果'의 대응을 주장하고 있었다. 또한 혜원은 「불성의佛性義」〔3〕에서 '이종성二種性'에 직접적으로 결합시키지는 않으나, '응불성應佛性'과 '응불應佛'의 관계도 형식적으로 인정하고 있었다. 따라서 혜원이 '삼불성'의 개념을 창시하고, '이종성'과 관련짓고 있었다고 하더라도, 『보성론』은 이미 마찬가지의 창안을 제시하고 있는 것이다.

그렇다면 혜원의 삼불성설의 직접적인 전거는 『보성론』일까? 그럴 수는 없다. 이렇게 이야기하는 것은, 늑나마제 역의 『보성론』〔11〕은 의역이기 때문에 여기에 이종二種의 종성이 명시되고 있다는 것을 한역 독자들은 이해할 수 없기 때문이다. 혜원의 저술에는 『보성론』의 인용이 있고, 그가 본 논서를 읽은 것은 확실하다.[21] 그러나 그는 『보성론』〔11〕의 번역으로부터 '이종二種의 종성種性'을 발견해낼 수는 없었을 것이다.[22] 따라서 혜원의 삼불성의 직접적인 전거는 『보성론』은 아니었다고 할 수 있다.

다음으로 『보성론』에서 제7유(『眞金像』), 제8유(『전륜성왕』), 제9유(『鏡像』)의 해석을 확인해 두도록 하자. 〔13〕(I151게)과 〔14〕(I152게)는 연속하는 기술이다.

---

21 그 일부 부분에 관해서는 졸고 「清淨法界と如來藏~理性と行性の思想背景~」(『駒澤大學佛教學部論集』第37号, 2006年), pp. 273~298 참조.

22 혜원의 「이종성二種性」과 「삼불성三佛性」의 기술에 『보성론寶性論』이 인용된 것은 없다. 또한 『불성론佛性論』에도 마찬가지의 부분이 존재하지만, 필자는 혜원의 저술에 『불성론佛性論』의 인용문 또는 특유한 술어의 전용轉用을 확인할 수 없다.

〔13〕眞佛法身淨, 猶如「眞金像」, 以性不改變, 攝功德實體.(大正藏 31, 839上
7~8行)

〔14〕証大王大位, 如「轉輪聖王」, 依止「鏡像」體, 有化佛像現.(大正藏 31, 839
上9~10行)

늑나마제 역 〔14〕에 보신報身에 대응하는 역어는 결여되어 있는데, 원전에
는 "sambhoga"라는 어휘가 있고,[23] '전륜성왕'의 비유를 보신報身에 관한 것으
로 해석하고 있다. 〔13〕 '진금상'의 비유는 '진법신정眞法身淨'에 관한 것, 〔14〕
'경상鏡像'은 '화불化佛'에 관한 것으로 해석하고 있다. 되풀이해서 말하는 것
이 되겠지만,『보성론』〔12〕〔13〕〔14〕에서, prakṛti-sthaṃgotram은 법신을 획득
하기 위한 소의所依, samudānītaṃgotram은 보신報身과 응신應身을 획득하기
위한 소의로서 이해되고 있다.

『보성론』은 확실한 근거를 가진 인도 경전이며 여래장 사상의 교의를 집성
시킨 것으로 여겨지고 있었으므로 그 학설은 반드시 존중되어야 하는 것이었
다. 그러나 이와 같은 9유의 해석은 타당한 것일까? 왜냐하면 '이종二種의 종
성'과 '부처의 삼신'은 유가행파 중에서 발전된 교의이기 때문이다.『여래장경』
의 작자가 그와 같은 발전된 교의를 염두에 두고 9유를 창작했다고는 생각하
기 어려운 것이다.

다만『보성론』의 9유에 대한 해석은 근거가 불충분하다고는 할 수 없다. 필
자는『여래장경』의 비유 자체에 문제가 있다고 생각한다. 그래서 우선 제6유
(samudānītaṃgotram), 제8유(報身)에 공통되는 문제를 고찰하고자 한다.

『보성론』에 의하면 제6유는 '수〔과〕樹〔果〕', 제8유는 '전륜성왕'의 비유이다.

---

23 전게서, 中村(앞의 주 18), p. 141, 7행.

이 2종의 비유의 공통되는 특징은 시간의 경과에 의해서 비유되고 있는 것이 변화한다는 점에 있다. 각현覺賢 역『여래장경』에 의하면 제6유 '수〔과〕樹〔果〕'는 다음과 같다.[24]

〔15〕譬如菴羅果內實不壞, 種之於地成大樹王.(大正藏 16, 458中29行~下1行)

이 의미는, "예컨대 〔외피로 덮인〕 '암라과菴羅果'의 안쪽의 실질('내실')이 있고, 무너지는 것 없이, 그것을 대지에 심으면 '대수왕大樹王'으로 성숙된다"이다. '내실'이란 외피의 내측에 있는 실질 곧 종자인 것이다. 여기에 '꽃' 중에 '화불化佛'이라고 하는 신묘한 변화의 테마가 계승되고 있다. 그러나 시간적으로 선행하는 '암라과의 내실'과 뒤에 있는 '대수왕'이라는 것은 뚜렷하게 형태가 변화하고 있다.

제8유 '전륜성왕'은 다음과 같이 설해지고 있다.[25]

〔16〕譬如女人貧賤醜陋, 衆人所惡而懷貴子. 當爲聖王王四天下.(大正藏 16, 458上7~8行)

이 의미는 "예컨대 빈천하고 누추한 여자가 있어서 사람들이 싫어하는 장소에서 '귀자貴子'를 회임한다. 그 아들은 미래에 '성왕聖王'으로 되어 네 천하를 〔통치한다〕"이다. 여기에서도 '빈녀'라고 하는 외측과 '귀자'라고 하는 내용의 구별이 설해지고 있다. 그러나 시간적으로 선행하는 '귀자'는 '귀貴'라고 칭해지고 있지만, 모태에 있는 단계이고, '귀자'는 '성왕'='전륜성왕'은 아니다. 그

---

24 高崎, 전계서(앞의 주 13, 두 번째), pp. 23~24 참조.
25 高崎, 전계서(앞의 주 13, 두 번째), pp. 27~28 참조.

것을 "當爲……"라고 표현하고 있다. 곧 '미래에……로 된다'는 것이다.

확실히 제6유〔15〕도 제8유〔16〕도『여래장경』의 "一切花內, 皆有化佛"이라고 하는 신묘한 변화로 제시되고 있는, 외측과 중심 몸(身)이라고 하는 주제를 계승하고 있다. 그러나 그 내용이 시간의 경과에 의해서 변화하고 있다. 이와 같은 문제는 제1유로부터 제5유, 그리고 제7유에는 없다.

이와 같이 제6유와 제8유는 '시간의 경과에 의한 내용의 변화'라고 하는 테마가 비유 가운데 개입되어 있다. 따라서『보성론』의 작자가 이 제6유와 제8유에 유위법으로 해석 가능한 samudānītaṃgotra와 보신을 읽어 들인 것은 그 나름의 근거가 있다.

다음으로『여래장경』의 제9유 '보상寶像(鏡像)'에 관하여 고찰해 보도록 하자.[26]

〔17〕譬如鑄師, 鑄眞金像. 旣鑄成已, 倒置于地. 外雖焦黑, 內像不變.開摸出像, 金色晃曜.(大正藏 16, 459上26~29行)

이 비유의 의미는 "예를 들면, 연금술사(鑄物師)가 진금의 상을 주조하는 것과 같다. 주물이 완성되고 땅에 놓인다. 외측은 흑색으로 그을려 있겠지만, 내측의 상은 변함이 없다. 외측의 주형을 무너뜨리면 상은 금색으로 빛난다"이다. 이 비유의 기본적인 주제는 역시 외측과 중심 몸이다. 다만『보성론』이 주목한 것은 이 주제가 아니라, '경상鏡像(pratibimba)'이라고 하는 측면이다(〔14〕). 곧 '상像'은 무언가의 '모조품(본품이 아닌 것)'이고,『보성론』은 그 '모조품'으로서의 측면을 응신應身이라고 해석한 것이다. 다만 제7유 '지장地藏(진금상)'도 "누

---

26 高崎, 전게서(앞의 주 13, 두 번째), pp. 29~30 참조.

더기 천으로 감싼 '금상'"의 비유를 사용하고 있다. 따라서 '모조품'이라는 테마를 읽어들이는 것은 반드시 제9유만이라고는 한정되지 않는다.

필자는 이상과 같은 『보성론』의 해석을 유일하게 올바른 해석이라고는 생각하지 않는다. 『보성론』은 제5유와 제6유를 두 종류의 종성種性(gotra)으로 간주하고, 제8유를 보신報身으로 이해하며 제9유를 응신應身으로 해석하고 있는데, 이와 같이 발전된 교의가 『여래장경』을 창작하는 데 있어서 고려되고 있었다고는 생각할 수 없기 때문이다. 그러나 그 해석에는 일정한 근거도 존재한다. 그 근거는 비유 표현의 다의성에 있다. 제6유 '수(과)樹(果)'와 제8유 '전륜성왕'은 비유에 "시간의 경과에 의한 내용의 변화"를 읽어 들이는 것이 가능하다.

또한 제9유 '경상鏡像'의 '상像'을 '모조품'이라고 간주하는 것도 가능하다. 곧 『보성론』이 『여래장경』의 9유에 부처의 삼신을 읽어 들인 이유는, 『여래장경』 자체가 '여래'에 대한 명료한 교의상의 규정을 부여하고 있지 않은 데 있다.[27] 역으로 말하자면, 『보성론』의 해석에 의해서 『여래장경』은 그 비유에 교의적인 의미를 부여받은 것이 된다. 비유에 의한 해설은 어디까지나 비유에 지나지 않는다. 그리고 그것을 가능하게 한 조건은 유가행파에 있어서 '2종의 종성種性'과 '부처의 삼신三身'의 형성이다.

---

27 여래장如來藏(tathāgata-garbha)이라는 어휘도 그 복합어 후반부에 garbha라는 비유 표현을 포함하여, 교의적으로 애매한 어휘라고 생각된다. 그뿐만 아니라 필자는 전반부 "如來"도 일종의 암유暗喩라고 간주하고 있다. 세존이라는 존칭 이외에 '여래如來'라는 어휘를 사용한다면 그 교의적 규정은 필요불가결할 것이다.

제6절 결론

필자는 혜원과 『보성론寶性論』의 작자는 동일한 문제에 직면하고 유사한 방향에서 해결을 도모했다고 상정하고 있다. 동일한 문제라는 것은, 부처의 삼신三身과 불성佛性(buddha-dhātu, tathāgata-dhātu)의 관계이다.

상세한 고찰을 필요로 하지만 『승만경勝鬘經』과 『열반경涅槃經』의 단계에서는 부처의 삼신은 설시되고 있지 않다. 물론 『여래장경如來藏經』도 마찬가지이다.

『여래장경』 제1유 〔9〕 ⓑ에는 "有如來智, 如來眼, 如來身. 結加趺坐, 儼然不動"[28]이라고 되어 있고, '여래의 눈' 등의 비유는 묘하게 생생한 인상을 준다. 그러나 비유에는 교의상의 의미는 불충분하다. 『승만경』은 법신法身을 시설하지만, 보신報身에 관해서는 침묵하고 있다. 아마도 『열반경』도 마찬가지일 것이다. 따라서 유가행파, 아마 무착無著의 『섭대승론攝大乘論』에 의해서 부처의 삼신三身이 주장된 이래[29] 유가행파에서는 불성佛性과 삼신三身의 관계가 테마로 된 것이겠다.

유사한 해결책에 관해서는 다음과 같이 정리할 수 있다. 『보성론』의 작자는 2종의 종성種性, 곧 gotra를 매개로 하여 불성과 부처의 삼신을 관련지었다. 그것에 대비해서, 혜원은 부처의 삼신에 의해서 불성을 재해석하고 '삼불성三佛性'이라는 어휘를 만들었다. 그리고 『보살지지경菩薩地持經』을 근거로 하는 '이

---

28 혜원은 이 『如來藏經』의 경문을 "법신유색法身有色"의 전거로 인용한다. 『大乘義章』「無上菩提義」(大正藏 44, 829上26~28行). 또한 『涅槃義記』 卷第八(大正藏 37, 837中6~14行)에서는 이 경문을 취의약출取意略出하여 '법불성法佛性'과 '보불성報佛性'에 의해 해석하고 있다.

29 『攝大乘論』의 삼신三身에 관해서는 袴谷憲昭, 「〈法身〉覺え書」(同 『唯識文獻硏究』 所收, 2008年), pp. 474~501 참조.

종성二種性'에 의해서 '삼불성'의 권위를 고양하고자 했던 것이다.

『여래장경』은 '여래장'이라는 어휘를 최초로 사용한 경전으로서 중요하다. 그러나 중생 가운데 있는 여래에 관하여 비유에 의하여 설시하는 것뿐이어서, 교의상의 정의에는 불충분한 경전이기도 하다.

여래장 사상의 복잡화의 요인은 『여래장경』이 비유를 다양하게 사용한 이래 다른 경전에서도 빈번하게 비유를 사용한 것이 하나의 원인일 것이다.[30]

---

30 마지막으로 「佛性義」(1)에 언급되는 '법불성法佛性'과 '보불성報佛性'의 전거를 지적해 둔다. 다만 되풀이해서 서술해온 바와 같이 용어의 전거는 없다. '법불성法佛性'은 순서대로 『勝鬘經』(大正藏 12, 221下17~18行), 『如來藏經』 第一喩(大正藏 16, 457下2~3行), 『大乘起信論』(大正藏 32, 580上20~22行), 『華嚴經』(大正藏 9, 623下24行~624上15行)이다. 앞의 졸고(앞의 주 1), p. 73, 주 102, 103, 104, 105 참조. '보불성報佛性'은 『涅槃經』(大正藏 12, 519中6~21行). 앞의 졸고(앞의 주 1), p. 73, 주 106 참조. 이것은 '공후箜篌'의 비유에 관한 전거이다. 또한 금회今回 '수자樹子'의 비유에 관한 전거를 더한다. 曇無讖 譯 『涅槃經』에 "若樹子中, 有尼拘陀五丈質者, 何故, 一時不見芽 · 莖 · 枝 · 葉 · 花 · 果形色之異."(大正藏 12, 531上15~17行)라고 되어 있다.

길장吉藏의 교학과 진제眞諦 삼장

오쿠노 미츠요시(奧野光賢)

1.

작년에 '동아시아에 있어서 불성 · 여래장 사상의 수용과 전개'라는 종합 주제로 개최된 제1회 한 · 중 · 일 국제불교학술대회에서, 고스가 요우코 씨(小菅陽子)[1]와 나카니시 히사미 씨(中西久味)[2]의 근래의 연구를 수용하여 「길장의 문헌에 나타난 일승一乘과 불성佛性과의 관계−일승불성설一乘佛性說을 중심으로−」라는 주제로 발표한 한국 금강대학교의 최은영 교수는 중도불성中道佛性이 삼론학의 전통적인 불성설임을 재확인하면서도, '일승불성一乘佛性'이야말로 '길장이 다양한 경전을 주석하면서 경전 간의 우위를 불식시키고 삼승귀일

---

1 小菅陽子, 「吉藏『仁王經疏』について─釋二諦品 「三種佛性說」を中心に─」(『印度學佛敎學硏究』54−2, 2006년)을 참조.
2 中西久味, 「吉藏における眞諦說引用をめぐって─その一試論」(船山徹編『眞諦三藏硏究論集』京都大學人文科學硏究所, 2013년)을 참조.

三乘歸一의 정신을 재인식시키고자 제창한' 길장(549~623)의 독창적인 불성설이라고 주장하였다.[3] 교수의 제안은 앞으로의 길장 연구에 있어서 중요한 지적이라 할 수 있을 것이다.

　그런데 지금으로부터 약 10년 전에 필자도 세 사람이 각자 다루었던 것과 거의 같은 자료를 활용하여 '길장의 불성사상'을 논한 적이 있다.[4] 그래서 이번 기회에 세 사람의 연구에 자극을 받아 다시금 예전의 원고를 검토해 보고 싶다고 생각하게 되었다. 세 사람의 연구 중에서 고스가(小菅) 씨와 나카니시(中西) 씨의 논문은 진제 삼장(499~569)을 중심으로 한 것이었기 때문에[5] 본고는 그들의 학문적 성과를 참조하여 '길장의 교학과 진제 삼장'이라고 제목을 달았다. 아울러 이 분야에 관한 선행연구로서 무타이 고우쇼(務台孝尙) 씨의 논문[6]이 있다는 점을 먼저 언급해 둔다.

2.

　본고에서 필자는 예전의 원고를 토대로 하여,

---

3 『東アジア佛教學術論集』 제1호(2013년, p.67) 참조.

4 졸고 『佛性思想の展開―吉藏を中心とした『法華論』受容史』(大藏出版, 2002년) 제1편 제4장을 참조.

5 小菅 씨의 논문은 종래에 다루어지지 않았던 『인왕반야경소』의 '3종 불성설'에 착안하여 논술하고 있는 점에 특징이 있으며, 中西 씨의 논문은 길장이 진제에 관하여 언급한 사항들을 최대한 빠짐없이 수집하고 있어 유익하다. 단 두 논문 모두 길장의 불성설에 관해서는 그다지 신선한 내용을 보여주진 못하는 것으로 생각된다.

6 務台孝尙, 「吉藏の教學と眞諦三藏」(『駒澤大學大學院佛教學研究會年報』 제18호, 1985년)을 참조. 이 논문에서 務台 씨는 길장 저작에 나오는 진제 삼장이 번역한 경론의 인용정보를 개략적으로 제시하고 더불어 빈번하게 인용되는 부분을 적기摘記하고 있다.

(1) 길장의 불성 이해가 진제 역 『불성론佛性論』에 근거한다.

(2) 『불성론』에 근거하여 길장은 '일천제성불설一闡提成佛說'을 인정한다.

(3) 길장은 진제 역 『섭대승론석攝大乘論釋』의 내용을 수용하여 '전근轉根'
의 이치(義)를 인정한다.

고 하는 세 가지 사항을 재확인하고자 한다.

(1)

『승만보굴勝鬘寶窟』 하권의 「제2석명문第二釋名門」에는 진제 역 『불성론』[7]에
의거해 다음과 같이 설명하는 부분이 있다.[8]

A. 『승만보굴勝鬘寶窟』 하권 「제2석명문釋名門」

第二釋名門者. 言如來者. 體如而來. 故名如來. 依佛性論. 藏有三種. 一所
攝藏. 二隱覆藏. 三能攝藏. 所攝藏者. 約自性住佛性. 說一切衆生無有出
如如境者. 竝爲如如之所攝. 故名藏也. 則衆生爲如來所藏也. 隱覆藏者.
如來性住在道前. 爲煩惱隱覆. 衆生不見. 故名爲藏. 前是如來藏衆生. 後
是衆生藏如來也. 能攝藏者. 謂果地一切過恒沙功德. 住應得性時. 攝之以
盡. 故能攝爲藏也. 第一句以實攝妄. 第二句以妄攝實. 第三句以實攝實.

---

7 『불성론』의 문헌학적 문제에 관해서는 高崎直道, 「佛性論解題」(新國譯大藏經　論集部二
『佛性論・大乘起信論(舊・新二譯)』(大藏出版, 2005년)을 참조. 해제에서 高崎 박사는 "진
제 삼장은 『보성론』을 상세히 알고 있었으며, 그뿐 아니라 『불성론』 나아가 『무상의경』도 진
제 본인이 저술한 것이 아닐까"(p.64)라고 말하고 있다. 아마도 이를 수용하여 中西 씨는
"현재로서는 진제의 저술로 간주되고 있는 『불성론』"이라고 기술한 것으로 생각된다(위의
中西 논문, p.252).

8 『勝鬘寶窟』의 원문은 大正藏의 각주에 의해 수정한 부분이 있다.

問.旣得以實攝實.亦得以妄攝妄不.

答.亦有.以一切煩惱竝攝在五住之中.前文云斷一切煩惱藏也.

又此文中.出生如來.是故亦名如來藏.雖有諸義.今此文中如來在隱不現也.故名如來藏.三藏云.亦言如來胎.如來藏在煩惱之中.名如來藏.如來藏卽是佛.佛性有三.一自性住佛性.二引出佛性.三至得佛性.引出佛性.從初發意至金剛心.此中佛性名爲引出.引出者.凡出五住.一出闡提.二出外道.三出聲聞.四出緣覺.五出菩薩無明住地位.諸佛三身.卽是至得佛性.以前二爲本.此語出佛性論.(大正藏 37, 67중-하)

즉, 기술의 서두에서 길장은 "장藏에 3종류가 있다"고 서술하면서『불성론』2권「제3여래장품」에 의거하여 논의를 진행하고, 기술의 후반부에서 다시 "불성에 셋이 있다"고 하고서, 이 또한『불성론』에 의거해 자신의 주장을 개진한다. 여기서 길장이 이용한『불성론』의 원문을 차례대로 제시하면 다음과 같다.

① 『불성론』 2권 「제3여래장품如來藏品」

復次如來藏義有三種應知.何者爲三.一所攝藏.二隱覆藏.三能攝藏.一所攝名藏者.佛說約住自性如如.一切衆生是如來藏.言如者.有二義.一如如智.二如如境.竝不倒故名如如.言來者.約從自性來.來至至得.是名如來.故如來性雖因名.應得果名.至得其體不二.但由淸濁有異.在因時爲違二空故起無明.而爲煩惱所雜故名染濁.雖未卽顯.必當可現故名應得.若至果時.與二空合.無復惑累.煩惱不染.說名爲淸.果已顯現故名至得.譬如水性.體非淸濁.但由穢不穢故.有淸濁名.若泥滓濁亂故不澄淸.雖不澄淸.而水淸性不失.若方便澄渟.卽得淸淨.故知淨不淨名.由有穢無穢故得.非關水性自有淨穢.應得至是二種佛性亦復如是.同一眞如.無

有異體. 但違空理故起惑著. 煩惱染亂故名爲濁. 若不違二空. 與如一相. 則不起無明. 煩惑不染. 所以假號爲清. 所言藏者. 一切衆生悉在如來智內 故名爲藏. 以如如智稱如如境故. 一切衆生決無有出. 如如境者. 竝爲如來 之所攝持故名所藏. 衆生爲如來藏. 復次藏有三種. 一顯正境無比. 離如如 境.無別一境出此境故. 二顯正行無比. 離此智外. 無別勝智過此智故. 三 爲現正果無比. 無別一果過此果故. 故曰無比. 由此果能攝藏一切衆生故. 說衆生爲如來藏. 二隱覆爲藏者. 如來自隱不現. 故名爲藏. 言如來者. 有 二義. 一者現如不顚倒義. 由妄想故. 名爲顚倒. 不妄想故. 名之爲如. 二者 現常住義. 此如性從住自性性來至至得. 如體不變異故是常義. 如來性住 道前時. 爲煩惱隱覆. 衆生不見故名爲藏. 三能攝爲藏者. 謂果地一切過恒 沙數功德. 住如來應得性時. 攝之已盡故. 若至果時方言得性者. 此性便是 無常. 何以故. 非始得故.故知本有. 是故言常.(大正藏 31, 795하-796상)

② 『불성론』 2권 「제1 삼인품三因品」

復次佛性體有三種. 三性所攝義應知. 三種者. 所謂三因三種佛性. 三因 者. 一應得因. 二加行因. 三圓滿因. 應得因者. 二空所現眞如. 由此空故. 應得菩提心. 及加行等. 乃至道後法身. 故稱應得. 加行因者. 謂菩提心. 由 此心故. 能得三十七品. 十地十波羅蜜. 助道之法. 乃至道後法身. 是名加 行因. 圓滿因者. 卽是加行. 由加行故. 得因圓滿. 及果圓滿. 因圓滿者. 謂 福慧行. 果圓滿者. 謂智斷恩德. 此三因前一則以無爲如理爲體. 後二則 以有爲願行爲體. 三種佛性者. 應得因中具有三性. 一住自性性. 二引出 性.三至得性. 記曰. 住自性者. 謂道前凡夫位. 引出性者. 從發心以上.窮有 學聖位. 至得性者. 無學聖位.(동, 794상)

③『불성론』4권「제9무변이품無變異品」

後五譬佛性者. 佛性有二種. 一者住自性性. 二者引出性. 諸佛三身. 因此
二性故得成就. 爲顯住自性故. 說地中寶藏譬. 此住自性佛性者. 有六種德
故如寶藏. 一者最難得. 佛性亦爾. 於無數時節. 起正勤心. 因福德智慧滿
足莊嚴. 方始顯現故. 譬如意寶藏. 由勝因乃感. 二者淸淨無垢. 由佛性與
煩惱不相染故. 是故譬如意寶. 不爲不淨所汚. 三者威神無窮. 明六神通
等功德圓滿故. 如意寶亦爾. 隨意能辨故說寶藏譬. 四者能莊嚴一切世間
功德善根. 於一切處相稱可故. 如意寶亦爾. 能爲世間種種莊嚴具. 五者最
勝. 於一切法中無與慧與等故. 亦如如意寶. 物中最勝故. 說寶藏爲譬. 六
者八種世法中無有變異. 爲十種常住因故. 眞寶亦爾. 雖燒打磨不能改其
自性故. 取寶藏以譬住自性佛性. 二者引出佛性. 從初發意. 至金剛心. 此
中佛性名爲引出. 言引出者. 凡有五位. 一能出闡提位. 二能出外道位. 三
出聲聞位. 四出獨覺位. 五出菩薩無明住地位.(동, 808중–하)

그런데 앞의 A『승만보굴』중에서 "여래장은 번뇌 속에 있는 것을 여래장이
라고 한다. 여래장이란 곧 불성이다"라는 기술이 있었는데, 그러한 입장은 예
를 들면『법화론소法華論疏』나『열반경유의涅槃經遊意』에도 다음과 같이 나오듯
이 길장에게 있어서 일관된 것이었다.

B.『법화론소』상권

言實相者謂如來藏法身之體不變義故如來藏者. 在煩惱之內名如來藏. 亦
名如來胎. 法身之體不變義故者. 雖在煩惱不爲煩惱所染. 故名不變.(大正
藏 40, 806상)

C.『열반경유의』

<u>隱而不說亦名如來藏</u>. 今敎顯一切衆生皆有佛性. 佛性是我義.衆生依方
等大敎臨. 度斷除顚倒. <u>則顯如來藏</u>. <u>藏顯則名法身</u>. 顯衆生有佛性. 則
顯衆生是佛性根本. 衆生是佛故有佛性. 非佛則不得有佛性.(大正藏 38,
231중)

이상으로부터 A『승만보굴』의 기술이 대체적으로『불성론』을 그대로 전제
로 하여 이루어진 것임을 알 수 있다. 또한 기술의 후반부에서 "불성에 셋이
있다"고 하면서 '자성주불성自性住佛性', '인출불성引出佛性', '지득불성至得佛性'
의 '3불성'의 명칭을 들고 있는데, 이 '3불성'에 대해 길장이 기술의 말미에서
"제불의 삼신三身은 곧 지득불성이다. 이전의 둘을 근본으로 한다"고 하는 점
에 주의할 필요가 있다. 따라서 길장 스스로가 그와 같이 말하고 있는 이상,
길장에게 있어서는 '자성주불성'과 '인출불성'이 보다 중요한 것이었다고 추측
할 수 있다.

그런데 이 '자성주', '인출', '지득'의 '3불성'은 앞서 원문을 제시했던 ②『불성
론』2권「삼인품三因品」을 보면, 후반부의 밑줄 친 부분에서 분명하게 드러나듯
이 '응득인應得因'을 개발開發한 것이라고 설명되어 있음을 알 수 있다.

길장이 "불성에 셋이 있다"고 하고서 이와 같이 '자성주불성', '인출불성', '지
득불성'의 소위 말하는 '3불성'을 제시하는 것은 A『승만보굴』이외에도, 예를
들면 다음의 인용에서 확인된다.

D.『승만보굴』하권

是故如來藏是依是持是建立也. 結也. 以體是無爲常住. 故能爲衆生作依
持建立. 是所依處名依. 持者連持令不斷絶. 建立者始終令得成佛. 三藏

師意. 依者卽自性住佛性. 不從緣有. 名爲自性體是常法. 故名爲住. 以是
常住. 爲生死作依也. 持者卽引出佛性. 由有佛性. 故得修行顯出本有之
法. 故名爲持. 建立者卽至得果性. 以有佛性.故成果德. 名爲建立.(大正藏
37, 83상)

E. 『십이문론소十二門論疏』 상권 「관인연품觀因緣品」 제3근본문根本門第三

問. 萬行爲因乘. 衆德爲果乘. 此論但明空義. 云何釋大乘耶.

答. 此論明於乘本. 乘本若成乘義則立. 言乘本者所謂諸法實相. 契斯實相
則發生般若. 由般若故導成萬行. 皆無所得能動能出. 故名爲乘. 又今明實
相則具萬德. 對虛妄故名之爲實. 用之爲身目爲法身. 諸佛以此爲性稱爲
佛性.遠離二辺名爲中道. 照無不淨目爲般若. 累無不寂稱爲涅槃. 故但明
實相卽萬義皆圓.

問. 云何悟此實相.

答. 以十二種門通於實相. 令諸衆生從一一門得悟實相. 又乘有三種. 一
乘因. 二乘緣. 三乘果. 乘因者所謂實相. 乘緣者卽是萬行. 乘果者謂如來
法身.

問. 何故但明此三.

答. 由實相故萬行成. 萬行成故果德立. 要須辨三.

問. 何處有此三文.

答. 攝大乘論明. 乘有三. 一者性乘謂眞如. 二隨乘卽萬行. 三得乘謂佛
果.此三猶一體. 但約時故分三. 卽是三種佛性義. 性乘謂自性住佛性.隨乘
謂引出佛性. 修於萬行引出因中佛性. 三果乘則果德佛性. 此三佛性釋涅
槃經甚精. 是故涅槃經. 或時明佛性是果. 或時明是因. 或明佛性是空. 此
論正釋於空. 則是釋根本佛性. 故涅槃云. 佛性者名爲一乘. 今旣釋一乘卽

釋佛性.

問. 三論但明空義. 正可釋於大品. 云何解佛性一乘.

答. 三論通申大小二教. 則大乘之義悉在其中. 豈不明一乘佛性.

問. 何處有明一乘佛性文耶.

答. 中論四諦品云. 世尊知是法甚深微妙相非鈍根所及. 是故不欲說. 此卽法華之文.

法華還序初成道時華嚴之事. 明知華嚴法華顯在中論之內. 又偈云. 雖復懃精進修行菩提道. 若先非佛性終不得成佛. 長行釋云. 如鐵無金性. 雖復鍛鍊終不得成金. 卽佛性文也. 觀如來品明法身絶四句超百非. 與涅槃經金剛身品更無有異. 卽法身文也. (大正藏 42, 136하-137상)

F. 『법화론소』 중권

如來依彼三種平等說一乘法故以如來法身與彼聲聞法身平等無異故故與授記. 難意云. 聲聞若不成佛云何虛妄爲之受記. 是故先釋云. 以如來法身與聲聞法身平等無異故與受記. 非是虛妄.

問. 前云得決定心故與受記. 後明依佛性平等故與受記. 此二何異.

答. <u>前是緣因後是正因. 又前是引出佛性. 後是自性住佛性.</u> 所以爲異非是其足修行功德者. 第二双非結酬前兩難也. (大正藏 40, 818중)

먼저 D『승만보굴』은 경의 「자성청정장自性淸淨章」에서 말하는 "是故如來藏. 是依是持是建立"(大正藏 12, 222중)을 주석한 부분인데, 여기서 길장은 '依'를 '자성주불성'에, '持'를 '인출불성'에, '建立'을 '지득과(불)성'에 배대하고 있다.

다음으로 F『법화론소』를 보면 기술 후반부의 밑줄 친 부분에서 분명하게 알 수 있듯이, 여기서는 '자성주불성'이 '정인불성正因佛性'으로 '인출불성'이 '연인불성緣因佛性'으로 되어 있다. 길장의 불성 이해의 기본적 입장이 『열반경』에 근거한 '정인正因' '연인緣因'의 2종 불성에 있다는 것은 주지의 사실인데,[9] 이러한 점을 감안한다면 길장이 앞의 A『승만보굴』에서 "제불諸佛의 삼신三身은 곧 지득불성이다. 이전의 둘을 근본으로 한다"고 기술한 것은 이러한 사정을 반영한 것이었다고 볼 수 있다.

　마지막으로 E『십이문론소』「근본문根本門」의 설명은 필자가 '자성주', '인출', '지득'의 '3불성'을 고찰하는 데 있어서 가장 중요하다고 생각하는 기술이다.[10] 먼저 이『십이문론소』에서 길장은 "승乘에 3종류가 있다"고 하고서 이를 다음과 같이 배대한다.

　가. 「승인乘因」—「실상實相」
　나. 「승연乘緣」—「만행萬行」
　다. 「승과乘果」—「여래법신如來法身」

　이어서 왜 이 셋을 설명하는가 하는 물음에 대해 길장은 "실상實相에 의거하기 때문에 만행萬行이 이루어지고, 만행이 이루어지기 때문에 과덕果德이 확립된다"고 답하고 있음을 알 수 있다. 따라서 이를 도식화하면

　　「실상實相」→「만행萬行」→「과덕果德」

이라는 도식이 도출될 것이다. 나아가 길장은 『섭대승론』을 논거로 삼아[11] 이

9　각주(4)의 졸저 pp.194-204을 참조.
10　이『십이문론소』의 기술에 대해서는 최은영 교수도 검토를 하고 있다.
11　『섭대승론』 본문에는 길장이 말하는 것과 같은 구절은 없다. 진제 역『섭대승론석』(세친 석)

를 다음과 같이 배대한다.[12]

　　가. 「성승性乘」— 「진여眞如」— 「자성주불성自性住佛性」
　　나. 「수승隨乘」— 「만행萬行」— 「인출불성引出佛性」
　　다. 「득승得乘」— 「불과佛果」— 「과덕불성果德佛性」

여기서는 앞의 '지득불성至得佛性'이 '과덕불성果德佛性'으로 되어 있지만 의미상 큰 차이는 없을 것이다. 또한 이 '3불성'에 대해서 길장이 "또한 하나의 체(一體)이지만, 다만 때에 의거하므로 셋으로 나눈다"고 하고, 나아가 "이 3불성은 열반경을 보면 매우 분명하다(此三佛性釋涅槃經甚精)"고 기술하고 있는 점은 중요하다. 왜냐하면 길장이 의거하고 있는『불성론』의 원문 ②에는 다음과

───────────

15권에 "論曰. 五救濟乘爲業. 諸菩薩欲偏行別乘. 及未定根性聲聞. 能安立彼爲修行大乘故釋曰. 此明眞實敎力. 乘有人法. 人有大乘人有小乘人. 法有方便乘法有正乘法. 轉方便乘修治正乘故. 名救濟乘. 摩訶般若經說. 乘有三義. 一性義二行義三果義(이하 생략)"(大正藏 31, 264)라고 되어 있다. 더불어 이 점에 대해서는 平井俊榮『法華文句の成立に關する硏究』제1편 제3장『法華玄義』と『法華玄論』」(春秋社, 1985년, pp.132-133)을 참조 바란다.

12 길장이 그의 저서에서『섭대승론』에 의거해 종종 "乘에 삼의三義가 있다"고 기술하고 있는 것에 대해서는 각주(6)의 務台의 논문이 이를 지적하고 있다. 나아가 務台 씨는 그 논문에서 길장이 '승乘의 삼의三義'에 관련하여 설하는 부분에 대해서도 개괄적으로 정리하고 있다. 지금 본문에서 제시한『십이문론소』의 예를 제외하고 務台 씨가 지적하는 것을 들면 다음과 같다. ①『법화현론』3권 "攝大乘論引波若云. 乘有三種因乘緣乘果乘. 果乘者謂常樂我淨"(大正藏 34, 383상) ②『법화현론』4권 "攝大乘論有三. 謂乘因乘緣乘得. 乘因者謂眞如佛性. 第一義空爲乘因. 乘緣謂万行. 乘得卽佛果也"(大正藏 34, 390하) ③『법화론소』중권 "云何以平等法身爲一乘体. 答. 乘有三種. 一性乘. 二隨乘. 三乘得. 性乘卽是眞如法身. 要由有眞如法身. 然後修於万行称曰乘隨. 証得佛果名爲乘得"(大正藏 40, 813상) ④『대승현론』3권 "一乘体者. 正法中道爲体. 攝論云. 性乘行乘果乘"(大正藏 45, 42중) 단, 현재 필자는『대승현론』의 길장의 찬술에 대해 의문을 갖고 있다.

같이 되어 있었기 때문이다. 번거롭지만 이를 다시 제시하면 다음과 같다.

②『불성론』 2권 「제1 삼인품三因品」

復次佛性體有三種. 三性所攝義應知. 三種者. 所謂三因三種佛性. 三因
者. 一應得因. 二加行因. 三圓滿因. 應得因者. 二空所現眞如. 由此空故.
應得菩提心. 及加行等. 乃至道後法身. 故稱應得. 加行因者. 謂菩提心. 由
此心故. 能得三十七品. 十地十波羅蜜. 助道之法. 乃至道後法身. 是名加
行因. 圓滿因者. 卽是加行. 由加行故. 得因圓滿. 及果圓滿. 因圓滿者. 謂
福慧行. 果圓滿者. 謂智斷恩德. 此三因前一則以無爲如理爲體. 後二則以
有爲願行爲體. 三種佛性者. 應得因中具有三性. 一住自性性. 二引出性.
三至得性. 記曰. 住自性者. 謂道前凡夫位. 引出性者. 從發心以上. 窮有學
聖位. 至得性者. 無學聖位. (大正藏 31, 794상)

앞서 설명한 바와 같이 후반부의 밑줄 친 부분을 통해서, 먼저 '주자성성住
自性性',[13] '인출引出', '지득至得'의 '3불성'은 '응득인'을 개발한 것으로 '응득인'
속에 구유具有된 것임을 확인할 수 있다. 나아가 이 '응득인'이란 "이공소현二
空所顯의 진여를 말하며, 이것이 공空함으로 말미암아 마땅히 보리심, 가행, 나
아가 도를 얻은 후 법신 등을 획득할 수 있는 것"이기 때문에 '응득應得'이라
불리는 것임을 이해할 수 있다.

즉 이것은 「진여」→「보리심」→「법신」이라는 도식에 의해서 '불과佛果'를 얻
을 수 있다고 하는 주장일 것이다.[14] 그리고 이 도식은 앞서 보았던 E『십이문

---

13 길장은 '주자성성住自性性'을 '자성주불성自性住佛性'이라 하고 있는데, 동의어로 보아 문
    제가 없을 것이다.

14 각주 (7)의 「해제」에서 高崎 박사는 다음과 같이 말한다. "이 논서의 독자적인 설로서 다소

론소』의 「실상實相」→「만행萬行」→「과덕果德」의 도식과 절묘하게 일치한다.[15]

한편 『법화현론』 4권에는 위의 논의와 관련하여 다음과 같은 기술이 있는

설명이 필요한 것이 「삼인품三因品」이다. 여기서 삼인이란 '응득인', '가행인', '원만인'으로, 순서대로 '이공소현의 진여', '발보리심', '가행'을 가리킨다고 말해지며, 전자가 후자의 '인因'으로 간주된다. 따라서 응득인인 불성이 있으므로 응득의 보리를 향한 발심이 있고, 가행이 있으며, 그리고 마지막으로 원만, 즉 보리·불위佛位의 획득이 있다. 그것은 복지(福智)의 두 자량이라고 하는 가행의 원만과 붓다에게 갖추어진 지智·단斷·은恩 3덕의 원만을 내용으로 한다고 말해진다. 그러나 근원적으로 '불성이 획득되어야 할 불佛·보리의 원인인 이유는 그것이 진여와 다름없기 때문이다'라고 하는 것이 이 삼인三因의 논리이다 (p.32, 밑줄 奧野)."

15 이러한 도식을 필자는 예전 논문에서 '흐름(流れ)'이라 불렀고 후세의 말로 표현하자면 '진여수연眞如隨緣적 이해'가 아닐까라고 기술했다. 당연한 것이지만 '진여수연眞如隨緣'이라는 말은 화엄의 法藏(643~712)에게서 유래한다. 그래서 필자도 "후세의 말로 표현하자면"이라고 말한 것인데, 필자가 '진여수연'이라는 말을 사용한 데에는 다분히 다음과 같은 塩田義遜 박사의 『불성론』 해설의 영향이 있었다. 즉 塩田 박사는 그의 저서 『法華敎學史の硏究』 제1편 제3장 「世親の法華經觀」(地方書院, 1960년)에서, 먼저 『불성론』의 '삼인三因'에 대해 "불성론 제2 삼인품에서는 응득·가행·원만의 삼인을 제시하고, 이공소현二空所顯의 진여불성眞如佛性을 응득인, 보리심을 가행인이라 하고, 원만인이란 37품 중 바라밀 등의 가행에 의해 복혜지단福慧智斷의 인因을 원만히 성취하는 인因이라 하는데, 그 중에서 응득인은 무위의 진여를 체體로 하고 뒤의 두 인은 유위의 원행願行을 체로 한다고 설한다. 이 삼인三因에 의거하여 자주自住·인출引出·지득至得의 3불성을 설하고, 주자성불성은 도전道前의 범부위凡夫位, 인출불성은 발심 이상의 학위學位, 지득불성은 무학의 성위聖位"(p.76)라고 해설하였다. 또한 "이와 같이 여래장 즉 진여뢰야眞如賴耶 위에 여여경如如境의 이념뿐 아니라, 승만경 등에 의거하여 여여지如如智에 의한 응득의 작용 즉 진여수연의 이치(義)를 인정한 것은 이공소현의 진여를 응득불성으로 설한 것인데, 이것이 세친 불성론의 특징인 것이다. 이렇듯 세친이 이공소현의 진여를 응득보리심의 불성이라 하고 그 불성에 또한 인출·지득의 두 가지 인을 더해 삼인불성설三因佛性說을 제시한 것은, 불성이 있기 때문에 보리심이 일어나고, 보리심이 있기 때문에 수증修證의 불과佛果를 성취할 수 있다고 하는 후세 천태의 삼인불성설의 근거라고 해야 할 것이다"(p.77, 밑줄=奧野)라고 기술하고 있다. 또한 武邑尙邦, 『佛性論硏究』(百華苑, 1977년, pp.215-218)도 함께 참조할 것. 다만 지금은 '진여수연'의 정의에 관해서 좀 더 신중할 필요가 있다고 생각하게 되어, 예전 논문의 '진여수연적 이해'라는 표현을 현재로서는 보류하고자 한다.

데, 이로써 길장의 입장은 보다 분명해진다.

G. 『법화현론』4권

次中辺分別論明乘有五. 一乘本謂眞如佛性. 二乘行卽福慧等. 三乘攝謂
慈悲心. 引一切衆生悉共出生死. 四乘障謂煩惱障及智障. 三界內煩惱名
煩惱障. 餘障一切行解名爲智障. 五者乘果卽佛果也.

唯識論解乘有三體六義. 三體同前. 一自性二空所顯眞如是也. 二隨流隨
順自性流. 福慧十地等法是也. 三至果卽隨流所出無上菩提. 及一切不共
法也. 六義者一體是如如空出離四謗. 二者因謂福慧三者攝攝一切衆生
四境界了眞俗修二諦. 五障卽皮肉心三障. 六果謂無上菩提. 此六義次第
者正以眞如爲根本. 以有如此故起福慧二行. 起福慧二行故能攝一切衆
生. 攝一切衆生由照眞俗. 迷境故成惑. 則失乘理. 見境故能除惑. 除惑故
得佛果也.

問. 乘是何義.

答. 彼論釋云. 乘是顯載義. 由眞如佛性故出福慧等行. 由福慧等行故出佛
果. 佛果載出衆生. 攝大乘論有三. 謂乘因乘緣乘得. 乘因者謂眞如佛性.
第一義空爲乘因. 乘緣謂萬行. 乘得卽佛果也.

問. 眞如佛性云何爲乘體也.

答. 唯有眞如佛性爲眞實. 修萬行爲欲顯此佛性. 佛性顯故名爲法身. 此三
要相須. 以佛性是本. 故名爲因. 雖有因復須緣因. 因緣具故得果. 今不違
此說也.

法華論亦明三種. 一乘體. 謂如來平等法身. 卽是佛性爲乘體. 又云佛乘者
謂如來大般涅槃. 此卽明佛果爲乘體. 此隱顯爲異實無兩也. 又釋汝等所
行是菩薩道. 及低頭擧手之善發菩提心修菩薩行. 卽是了因乃爲乘緣也.

此猶是三種佛性義耳. 乘緣謂引出佛性卽了因也. 乘體謂因佛性. 乘果謂
果佛性. 不說果果性者. 果果性還屬果門. 不說境界性者屬因門又廣說有
五.略卽唯三也.

又望于十二門論乘具四事. 一者乘本. 謂諸法實相. 由實相生波若故實相
爲本. 卽是乘境義. 二者乘主. 由波若故萬行得成故波若爲主. 卽智慧.三
者乘助. 除波若外餘一切行資成波若. 四者乘果乘此乘故得薩婆若也.

又此經明乘有三事. 一車二牛三賓從. 車通因果萬德萬行. 牛亦通因果. 中
道正觀離斷常之垢爲白. 由此觀故引萬行出生死如牛. 此卽波若導衆行義
也.(大正藏 34, 390하-391상)

길장은 먼저 서두에서 "중변분별론中邊分別論에는 승乘에 다섯이 있다", "유
식론唯識論에서 승을 해설함에 3체體와 6의義가 있다"고 하고서 이를 다음과
같이 배대한다.

『중변분별론』—「승乘에 다섯이 있음」

　　가.「승본乘本」—「진여불성眞如佛性」

　　나.「승혜乘慧」—「복혜 등福慧等」

　　다.「승섭乘攝」—「자비심慈悲心」

　　라.「승장乘障」—「번뇌장煩惱障　지장智障」

　　마.「승과乘果」—「불과佛果」

『유식론』—「승乘을 해설함에 3체體와 6의義가 있음」

「3체體」

　　가.「자성自性」—「진여眞如」

나. 「수류隨流」— 「복혜십지등법福慧十地等法」

다. 「지과至果」— 「무상보리無上菩提」

「6의義」

가. 「체體」— 「여여공如如空」(出離四諦)

나. 「인因」— 「복혜福慧」

다. 「섭攝」— 「섭일체중생攝一切衆生」

라. 「경계境界」— 「요진속수이제了眞俗修二諦」

마. 「장障」— 「피육심삼장皮肉心三障」

바. 「과果」— 「무상보리無上菩提」

위의 『중변분별론』과 『유식론』에 관해서는 이미 히라이 슌에(平井俊榮) 박사가 현재 필자의 문제의식과는 전혀 다른 관점에서 위 기술에 착안하여[16] 다음과 같이 언급하였다. 즉 길장이 인용하는 『중변분별론』의 문장은 현존하는 대장경에는 보이지 않으며, 『유식론』도 "현존하는 『대승유식론』이나 그 밖의 다른 어떤 유식관계 논서에도 해당하는 것이 없어, 오늘날 전해지지 않는(缺本) 진제의 저작으로 생각된다"[17]고 지적하였다.

또한 박사는 위의 『중변분별론』의 인용에 대해 길장이 다음의 진제 역 『섭대승론석』(세친 석)에서 인용한 것이라고 추정하고 있다. 즉 『섭대승론석』에는 다음과 같이 되어 있다.

---

16 각주(11) 平井, 『法華文句の成立に關する研究』 제1편 제3장 『法華玄義』と『法華玄論』을 참조.

17 각주(11) 平井, 『法華文句の成立に關する研究』 p.132 참조.

④ 세친 석 진제 역『섭대승론석』15권

論曰. 五救濟乘爲業. 諸菩薩欲偏行別乘. 及未定根性聲聞. 能安立彼爲
修行大乘故釋曰. 此明眞實敎力. 乘有人法. 人有大乘人有小乘人. 法有
方便乘法有正乘法. 轉方便乘修治正乘故. 名救濟乘. 摩訶般若經說. 乘
有三義. 一性義二行義三果義. 二空所顯三無性. 眞如名性. 由此性修十
度十地名行. 由修此行. 究竟証得常樂我淨四德名果. 又中辺論說乘有五
義. 一出離爲體謂眞如. 二福慧爲因能引出故. 三衆生爲攝. 如根性攝令
至果故. 四無上菩提爲果. 行究竟至此果故. 五三惑爲障. 除此三惑. 前
四義成故. 諸菩薩在十信位中. 修大行未堅固. 多厭怖生死. 慈悲衆生心
猶劣薄. 喜欲捨大乘本願修小乘道. 故言欲偏行別乘. 小乘說聲聞. 若得
信等五根不名定根以未得聖故. 若得未知欲知等三根則名定根. 以得聖
故. 若至頂位不名定性. 以不免四惡道故. 若至忍位名爲定性. 以免四惡
道故. 若依小乘解. 未得定根性. 則可轉小爲大. 若得定根性則不可轉. 如
此聲聞. 無有改小爲大義. 云何得說一乘. 今依大乘解. 未專修菩薩道. 悉
名未定根性故. 一切聲聞皆有可轉爲大義. 安立如此大小乘人. 令修行大
乘.(大正藏 31, 264하-265상)

히라이 박사가 지적한 대로, 길장이『섭대승론석』의 위 부분을 G『법화현론』
4권의 토대로 삼고 있다는 것은 의심의 여지가 없는 사실이다.『법화현론』에서
말하는 "攝大乘論有三. 謂乘因乘緣乘得"의 기술이『섭대승론』의 본문에는 보
이지 않고, ④『섭대승론석』의 "마하반야경설摩訶般若經說" 이하의 문장과 유사
하다고 하는 점도 히라이 박사의 지적의 타당성을 뒷받침한다고 할 수 있다.[18]

---

18 히라이 박사는 길장이 동일한 문맥인『대승현론』3권「일승의一乘義」에서는 "攝論云.性乘
行乘果乘"(大正藏 45, 42중)이라고 인용하고 있음을 지적하면서, 이 사실로부터 미루어

그런데 이 『섭대승론석』의 문맥은 문장 중에 "一切聲聞皆有可轉爲大義"라고 되어 있듯이, 일체 성문의 '전근轉根'을 인정하는 내용이라는 점에 주의해야 한다.[19] 이 점에 대해서는 뒤의 (3)에서 다시 언급할 것이다.

어찌되었건 위와 같은 배경을 지닌 『법화현론』 4권의 『중변분별론』과 『유식론』의 '承乘'에 관한 견해를 총괄하면서 길장은

이 6의義의 순서는 바로 진여를 근본으로 한다. 이 여如가 있기에 복혜福慧의 두 가지 행(二行)를 일으킨다. 복혜福慧의 두 가지 행을 일으키기 때문에 일체 중생을 포섭한다. 일체 중생을 포섭하는 것은 진속眞俗을 비춤에 의하는 것이다. 경境에 미혹하기 때문에 혹惑이 된다. 즉 승乘의 이치(理)를 잃는다. 경境을 보기 때문에 능히 혹을 제거한다. 혹을 제거하기 때문에 불과佛果를 얻는다.

라고 말하고 있다. 즉 그 내용은 앞서 본 『불성론』에 근거한 이해와 완전히 동일한 것으로 이해할 수 있다. G 『법화현론』에서는 그 뒤에 『섭대승론』,[20] 『법화

　『법화현론』의 '승인乘因·승연乘緣·승득乘得'의 3의는 『섭론석』의 3의를 변용한 것이라고 기술하고 있다. 각주(11) 『法華文句の成立に關する硏究』(p.132) 참조. 또한 각주(11)의 務台 씨의 논문도 함께 참조할 것.

19　이 『섭대승론석』에 관해서 勝呂信靜 박사는 "오른쪽의 내용은 소승불교에서는 인위忍位 이상에 대해 근성이 결정된 것으로 보아 성문의 전근轉根을 인정하지 않지만, 대승에서는 일체의 성문을 부정성不定性으로 보아 전근성불轉根性佛을 인정한다고 하는 취지의 것이다. 진제의 번역에 드러나는 사상은 정성·부정성의 구별을 넘어서 일체 성문(혹은 일체 중생)의 성질을 부정성不定性으로 보는 데에 있는 것으로 생각되는데, 이것은 삼승각별설·오성각별설의 부정으로 이어지는 사상이다"(勝呂, 『初期唯識思想の硏究』 春秋社, 1989년, 제2편 제3장, p.483 주(74), 밑줄=奧野)라고 기술하고 있다.

20　『섭대승론』 원문에는 없다. 세친 석, 진제 역 『섭대승론석』 15권(大正藏 31, 264하)을 참조. 또한 이 『섭대승론』의 인용에 관해서는 각주(11)의 平井의 저서를 참조할 것.

론』,[21] 『십이문론』,[22] 『법화경』[23]이 인용되면서 논의가 진행되지만, 길장의 주장은 위 기술 내용의 범위를 벗어나지 않는다. 그 중에서『십이문론』의 인용부분에 관해서는 위의 E『십이문론』의 기술이 이것과 상응한다.

이상의 논의에 의해 길장이 진제 역『불성론』의 이해에 입각해서 '불성'에 관한 논의를 진행했다는 점이 확인되었으리라 생각한다.

(2)

한편, 다음으로 근래에 후지이 교우코(藤井敎公) 씨는『법화론소』의 아래 문장에 주목하여 이를 통해 길장의 입장이 '일천제성불설一闡提成佛說'이라고 주장하였다.[24] 후지이 씨가 주목한『법화론소』의 문장은 다음과 같다.

H. 『법화론소』 중권

依佛性論, 爲四人[闡提, 外道, 聲聞, 獨覺]破四障. 成四因[信樂大乘, 無分

21 『묘법연화경우바제사』 하권(大正藏 26, 7하-8상)을 참조.
22 『십이문론』의 원문에 대응하는 문장은 없다.『십이문론』에 근거해 길장이 창작한 것으로 생각된다. 이에 관해서는 각주(11) 平井,『法華文句の成立に關する硏究』pp.134-135 참조.
23 『묘법연화경』 2권 「비유품」, "有大白牛. 肥壯多力. 形体姝好. 以駕寶車. 多諸儐從. 而侍衛之. 以是妙車. 等賜諸子"(大正藏 9, 14하).
24 연구대표자 藤井敎公,『「大乘『涅槃經』を中心とした佛敎の平等思想と差別思想の起源と變遷の硏究』(1997-1999년도 과학연구비 보조금 (기반연구(C)(2)) 연구성과 보고서, 2001년)에 수록된 藤井 씨의 영어논문, Kyoko Fujii "Transition of the Concept of Icchantika in East Asian Buddhism"을 참조. 그 논문에서 藤井 씨는 다음과 같이 말한다. The meaning of the sentence is that the icchantika have an obstacle of non-belief. In other words, since they slander the Mahayana sutras, they necessarily lack faith in it. But, through appropriate measures(upaya), this obstacle will be removed from the icchantika, and the seed of faith in Mahayana will sprout within them.(p.80) 이로써 그가 길장에 대해 '일천제성불설'을 인정한 것은 분명할 것이다.

別般若, 破虛空三昧, 菩薩大悲]得四果[常, 樂, 我, 淨]. 故不多不少. 但明四種. 初方便破闡提不信障. 令信樂大乘. 爲成大淨種.(인용문의 괄호와 삽입 내용은 후지이 씨에 의한 것이다)(大正藏 40, 804중)

이『법화론소』의 기술이 A『승만보굴』 후반의 기술과 같은 취지의 것이라는 점은 똑같이『불성론』에 의거하고 있다는 사실로부터도 미루어 알 수 있다. 그리고 이 H『법화론소』나 A『승만보굴』과 동일한 문맥은 아래에 제시하는 바와 같이 길장의 다른 저작 속에서도 종종 발견된다.

I.『중관론소中觀論疏』2권

次明以四法爲四人治四障. 一者信樂大乘爲闡提人破背大乘障. 二以無分別般若治外道執我一異障. 以外道執我一異是有所得分別. 故今明無分別般若卽是無所得般若. 次以破虛空三昧破聲聞人怖畏生死障. 聲聞人滅身智住無爲虛空中. 故今得破虛空三昧破除此障也. 四者菩薩修習大悲. 爲獨覺及始行菩薩. 破獨覺不利益衆生及始行菩薩有佛道可求. 破佛有來去障. 明菩薩修習大悲自利利人自他不二. 此四法卽是八不. 初信樂大乘謂不生不滅. 以悟不生不滅故起信心也. 次無分別般若卽是不一不異. 息一異之心名無分別. 次破虛空三昧卽是不斷不常. 旣破聲聞人住無爲空中. 卽是不常. 不斷亦無灰身滅智之斷. 次修習大悲卽是不來不去. 以菩薩修習大悲自利利人自他不二. 知來去無來去無來去來去也.
次明以四法爲因. 得如來四德之果. 以信樂大乘爲因. 破於闡提不信得於淨果. 果卽不生不滅也. 次行無分別般若爲因. 破外道一異分別. 得如來我德果. 果卽非一非異. 以非外道一異之我故得於佛我. 故此我非一非異也. 次以行破虛空三昧爲因. 破聲聞得如來樂果. 聲聞雖言住無爲樂此於大乘

是生死苦. 今破斷常得不斷不常究竟樂果也. 次修習大悲爲因. 破獨覺自爲及始行謂佛有去來. 明菩薩常行大悲. 窮生死際以建此因故. 得如來常住之果.

眞諦三藏用無上依經攝大乘論意. 釋八不甚廣. 今略取大意耳. 初爲各四人. 次破四障. 次行四因. 後得四果. 八不之要義顯於斯. 與上諸解釋無相違背也.(大正藏 42, 33하-34상)

J. 『열반경유의涅槃經遊意』

四德對四倒故明四行四德也. 又對四人明四因四德. 四人者則闡提外道聲聞緣覺也. 四因者謂信心般若虛空三昧大悲. 破闡提不信明信. 信故得淨德也.般若對外道. 外道著我人一異. 般若正慧破一異我心故明般若. 故得眞我德. 虛空三昧破聲聞厭苦無常. 在可厭故得三昧. 三昧故得樂德也. 大悲對緣覺. 緣覺著無常果永入滅. 無大悲故. 大悲破無常得常德也. 爲對四人明四因. 故釋四德也.(大正藏 38, 237중)

K. 『승만보굴』하권

問. 佛德無量. 何故偏舉四耶.

答. 佛德雖衆, 蓋乃且據一門爲言耳. 於中略以七義釋之. (중략)

五對治闡提等四種過故. 果德佛說常樂我淨. 如寶性論說. 一闡提謗法. 對治彼故. 說佛眞淨. 二外道著我. 對治彼故. 說佛眞我. 三聲聞畏苦. 對治彼故. 說佛眞樂. 四辟支捨心. 捨諸衆生. 對治彼故. 說佛眞常.

六酬因不同. 故立四種. 言四因者. 如寶性論. 一者信心. 除闡提謗法得佛眞淨. 二者波若. 除外道著我得佛眞我. 三者三昧. 以空三昧除聲聞畏苦得佛眞樂. 四者大悲. 常隨衆生除辟支捨心得佛眞常. 以斯四義.故立四種

也.(大正藏 37, 78상-중)

　이 중에서 K『승만보굴』의 기술에 대해서 말하자면, 마찬가지로 후지이 씨에 의해 지금까지 산실되었다고 여겨졌던 혜원(523~592)의『승만의기勝鬘義記』하권이 공표되고,[25] 나아가 길장의『보굴』과의 상세한 본문 대조가 제시되었는데,[26] 이로써 이 부분이 혜원의『의기』를 재인용했다는 것이 밝혀졌다. 위의 부분뿐 아니라『보굴』에는 비교적 많은『보성론』의 인용이 있는데, 주요한 부분들은 거의 대부분이 혜원소慧遠疏를 그대로 옮긴 것이다.[27] 물론 혜원소와 대응하지 않는 부분에도『보성론』의 인용이 있기 때문에[28] 길장이『보성론』을 몰랐다고는 할 수 없지만, 오히려『보성론』이 아니라 진제 역『불성론』을 많이 활용했다고 하는 점에 길장의 특징이 있다고 할 수 있다. 참고로『보성론』과 마찬가지로『보굴』에 있어서『기신론』인용의 대부분이 혜원소에 의존하고 있다는 것을 지적한 논문에는 요시즈 요시히데(吉津宜英) 박사의 성과가 있으므로 참조하기 바란다.[29]

25　산실됐다고 여겨졌던『승만의기』하권은 藤井教公 씨의 교정에 의해 신찬『大日本大藏經』19권에 수록되어 있다.

26　藤井教公,「淨影寺慧遠撰『勝鬘義記』券下と吉藏『勝鬘寶窟』との比較對照」(『常葉學園浜松大學研究論集』2, 1990년)을 참조.

27　이 점에 관해서는 졸고「吉藏撰『勝鬘寶窟』をめぐって」(『奥田聖応博士古稀記念論集』近刊)을 참조 바란다.

28　『승만보굴』에『보성론』의 인용이 집중적으로 나오는 곳은 대정장 37, 78상-하이지만, 이외에도 45중, 54중, 70상, 76하에도 인용이 보인다. 그러나 위의 인용은『의기』에 대응하는 곳이 없다. 또한 길장의 저서 중에서『보성론』의 인용은 필자가 확인한 바로는『보굴』이외에『법화유의』에 "五者實性論云. 究竟一乘經說有如來藏及三寶無差別"(大正藏 34, 642중)이라고 나오는 것이 전부이다. 641중에도 '보성론'이라는 이름이 나오지만, 앞 문장에 '相傳云'이라고 되어 있으므로 길장이 직접 인용한 것으로는 볼 수 없을 것이다.

29　吉津宜英,「吉藏の大乘起信論引用について」(『印度學佛教學研究』50-1, 2001년)을 참조.

어찌되었건 I의『중관론소』의 기술은 앞 문장에 "余至關內. <u>得三藏師用無上依經意釋八不</u>. 今略述之. 八不爲四人說. 亦得爲八人說. 爲四人說者爲闡提說不生不滅中道"(大正藏 42, 33상)라고 되어 있는 것으로부터도 알 수 있듯이『무상의경無上依經』을 의식하여 기술된 것이다. 따라서 길장은 본문 중에서 제시한 일련의 문장들을『무상의경』과『불성론』,『보성론』에 의거하여 기술했던 것이다.

이상의 논의로부터 필자는 A『승만보굴』의 기술, 후지이 씨가 지적한 H『법화론소』의 기술, 그리고 지금 필자가 제시한 I · J · K의 일련의 기술들을, 후지이 씨가 지적한 대로 길장이 '일천제성불'을 인정했던 증거라고 생각한다. 그리고 이 모든 것에 진제眞諦 삼장이 관련되어 있다는 것은 단순한 우연이라 할 수는 없을 것이다.[30]

(3)

마지막으로『법화유의』에는 '드러내어 일승을 설함은 누구를 위한 것인가'를 묻는 다음과 같은 기술이 있다.[31]

또한 필자는 길장이『보성론』과 마찬가지로『기신론』의 존재에 대해서는 알고 있었다고 생각한다. 이에 관해서는 각주(27)의 졸고를 참고 바란다. 다만 진제 역이라고 생각했는지는 알 수 없다.

30 진제가 말하는 '천제闡提'에 대해서는『법화의소』7권에 "眞諦三藏云, 闡提有二. 一者凡夫, 二者二乘. 凡夫闡提不信三一. 二乘闡提信三不信一"(大正藏 34, 543중)을 참조. 이 문장의 해석에 관해서는 각주(4)의 졸고 제1편 제3장「吉藏の聲聞成佛思想」을 참조 바란다.

31 『법화유의』와 유사한 기술은 다음의『승만보굴』에서도 볼 수 있다. "<u>問</u>. <u>顯說一乘爲何等人</u>. <u>答</u>. <u>通爲聲聞菩薩二人</u>. 言爲菩薩者. 有二種菩薩. 一者昔三乘中菩薩. 其人雖學大乘. 旣聞說三乘. 則心猶進退. 或謂進成菩薩. 或可退作聲聞. 是故爲說有一無二. 無二故無退. 有一故唯進. 爲此菩薩故說一乘. 二者一乘根性菩薩. 過去聞一乘敎. 故有一乘種子. 今世還爲演說一乘也. 前是三乘菩薩, 後是一乘菩薩. 言爲聲聞說一乘者亦有二人.

L. 『법화유의』

問. 顯說一乘爲何人耶.

答. 爲三種人. 一者爲不定根性聲聞令入一乘. 二者爲練已定根性聲聞令
入一乘. 三者爲直往菩薩令知有一無三. 但進不退也.(大正藏 34, 646하)

그리고 이 기술은『법화현론』의 다음 기술로부터 진제 역『섭대승론』에 근
거하여 이루어진 것임을 알 수 있다.

M. 『법화현론』 5권

問. 不發餘人迹云何皆是權行.

答. 攝大乘論云. 身子等得受記者. 是化人爲欲引未定聲聞. 直趣佛道. 已
定之者令其練根.

問. 云何名定未定聲聞.

答. 小乘義忍法之前三乘未定. 忍法則定也.(大正藏 34, 401하)

N. 『법화현론』 7권

問. 身子皆是退大取小人. 故云三萬億佛所修學大乘. 則知先爲退大取小
人也.

答. 身子是權行人. 爲引發軡學小實行之人故先對身子也. 如攝大乘論云.
身子化人旣得授記. 令未定入二乘正位者改小乘行. 已入正位者令其練根

法華之前. 以大乘法密化. 陶練其心. 至法華經方得說一. 故法華云. 佛昔於菩薩前. 毁呰
聲聞樂小法者. 然佛實以大乘教化. 卽是証密說一乘事也. 二者有未定根性聲聞. 可得轉
小成大. 如小乘義云. 從初方便至煖頂已來. 根猶未定. 可得迴轉. 故得爲說一. 至增上忍
時. 餘二乘根性. 皆非數緣滅. 不可迴轉. 故不爲說一乘也."(大正藏 37, 41하)

學菩薩道也.(大正藏 34, 423상)

　그러나 현존하는 진제 역『섭대승론』에는 길장이 인용한 것과 같은 문장은 발견되지 않는다. 오히려 길장이 근거로 삼은 것은 앞서 본 진제 역『섭대승론석』(세친 석)의 다음의 기술로 생각된다.

⑤『섭대승론석』(세친 석) 15권

復次. 於法華大集中. 有諸菩薩. 名同舍利弗等. 此菩薩得此意. 佛爲授記. 故說一乘. 復次. 佛化作舍利弗等聲聞. 爲其授記. 欲令已定根性聲聞更練根爲菩薩. 未定根性聲聞令直修佛道. 由佛道般涅槃.(大正藏 31, 266상)

　내용적으로 보아 L『법화유의』가 ⑤진제 역『섭대승론석』을 토대로 하고 있다는 것은 명백할 것이다.[32] 또한 L『법화유의』를 보면, '드러내어 일승을 설함

32　위 세친 석 문장의 사상적 입장에 대해서 勝呂信靜 박사는 다음과 같이 말한다. "그런데 진제 역『섭대승론석』의 이 부분은 다른 번역과 조금 다른데, 정성定性보살에게 일승을 설한다고 하는 항목을 더하고 (중략) 성문성불聲聞成佛의 취지를 분명하게 밝히고 있다. 두 번째는 다른 번역과 다르지 않지만, 이어서 다음과 같이 말한다.復次, 於法華大集中, 有諸菩薩, 名同舍利弗等. 此菩薩得此意, 佛爲授記,故說一乘. 復次, 佛化作舍利弗等聲聞, 爲其授記, 欲令已定根性聲聞更練根爲菩薩. 未定根性聲聞令直修佛道, 由佛道般涅槃.(15권, 大正藏 31, 265하) 위쪽의 내용은 다른 번역의 ⑧에 해당하는 부분으로 볼 수 있는데, 법화경의 사리불 등을 보살이라고 하며 정성성문定性聲聞의 성불을 인정하고 있다. 법화경 사상의 기본적 구조는 여래장 사상의 방향으로 전개되는 것으로, 따라서 유식설은 그것과 대조적인 면이 있다고 생각되지만 유식설도 그 발전 과정에 있어서 점차 여래장 사상의 영향을 받았고 이것이 진제 역에 반영되었다고 생각한다"(「インドにおける法華經の注釋的解釋」(金倉円照編,『法華經の成立と展開』, 平樂寺書店, 1970년, p.391. 방점=勝呂 박사, 밑줄=奧野). 각주(19)도 마찬가지인데, 필자가 보기에도 이『섭대승론석』의 문장은 정성성문의 성불을 인정한 것으로 이해하는 것이 타당하다고 생각한다.

은 누구를 위한 것인가'라는 물음에 대하여 길장은 '부정근성不定根性의 성문', '이정근성已定根性의 성문', '직왕直往의 보살'을 위해서라고 답하고 있기 때문에, 길장에게는 '직왕의 보살', '부정근성의 성문'뿐 아니라 '이정근성의 성문'도 '근을 숙련(練根)'함으로써 성불에의 길이 열려져 있던 것으로 보아야 할 것이다. 즉 이러한 점들로부터 필자는 길장이 성문의 '전근轉根'을 인정하는 '일체개성설一切皆成說'의 입장을 취하였다고 생각한다.[33]

3.

이상으로 본고에서는 길장에 대해,

(1) 길장의 불성 이해가 진제 역 『불성론』에 근거한다.

(2) 『불성론』에 근거하여 길장은 '일천제성불설'을 인정한다.

(3) 길장은 진제 역 『섭대승론석』의 내용을 수용하여 '전근轉根'의 이치를 인정한다.

고 하는 세 가지 사항을 논하였다. "諸大乘經顯道無異"를 표방하면서 다양한 경론과 학설을 인용하는 길장에게 어떤 특정 경전이나 학설 혹은 인물이 결정적인 영향을 끼쳤다고 단정하는 것은 매우 어려운 일이지만, 본고에서 확인하였듯이 길장의 불성 이해와 성문성불 사상에 진제 삼장이 깊이 관련되어 있다는 것은 이해되었으리라 생각한다.

---

33 길장의 입장이 '일체개성불一切皆成'인지, '일분불성불一分不成佛'인지에 대해서 필자와 末光愛正 씨의 견해가 서로 다르다. 이에 대해서는 각주(4)의 졸고 제1편 제3장 「吉藏の聲聞成佛思想」 및 제4장 「吉藏の佛性思想」을 참조 바란다.

Abstracts

Prospects for the Studies of Nanbei Buddhism

Chung, Byung Jo

President of Geumgang University, Korea

This short paper aims to examine the current studies on the Chinese Buddhism of Nanbei era(南北朝) and to consider a further prospect on this field. The latest researches on Nanbei Buddhism can be categorized into four:

(1) Projects named "Buddhist thoughts in last half of the Nothern dynasty" and "Paramartha and his contemporaries" led by Funayama Toru at Kyoto University, Japan

(2) 藏外佛典文獻 publications, whose editor in chief if prof. 방광창 in China.

(3) Studies on Ti-lun School and publication of 藏外地論宗文獻 series by Geumgang University, Korea

(4) The international cooperation research project "The Transformation of Buddhism in East Asia" under an arrangement of Renmin/Toyo/ Geumgang University. These group studies have shared the same methodological background, that is, philological approaches based on Buddhist texts considering further philosophical developments on Indian and East Asian Buddhism, so that they can be easily collaborated on any

specific topic.

I would like to make several suggestions expecting further developments.

(1) The primary sources such as 敦煌寶藏, 石刻資料 are not fully accessible by now. To develop this kind of philological research, an innovative style of interdisciplinary should be devised to enhance efficiency.

(2) As well known, East Asisn Buddhism has undergone different stages of development from Indian Buddhism. Here I suggest some social and cultural approaches that concern intercultural, religious and social dynamics to examine its diverse aspects.

(3) Majority of researches on this topic have tended to remain only in Far East Asia including Korea, China and Japan so far. We have to extend our geographical territory via South, Mid Asia to Indochina Peninsula.

(4) Religious, anthropological and culturological approach will be needed.

As a result, today's infrastructural outcomes should be stretched as far as they can. Disciplinary convergences can be made in this field henceforth such as Buddhist art studies or Economics adopting philological and philosophical studies that already have been done. In doing so, and only by doing so, I believe, that new understandings on Buddhism and Buddhist thought can be emerged.

Key words: Nanbei, Buddhism, Perspects, Philological Research, Social and Cultural Approaches, New Understanding.

Flower in the Mirror
: a Reexamination on the Biographies of Guṇavarman (求那跋摩)

Fang, Xuan

Institute for the Study of Buddhism and Religious Theory,

Renmin University, China

This article purports to reexamine the biographies of Guṇavarman (求那跋摩) who became famous as a translator of Buddhist scriptures since he came to China in the middle of 5th century. These works belong to the unique sources available for the study of the situation of early Buddhism in Java among extant Chinese texts in relation with the Buddhism in Java. As Kashmir was the center of the school of Sarvāstivāda, Guṇavarman is, of course, regarded generally to have been a monk of the school. He is, however, ascertained to have probably belonged to the school of Dharmaguptaka, being conversant in the ideas of the school of Yogācāra.

Key words: Guṇavarman, Buddhism in Java, Yogācāra

On "The Emperor is the Present-day Tathāgata"

Xuesong, Zhang

Institute for the Study of Buddhism and Religious Theory,

Renmin University, China

Abstract: This paper discusses the origin of the idea "the emperor is the present-day Tathāgata" during the Weijin Period and the Southern and Northern Dynasties, from the perspective of the relationship between politics and religion, in order to analyze the profound influence of Buddhism on Chinese political culture at that time and afterwards.

Key words: the Relationship between Politics and Religion, Views of Buddha, the Relationship among Confucianism, Buddhism and Daoism

Transformations in Pure Land Belief as Seen in Northern to Tang Dynasty Longmen Statue Inscriptions

Kuramoto, Hisanori

Institute of History and Philology, Academia Sinica, Taipei

This paper attempts to understand the historical changes in heaven and Pure Land belief as reflected in dated Longmen Grotto statue inscriptions from the Northern, Sui, and Tang Dynasties by exhaustively collecting, categorizing, and organizing related terminology found therein. Furthermore, the role Shandao善導 (613–681) played in the historical changes in Pure Land belief at the Longmen Grottoes will also be considered. With regard to the relationship between the Pure Land patriarch Shandao and the Longmen Grottoes, it is well known that he was appointed to be the Overseer Monk (jianxiao seng 檢校僧) for the construction of the large Vairocana Buddha statue at these grottoes. While it has been pointed out that Shandao influenced the construction of Pure Land-related statues at the Longmen Grottoes, no documents have been offered that show he directly participated in it.

In the process of collecting and organizing inscriptions on these statues that relate to their creation, the author newly discovered that some partially quote Shandao's Guan wuliangshou jingshu 觀無量壽經疏 and Wangsheng lizan jie 往生禮讚偈. This paper will make clear the specific passages the inscriptions draw from, attempt to determine the time periods in which these inscriptions arose, and discuss the meaning of their discovery.

Key words: Pure Land, Belief, Dang Dynasty, Langmen statue, Inscriptions.

Fayun's View on *The Lotus Sūtra*

Kanno, Hiroshi

Soka University, Japan

When we turn our attention to extant Chinese exegetical literature on the Lotus Sūtra, the oldest surviving commentary is the Miaofa lianhua jing shu of Zhu Daosheng (ca. 355-434). With the exception of fragments from various Lotus Sūtra commentaries discovered at Dunhuang, the next oldest commentary after the above-mentioned work is the Fahua yiji by Fayun (467-529) of Guangzhai Monastery. The Fahua yiji is a record of Fayun's discourses on the Lotus Sūtra as recorded by his disciples. Fayun's studies of the Lotus Sūtra occupied a prominent place in the North-South Dynasties Period prior to the appearance of Jizang (549-623) and Zhiyi (538-597).

This paper considers Fayun's view on the Lotus Sūtra. It is summarized in the following eight points.

1. Fayun gave a detailed analytic parsing of the entire text of the Lotus Sūtra on the basis of his exact research on it and exerted a great influence on future commentaries.

2. As the Fahua yiji is a record of Fayun's lectures on the Lotus Sūtra, there are few references to the Mahāyāna Nirvāṇa Sūtra. The indications of later people that Fayun adopted the five-period doctrinal classification might be

correct and Fayun's position that the Lotus Sūtra was inferior in status to the Nirvāṇa Sūtra was founded in the Fahua yiji.

3. As Fayun adopted the doctrinal classification that evaluated most highly the true eternity of the Buddha explained in the Nirvāṇa Sūtra, he did not give high evaluation to the idea of the "age-old existence of the Buddha" explained in the Lotus Sūtra's 16th chapter ("The Life Span of the Thus Come One") but did value the idea of the "one vehicle" explained in the second chapter ("Skillful Means"). Further, he showed by the segmentation of the Lotus Sūtra that the idea of "one vehicle" is expounded not only in the second chapter, but also in the Lotus Sūtra in its entirety.

4. When Fayun interpreted the idea of "one Buddha Vehicle," he valued the theory of provisional wisdom and real wisdom and the theory of cause and effect as the framework for the interpretation of the one vehicle.

5. The theory of provisional wisdom and real wisdom shows that three vehicles and one vehicle are both based on forms of the Buddha's wisdom, i.e. provisional wisdom and real wisdom, respectively, and distinguishes the ground of formation of the three vehicles from that of the one vehicle.

6. Fayun showed the essence of the idea of one vehicle of the Lotus Sūtra as one cause and one effect, which is subtle cause and subtle effect, and took up the comparison between it and three causes and three effects, which are coarse cause and coarse effect preached in the teachings before the Lotus Sūtra.

7. The theory of cause and effect is an interpretation about an aspect of teachings expounded by the Buddha. Furthermore, it clarifies the Buddha's

wisdom (provisional wisdom and real wisdom), which is the exact agent of expounding teachings and through it illustrates the ground of the Buddha, which expounds subtle cause and subtle effect (one cause and one effect) and coarse cause and coarse effect (three causes and three effects).

8. Fayun thought that the "age-old existence of the Buddha" explained in the Life Span Chapter is different from the true eternity of the Buddha explained in the Nirvāṇa Sūtra.

Key words: Fayun's View, *Lotus Sūtra, Mahāyāna Nirvāṇa Sūtra*, One Buddha Vehicle, Zhu Daosheng

A Study on the Three Kinds of Ultimate (盡) in the Commentary of "adhiṣṭhāna chapter" (加分) of Fashang (法上)'s Shidi lun yishu (十地論義疏)

Kim, Cheon Hag

Dongguk University, Korea

Despite of the great influence of Fashang (法上)'s Shidi lun yishu (十地論義疏, simplified into Yishu below) in the formation of the doctrines of the Dilun School in latter days, this work has not been studied properly. This article purports to examine the characteristics of the interpretation of the hindrances (障) about "three kinds of ultimate (盡)" appearing in its commentary of "adhiṣṭhāna chapter" (加分) of the Shidi Jinglun (十地經論), in addition to its relation with the theory of the Dasheng wumen shixiang lun (大乘五門實相論, simplified into wumen shixiang lun below). Its aim lies in promoting the study of the Yishu as well as of the ideas of the Dilun School in general.

The "three kinds of ultimate" of the Shidi lun refers to pusajin (菩薩盡, the ultimate of Bodhisattva), shengwenpizhifubutongjin (聲聞辟支佛不同盡, the disparate ultimate of sravaka and Paccekabuddha), and fujin (佛盡, the ultimate of Buddha), jin signifying the ultimate state.

Commentating on these "three kinds of ultimate," the Yishu uses such distinctive terms as "tongxiangzhang (同相障, identity hindrances), yixiangzhang

(異相障, difference hindrances), and tizhang (體障, body hindrances)," each of which corresponding respectively to "zhizhang (智障, cognitive hindrances), fannaozhang (煩惱障, afflictive hindrances), and tizhang (體障) taught in the Yishu. The terms of "tongxiangzhang (同相障)" and "yixiangzhang (異相障)" cannot be searched in the CBETA, SAT, etc, except in the Yishu. Then, the Wumen shixiang lun (五門實相論), one of Dunhuang Manuscripts, is ascertained to contain the same terms as in the Yishu, in addition to including abundantly the same sentences as in it. Especially, Ishi Kosei (石井公成) clarified that the two texts are nearly the same in the commentary on the hindrance (障) about fojin (佛盡). After careful examination, furthermore, the whole content of the three kinds of ultimate in the Yishu is ascertained to be contained with a few variations in the Wumen shixiang lun. Some differences are found in their use of terms as well as in their ideas. The difference in their use of terms is seen, for example in the case of "shengwenpizhifubutongjin (聲聞辟支佛不同盡)." This term is expressed as "ershengbutongjin (二乘不同盡)" in the Yishu, while it is expressed as "shengwenyuanjuebutongjin (聲聞緣覺不同盡) in the Wumen shixiang lun. The stage of extinguishing the "four abiding afflictions (四住煩惱)" is put differently in the two texts. In the former, they are extinguished after the first stage (初地), while they are extinguished before the first stage in the latter. This difference appears to have existed within the Dilun School. Through the examination of the content of fojin, the Yishu, the Wumen shixiang lun, and the Dasheng yizhang (大乘義章) are supposed to be closely related mutually in their textual context. Lastly, in fujin, we need to examine further the unique theory of hindrances that the hindrance of discrimination occurs in yiqiebeiyi (一

切備一). Thus the clarification of the thought of the Dilun School in the future is expected to produce abundant results through the thorough analysis of the Yishu in comparison with other texts including the Dunhuang manuscripts of the Dilun School.

Key words: Three kinds of ultimate(盡), Dilun School, Shidi lun yishu(十地論義疏)

A Study on the Meaning of Buddha-nature of Nirvāna School within the Collection of Commentaries on the Mahāparinirvāṇa Sūtra

Ha, Eugene

Geumgang University, Korea

The idea of Buddha-nature played a very important role in the historical development of the early Chinese Buddhism. During the early years of 5thcentury, the doctrinal interest of Chinese Buddhism moved from the study on the notions of Prajñā and Mādhyamaka to the study on those of nirvāṇa and Buddha-nature. There developed a lively discussion on the basis of becoming a Buddha, as the foundation of the theory of becoming a Buddha. In the Mahāparinirvāṇa Sūtra, there arose a causal interpretation on Buddha-nature as a way of discussing the possibility of becoming a Buddha.

The Mahāparinirvāṇa Sūtra had been introduced to the south by Dao-sheng, and his followers became very active in disseminating its teachings in that area. As a result of such teachings by Dao-sheng a Nirvāṇa School arose in the south, which was to last until it was absorbed into the Tian-tai School in the latter half of the sixth century. As the main theme in the sutra was the nature of the Buddha, many theories were advanced by various masters on this point, and numerous commentaries were also compiled to elucidate the meaning of the sutra. These commentaries became so voluminous that Emperor Wu of the Liang dynasty commissioned some monks to gather together all existing commentaries. The resultant collection entitled Collection of Commentaries on the Mahāparinirvāṇa Sūtra.

Key words: Buddha-Nature, Nirvāṇa, Becoming a Buddha, Nirvāṇa School, *The Mahāparinirvāṇa Sūtra*

On the Origin of Gotra as Asaṃskṛta

Kim, Seongcheol

Geumgang University, Korea

In the previous paper, I have already observed that there are no evidences by which we can consider the gotra as asaṃskṛta in the extant sanskrit version of the RGV. Nevertheless, some modern scholars, as well as some Tibetan and East Asian Tathāgathagarbha thought traditions, consider gotra as asaṃskṛta.

The aim of this paper is to investigate the origin and the background of the concept of gotra as asaṃskṛta which is not found in the extant sanskrit version of RGV, especially in the tradition of East Asia Tathagatagarbha thought. Because actually it seems that the view of some modern scholars is influenced by the traditional one which regards gotra as asaṃskṛta.

The concept of gotra as asaṃskṛta in the tradition of East Asia Tathāgatagarbha thought seems to be derived from the Chinese translation of RGV viz. the 寶性論 and the compilation of the 佛性論. The 寶性論 and the 佛性論 translate gotra into not 種姓 but 佛性. Furthermore, the 寶性論 translates gotra into 眞如佛性 or 眞如性, which seems to become a basis for East Asia Buddhists to regard gotra as tathatā.

In the 佛性論, there are some new theories which are not found in the RGV or the 寶性論, for example 三因佛性 and 三種佛性. Out of 三因佛性, the first one, viz. 應得因 is defined as tathatā, which comprise the 三種佛性. Furthermore, out of the 三種佛性, the first one, viz. 住自性(佛)性(prakṛtistha-gotra) is identified with 住自性如如(*prakṛtistha-tathatā). Consequently, we can observe that the concept of gotra, especially prakṛtistha-gotra, as asaṃskṛta is originated from the 佛性論 in the tradition of East Asia Tathāgatagarbha thought.

Apart from the debate on the Buddha-dhātu theory before the Chinese translation of the RGV and compilation of the 佛性論, we can conjecture that there are two possibilities of the origin of gotra as asamskṛta: the one is to attach greater importance to the śloka than to the prose commentary of the RGV, and the other is the influence of the concept of gotra of the *Abhisamayālaṃkāra*.

Key words: *Abhisamayālaṃkāra*, Gotra, Gotra as Asaṃskṛta,

Ratnagotravibhāga, Buddha-dhātu, Fo xing lun(佛性論)

Jìngyìngsì Huìyǎn浄影寺慧遠's three kinds of buddha-dhātu三仏性 and two kinds of gotra二種性

Okamoto, Ippei

Toyo University, Japan

The purpose of this paper is to consider Jìngyìngsì Huìyǎn浄影寺慧遠 (523~592) 's thought of the three kinds of buddha-dhātu三仏性 and the two kinds of gotra二種性 including the thought background.

The three kinds of buddha-dhātu is fǎfóxìng法仏性, bāofóxìng報仏性, and yīngfóxìng応仏性 written in "fóxìngyì"仏性義 of " Dàchéng yìzhang" 大乗義章. There is no source of the Chinese translation of the Buddhist scripture for three words. Therefore, I presume that Huìyǎn coined these three words. The reason is for connecting the three words with the three Bodies三身 of the Buddha,That is, fǎfóxìng connected with dharma-kāya, bāofóxìng connected with saṃbhoga-kāya, and yīngfóxìng connected with nirmāna-kāya .However, Huìyǎn is not thinking of yīngfóxìng as important ,because there's only one example of this term in " Dàchéng yìzhang ".

Huìyǎn considered that fǎfóxìng and prakṛti-sthaṃ-gotram性種性, and, bāofóxìng and samudānītaṃ-gotram習種性 were the same in "Èrzhǒngzhǒngxìngyì" 二種種性義 of "Dàchéng yìzhang". He mede two gotra in the "*The Bodhisattva bhūmi*" 菩薩地持経 basis of two buddha-dhātu. Because these two buddha-dhātu does not originated in India.

The thought background about this problem is considered. Although Huìyǎn is not referring to the "*The Ratnagotra-vibhāga*"宝性論, it is written about the similar problem. In "*The Ratnagotra-vibhāga*",there is a similar view about the relation between two gotra and the three bodies of the Buddha on the interpretation of the nine kinds of similes in "*The Tathāgathagarbha-sūtra*". Huìyǎn and "*The Ratnagotra-vibhāga*" were using the same passage of the "*The Bodhisattva bhūmi* " about two gotra.

However, in "*The Ratnagotra-vibhāga*", there is not view about the relation between buddha-dhātu and the three bodies of the Buddha. In this point, it differs from Huìyǎn. I think that this cause is in a "*The Tathāgathagarbha-sūtra*". " Tathāgatha exists in a sattva" is written to this sūtra. Although Tathāgatha's meaning is explained figuratively, the concept is not defined. The ambiguity is the cause.

Key words: Jìngyìngsì Huìyǎn(浄影寺慧遠), The three kinds of buddha-dhātu(三仏性), The two kinds of gotra(二種性),
The Ratnagotra-vibhāga, The Thatāgathagarbha-sūtra,

Teachings of Jizang and Paramartha

Okuno, Mitsuyoshi

Komazawa University, Japan

Professor CHOI Eun-Young, referring to recent studies of KOSUGE Yoko and NAKANISHI Hisami, asserted that the Buddha-nature of the Middle way (中道仏性) was precisely a San-Lun's traditional interpretation of the Buddha-nature, and claimed that the Buddha-nature of eka-yana (一乗仏性) was the very Jizang's characteristic understanding of the Buddha-nature in his paper "The Relation between Ekayana and Buddha Nature in the Texts of Jizang" at the first International Conference on East Asian Buddhism".

Although I have also formerly argued Jizang's understanding of the Buddha-nature on the basis of almost the same materials that above-mentioned three scholars treated, I should like here to reconsider my previous views inspired by their studies. Since Kosuge and Nakanishi, among them, dealt mainly with works of Paramartha, I additionally take teachings of Jizang into consideration.

In this paper I examine the following three points :

[1] Jizang's understanding of the Buddha-nature is based on "the Foxing lun "translated by Paramartha.

[2] Jizang affirms that icchantikas could attain Buddhahood on the authority of that treatise.

[3] Jizang accepts the possibility of converting ability (転根) by using the "Commentary on the Topics of the Mahayanasamgraha" translated by Paramartha as a scriptural testimony.

Key words: Jizang, Paramartha, Icchantikas, Buddhahood, Converting Ability(転根)

금강학술총서 19
남북조 시대의 불교사상

초판 1쇄 인쇄	2014년 5월 25일
초판 1쇄 발행	2014년 5월 30일
엮은이	런민대학 불교와종교학이론연구소
	도요대학 동양학연구소
	금강대학교 불교문화연구소
펴낸이	윤재승
펴낸곳	민족사
출판등록	1980년 5월 9일 제1-149호
주소	서울 종로구 삼봉로 81 두산위브파빌리온 1131호
전화	02-732-2403, 2404
팩스	02-739-7565
홈페이지	www.minjoksa.org
페이스북	www.facebook.com/minjoksa
이메일	minjoksabook@naver.com

ISBN   978-89-98742-27-0 93220